最新最強の 一般常識 一問一答

'26 年版

JN001931

成美堂出版

はじめに

　民間企業の就職採用試験では、エントリーシート、筆記試験、面接など、応募者を様々な角度から選考し、選抜します。**筆記試験は、面接の前段階でほぼ確実に課される試験です。**

　最近は人物重視で面接を重要視する傾向があるといわれていますが、まずは筆記試験を通過しなければ面接に進むことはできません。大勢の応募者を、一般常識やSPI、あるいは論文などの筆記試験でふるいにかけるのです。

　一般常識試験の内容や形式は各企業で異なりますが、専門的で難解な問題ではなく、**広く浅い知識を問うものが大半を占める**という点はどこでも共通です。

　内容的には、時事的な問題に加え、今まで学校で勉強してきた国語や社会に重点を置いた問題の出題頻度が高くなっています。要は、**社会人として一般常識を身につけているか否か**が問われているのです。

　そこで本書では、あなたが**短期間で効率よく学習できる**よう、オーソドックスな問題を一問一答形式で収録。政治・経済、国際、社会、地理・歴史、文化・スポーツ、国語、英語、理科・数学の8分野を網羅しています。

　また、別冊は「時事キーワード」と「重要項目」の二本立て。ニュース番組や新聞記事で登場する時事用語と、各ジャンルの重要項目をわかりやすくまとめています。**本書と別冊をフルに活用すれば、これから就職試験に臨むあなたにとって大変役に立つでしょう。**

　本書であなたが力をつけ、志望する企業の内定を勝ち取られることを願ってやみません。

2024年3月　編者

出題頻度 **A** よく出る **B** 出る **C** まれに出る

3

●本書の特徴と使い方●

◆頻出ジャンルを収録！
幅広いジャンルから、よく出る問題を収録。一問一答形式だから、無理なく無駄なく一般常識が身につきます。

出題頻度がわかる
すべての項目について、出題頻度を掲載しました。よく出るものが一目瞭然です。詳細はP.8に。

まずは基本問題から
必ず覚えておかなければならない基本的な問題が並んでいます。さくさく解いて、学習を進めましょう。

頻度 **A** 頻度 **B** 頻度 **C**

Part 1 ● 政治・経済
司法

詳しくは→別冊P.11 重要項目❷

◎ 基本問題

●次の問いに答えよ。

解答・解説

1 裁判所は最高裁判所と何の2つに大別されるか。

1 下級裁判所
□ 高等裁判所・地方裁判所・家庭裁判所および簡易裁判所。

2 慎重で公平な審議が行われるためにとられている日本の裁判制度を何というか。

2 三審制
□ 第一審→控訴審→上告審となる。

3 裁判所がいかなる干渉も受けず、公正・独立性を確保する原則を何というか。

3 司法権の独立
□

4 裁判には、民事裁判、刑事裁判と、もう1つ何があるか。

4 行政裁判
□ 行政機関を被告として起こす裁判。

5 判決に対して不服を申し立てることを何というか。

5 上訴
□ 第一審の判決に不服を申し立てることを控訴、第二審の判決に不服を申し立てることを上告という。

6 最高裁判所は何名の裁判官からなるか。

6 15名
□ 長官を含めた数。

7 高等裁判所は全国に計何カ所あるか。

7 8カ所
□ 地方裁判所は50カ所、家庭裁判所は地方裁判所に併設、簡易裁判所は438カ所。

8 軽微な事件を扱うのは、どの裁判所か。

8 簡易裁判所
□

9 最高裁の裁判官のみ、任命後初の衆議院議員総選挙と同時に実施されるのは何か。

9 国民審査
□ 国民による司法機関のチェック機能である。

22

◆別冊も充実！
別冊は、「時事キーワード」と「重要項目」の二本立て、充実の内容です。
●時事キーワード
ニュース番組や新聞記事で登場する時事用語を、各ジャンル別にわかりやすく解説。要点を箇条書きにしているので、効率的に学べます。

本書は、あなたが一般常識試験を突破できるよう、様々な工夫を凝らしています。
以下に特徴と使い方を説明しますので、ぜひ効果的に活用してください。

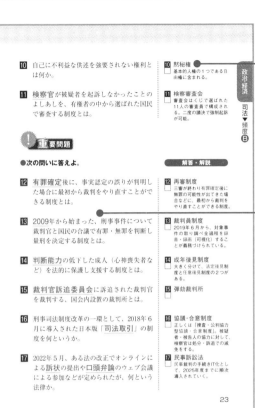

10 自己に不利益な供述を強要されない権利とは何か。

11 検察官が被疑者を起訴しなかったことのよしあしを、有権者の中から選ばれた国民で審査する制度とは。

10 **黙秘権**
基本的人権の1つである自由権に含まれる。

11 **検察審査会**
審査会はくじで選ばれた11人の審査員で構成される。二度の議決で強制起訴が可能。

政治・経済
▼
司法
▼
頻度
Ⓑ

! **重要問題**

●次の問いに答えよ。

解答・解説

12 有罪確定後に、事実認定の誤りが判明した場合に最初から裁判をやり直すことができる制度とは。

13 2009年から始まった、刑事事件について裁判官と国民の合議で有罪・無罪を判断し量刑を決定する制度とは。

14 判断能力の低下した成人（心神喪失者など）を法的に保護し支援する制度とは。

15 裁判官訴追委員会に訴追された裁判官を裁判する、国会内設置の裁判所とは。

16 刑事司法制度改革の一環として、2018年6月に導入された日本版「司法取引」の制度を何というか。

17 2022年5月、ある法の改正でオンラインによる訴状の提出や口頭弁論のウェブ会議による参加などが定められたが、何という法律か。

12 **再審制度**
三審が終わり有罪確定後に無罪の可能性が出てきた場合などに、最初から裁判をやり直すことができる制度。

13 **裁判員制度**
2019年6月から、対象事件の取り調べ全過程を録音・録画（可視化）することが義務づけられている。

14 **成年後見制度**
大きく分けて、法定後見制度と任意後見制度の2つがある。

15 **弾劾裁判所**

16 **協議・合意制度**
正しくは「捜査・公判協力型協議・合意制度」。被疑者・被告人の協力に対して、検察官には処分・訴追での減免をする。

17 **民事訴訟法**
民事裁判の手続きIT化として、2025年度までに順次導入されていく。

23

赤シートで答えが隠せる！
赤シートで解答を隠して学習可能。また、勉強に役立つようチェックボックスを設けました。

重要問題に挑戦
このレベルが解けるか否かで合否が分かれてきます。少し難しいけれど、がんばってしっかり学びましょう。

■ 付属の赤シート活用法
赤シートで解答部分を隠して解いた後、問題部分を赤シートで隠して解くという使い方もできます。

●重要項目
各ジャンルの重要項目を、図表や地図などを多用してビジュアルにまとめました。
ここでも赤シートを使ってどんどん頭に叩き込みましょう。

本書の記載情報は、原則として2024年2月末現在のものです。

ココが狙い目！
出題頻度別さくいん

出題頻度 A ……時間がないときはココだけ押さえよう

出題頻度 B ……確実に受かるためにやっておきたい

出題頻度 C ……ここまで対策しておけば万全！

本書では、独自の調査によりジャンルごとに出題頻度をA（よく出る）、B（出る）、C（まれに出る）に区分しています。厳密な分析を心がけてはおりますが、業界や企業により出題傾向が変わることがありますので、あくまで目安としてご利用ください。

Part 1

政治・経済

- 日本国憲法
- 国会・内閣
- 政党・選挙
- 司法
- 法律
- 地方自治・農業
- 税制
- 金融・財政
- 経済
- 市場・会社・株式
- 経済史

Part 1 ● 政治・経済
日本国憲法

詳しくは→別冊P.11 重要項目❷

 **基**本問題

●次の問いに答えよ。

解答・解説

1 日本国の<u>最高法規</u>は何か。

1 日本国憲法
□ 1947（昭和22）年5月3日施行。

2 日本国憲法の三大原則とは、<u>国民主権</u>、平和主義と何か。

2 基本的人権の尊重

3 <u>日本国憲法</u>の前文において、国の統治原理として明言されているものは何か。

3 間接民主制
□ 代表民主制、代議制ともいう。議会制民主主義と同義。

4 日本国憲法における<u>平和主義</u>の三大原則は、戦争の放棄、戦力の不保持と何か。

4 交戦権の否認

5 **4**を定めているのは日本国憲法第何条か。

5 第9条
□ 日本国憲法を「平和憲法」とよぶのは、前文および第9条に由来している。

6 <u>日本国憲法</u>第19条で侵してはならないとされているものは何か。

6 思想及び良心の自由

7 <u>健康</u>で文化的な最低限度の生活を営む権利を何というか。

7 生存権
□ 日本国憲法第25条。

8 <u>教育</u>を受ける権利、労働基本権、**7**を合わせて何というか。

8 社会権
□ 20世紀になってから登場した権利。

9 **8**を初めて規定した憲法とは何憲法か。

9 ワイマール憲法（ヴ
□ ァイマール憲法）

10 日本国憲法で保障されている５つの基本的人権とは、参政権、平等権、社会権、請求権と何か。

10 自由権
精神の自由（信教の自由、集会・結社・表現の自由など）と身体の自由（黙秘権・刑事被告人の権利など）、経済活動の自由がある。

11 基本的人権のうち、請求権とは、請願権、国家賠償請求権、刑事補償請求権と何か。

11 裁判を受ける権利（裁判請求権）
この権利は、外国籍の人にも認められている。

12 国民の三大義務とは、教育を受けさせる義務、勤労の義務と何か。

12 納税の義務
教育は日本国憲法第26条、勤労は第27条、納税は第30条。

13 公務員を選定・罷免できる権利とは何か。

13 参政権

14 マスメディアで意見を表明する場を要求する権利とは何か。

14 アクセス権
日本国憲法制定後に出てきた新しい人権の１つ。

15 日本国憲法で定められた基本的人権は、日本にいる外国人にも保障されるか否か。

15 保障される

16 裁判所が裁判を行う際に、関連する法律・命令・規則・処分が憲法に反していないかを審査する権限とは。

16 違憲立法審査権

17 日本国憲法第76条により禁止されているのは、大日本帝国憲法下の行政裁判所、皇室裁判所、軍法会議などの何の設置か。

17 特別裁判所
戦前に存在した、特定の事件・特別な身分の者だけを裁く裁判所。

18 国権の最高機関で、国の唯一の立法機関とは何か。

18 国会

19 天皇の国事行為に責任を負うのは。

19 内閣
日本国憲法第３条。

20 日本国憲法改正の発議には、各議院の総議員のどれだけの賛成が必要か。

20 ３分の２以上
改正には国民投票で過半数の賛成が必要。

11

21 通常の法律より慎重な手続きによらなりれば改正できない憲法を何憲法というか。

21 硬性憲法
これに対し、通常の法律の立法手続きにより改正できるものを軟性憲法という。

22 日本国憲法の条文にある直接民主主義的な３つの制度とは、憲法改正、地方自治体の住民投票と何か。

22 最高裁判所裁判官の国民審査制
任命後、初めての衆議院議員総選挙の際に行われる。

23 2007年に衆参両院内に設置された、憲法について広範で総合的に審議する委員会を何というか。

23 憲法審査会
憲法調査会を引き継ぐ機関。2007年の国民投票法成立とともに設置が定められた。

24 労働基本権の労働三権とは、団結権、団体交渉権と何か。

24 団体行動権（争議権）
ストライキなどを行う権利。

25 私事・私生活をみだりに公開されない権利および自己の個人情報をコントロールする権利のことを何というか。

25 プライバシーの権利
個人の私生活上の情報を守る権利のこと。肖像権などがある。

26 大日本帝国憲法はドイツの何憲法を手本としたか。

26 プロイセン憲法

27 大日本帝国憲法における天皇の地位は。

27 国家元首
日本国憲法では国・国民の象徴。

28 大日本帝国憲法の基本原則の１つで、憲法の条文で保障された天皇の政治上の権限（統帥権など）を何というか。

28 天皇大権

29 日本国憲法は民定憲法であるが、天皇が定めた形をとる大日本帝国憲法は何憲法か。

29 欽定憲法

30 １票の格差を巡って行われている裁判は、日本国憲法第14条に定められた何に違反しているとして起こされたか。

30 法の下の平等
→別冊P.9「１票の格差」

●次の問いに答えよ。

解答・解説

31 憲法で定められた<u>基本的人権</u>とは、人間が本来もつべきもので、法律による具体的規定がなくとも効力をもつ権利だが、これを何の権利というか。

31 永久不可侵（の権利）
□ 大きく分けると参政権・平等権・社会権・請求権・自由権となる。

32 <u>国民</u>が直接情報に接することを保障しようとするのは、どういう権利の主張か。

32 知る権利
□ 国や地方公共団体がもっている政治についての情報を知る権利。

33 <u>最高裁判所</u>の裁判官全員により構成され、憲法違反などの重要事項の審理・裁判にあたるのは。

33 大法廷
□ 最高裁判所長官を含む15人の裁判官で構成（定足数9人）。小法廷は5人の裁判官で構成（定足数3人）。

34 <u>国民投票法</u>で、投票権は何歳以上とされているか。

34 18歳
□ 2021年6月、駅や商業施設への共通投票所設置などを可能にする改正法が成立。

35 日本国憲法に明文化されていない新しい<u>人権</u>の根拠となる権利とは。

35 幸福追求権
□ 日本国憲法第13条。

36 日本国憲法の中で、<u>憲法改正</u>の手続きを定めているのは第何条か。

36 第96条
□ 発議には各議院総議員数の3分の2以上の賛成が必要。

37 日本国憲法に基づき、天皇の<u>皇位継承</u>について定めた法律を何というか。

37 皇室典範
□ 前天皇（平成）から現天皇（令和）への継承にあたり、退位を可能とする特例法が制定された。

38 大規模災害やテロなどの緊急事態が発生した際に、一時的に<u>内閣</u>の権限を強化する規定を何というか。

38 緊急事態条項
□ 内閣による緊急政令の制定、国会議員の任期延長などを可能にする。憲法改正の主要項目の1つとして憲法審査会で議論されている。

Part 1 ● 政治・経済
国会・内閣

詳しくは→別冊P.11 重要項目❷

 本問題

●次の問いに答えよ。

解答・解説

1 行政権の行使において、内閣が国会に対し連帯して責任を負う制度とは。

1 議院内閣制

2 国会には３種あるが、通常国会、臨時国会と何か。

2 特別国会
衆議院解散総選挙後30日以内に召集される。

3 通常国会の会期は何日間か。

3 150日間
１月に召集され、予算審議を行う。

4 日本国憲法の定める国会の権能は、憲法改正の発議権、法律の議決権、内閣総理大臣の指名権、財政監督権、条約の承認権と何か。

4 弾劾裁判所設置権
不適格な裁判官を解任する制度。

5 日本の国会のように衆議院と参議院など２つの議会からなる制度を何というか。

5 二院制

6 衆議院の定数は何名か。

6 465名
参議院の定数は248名。

7 衆議院がもつ権限の事項における優越権は予算先議権と何か。

7 内閣不信任決議権

8 衆議院と参議院の両院の議決が一致しない場合は、どこで協議するか。

8 両院協議会

9 衆議院と参議院それぞれの本会議において**議決**に必要な定足数は。

9 総議員の3分の1以上

10 **内閣総理大臣**以外の国務大臣を任命するのは誰か。

10 内閣総理大臣
内閣総理大臣は天皇が任命。

11 **最高裁判所長官**を指名するのはどこか。

11 内閣
任命は天皇が行う。

12 **国会議員**が議院での発言や決議に拘束されないことを何というか。

12 免責特権

13 国会議員の特権とは、**12**と何か。

13 不逮捕特権
現行犯または逮捕許諾請求が国会で認められた場合を除く。

14 国家権力を**立法**、司法、**行政**の3つに分ける民主政治の基本原理とは。

14 三権分立

15 内閣は**内閣総理大臣**と何で構成されているか。

15 国務大臣
国務大臣は文民で、かつ過半数は国会議員でなければならない。

16 **予算**の提出権があるのはどこか。

16 内閣

17 内閣の権限には、法律の執行、政令の制定、予算の作成などがあるが、**国会**の承認を得て行うものは何か。

17 条約の締結

18 内閣が**総辞職**する場合とは、内閣総理大臣が欠けた場合、内閣が衆議院を解散した場合と何か。

18 衆議院が内閣不信任決議案を可決した場合
衆議院を解散した場合は、解散の日から40日以内に総選挙を行う必要がある。

19 衆議院が**内閣不信任決議案**を可決した場合、内閣は総辞職または何日以内に衆議院を解散するか。

19 10日以内

15

20 各省庁立案で<u>内閣総理大臣</u>名で提出される政府立法（内閣提出法案）に対し、議員による法案の提出を何というか。

20 議員立法（議員提出法案）

21 実質的な審議が行われる委員会には、<u>常任委員会</u>と何があるか。

21 特別委員会
重要法案の審議のために設置されることが多い。最終意思決定権は本会議にある。

22 外交や<u>安全保障</u>に関する政策について、国家戦略を審議する機関を何というか。

22 国家安全保障会議
2013年12月に発足した。アメリカの機関をモデルにしている。

23 2001年に政務次官にかわり設置されたのは、<u>大臣政務官</u>と何か。

23 副大臣
内閣府と各省に置かれる官職。定数は各府省ごとに異なる。

24 <u>原子力</u>の安全規制を担うために、<u>環境省</u>の外局組織として設置されたのは。

24 原子力規制委員会
事務局は原子力規制庁。
→別冊P.8「原発安全審査と再稼働」

25 <u>東日本大震災</u>を受けて、復興事業を統括するために2012年2月に発足した組織を何というか。

25 復興庁
同庁の設置期限は、当初より延長して2031年3月末まで。

26 省庁下にあった行政サービス機関に<u>法人格</u>を与え、企業会計と同じルールを定めて効率化を図った組織とは。

26 独立行政法人
2023年4月現在、87法人。

27 特定の行政目的、公共目的の実現のために特別の法律により設立される<u>法人</u>とは。

27 特殊法人
2023年4月現在、34法人。

28 国会で<u>税制</u>や国家予算を決定することを何というか。

28 財政民主主義
国会の議決が必要なため、国民の意思が財政処理の権限を拘束していることになる。

29 2021年9月に発足した、省庁を横断してデジタル政策を担う組織は何か。

29 デジタル庁
内閣直轄の組織として、600人規模の職員で発足。2023年7月では1000人超となっている。マイナンバーに関する業務も担う。

●次の問いに答えよ。

解答・解説

[30] 国会の国政全般（**立法・行政・司法**）に対する調査権を何というか。

[30] 国政調査権

[31] **内閣府**に設置されている、予算編成などの経済政策を審議する会議は。

[31] 経済財政諮問会議
議長は首相が務める。森政権時代に設置された。

[32] **内閣府**の外局で、中立かつ公平を要する任務を担当し、準司法的機能をもつのは。

[32] 行政委員会
例えば公正取引委員会など。

[33] 首相や閣僚の政治責任を問うために、野党が**参議院**で行う決議を何というか。

[33] 問責決議
衆議院の不信任決議とは異なり、法的拘束力はない。

[34] 首相が**自衛隊**の最高指揮権や防衛出動命令権をもつことを何というか。

[34] 文民統制（シビリアン・コントロール）
軍事に対して政治が優越する、民主主義の原則。

[35] **同盟国**などが他国に攻撃を受けた場合、自国が直接攻撃されていなくても共同で反撃する権利を何というか。

[35] 集団的自衛権
行使の容認をめぐって、2014年7月に憲法解釈の変更が閣議決定。限定行使を認めた安全保障関連法が2016年3月に施行された。

[36] 2022年12月に閣議決定した**安全保障**関連3文書では、何の保有が明記されたか。

[36] 反撃能力
→別冊P.1「岸田政権の動向と主要政策」

[37] 2023年1月、宗教法人などによる悪質な**寄附勧誘**をめぐって救済法が施行されたが、その発端となった団体は何か。

[37] 旧統一教会
現在の名称は世界平和統一家庭連合。安倍元首相銃撃事件の誘因ともなった。

[38] 内閣府と**厚生労働省**が担っていた子ども関連の業務を集約し、2023年4月に発足した内閣府の外局組織は何か。

[38] こども家庭庁
少子化・貧困・虐待・母子保健・障害児支援・児童手当などの業務を担う。

17

Part 1 ● 政治・経済
政党・選挙

詳しくは→別冊P.11 重要項目❷

基本問題

●**次の問いに答えよ。**

解答・解説

1 選挙制度の原則とは、普通選挙、平等選挙、秘密選挙、自由選挙と何か。

1 直接選挙
秘密選挙とは、誰に投票したかが公開されないこと。

2 衆議院議員の被選挙権は何歳以上の国民にあるか。

2 満25歳以上
参議院議員は満30歳以上。

3 衆議院の選挙制度は、小選挙区制と何か。

3 比例代表制
政党の得た得票数に応じて議席を配分する制度。衆議院議員選挙は1996年から小選挙区比例代表並立制を採用している。

4 参議院の選挙制度は、選挙区制と何か。

4 非拘束名簿式比例代表制
選挙区制は原則都道府県、もう一方は全国が単位（拘束名簿式の「特定枠」導入が可能になっている）。

5 政権獲得を目指す政治的な集団を何というか。

5 政党

6 **5**における、統一した選挙公約のことを何というか。

6 マニフェスト
政策綱領、政権公約、政策宣言のこと。

7 選挙権と被選挙権を一定の年齢以上の者すべてがもつ制度を何というか。

7 普通選挙制度

8 選挙の総則に関する法律を何というか。

8 公職選挙法

9 特定省庁と深いつながりのある議員を何というか。

9 族議員
政官財の癒着の原因の1つといわれている。

10 1955年以降、自由民主党と日本社会党の二大政党が政治を担っていた政治体制を何というか。

10 55年体制
1993年8月に発足した、非自民の細川連立政権成立まで続いた。

11 国会に一定の議席を有する政党に、国が政党活動費用として交付するものは何か。

11 政党交付金
政党助成法に基づき政党に交付する。議席数や選挙の得票数に応じて配分。

12 衆議院の**小選挙区制**の場合、選挙区ごとの議員定数は何名か。

12 1名
全国289ブロックから289名選出。

13 **参議院議員**の任期は何年か。

13 6年
3年ごとに半数が改選される。一方、衆議院議員の任期は4年。

14 選挙区ごとの議員定数が2名以上で、**死票**が少ないとされる選挙制度は。

14 大選挙区制
小選挙区制は死票が多く、得票率と議席数のひらきが大きくなりやすい。

15 自分たちの個別的な利益を政治的に実現させるために、**政党**・政治家・**省庁**・官僚などに直接働きかける団体を何というか。

15 圧力団体

16 選挙協力者が選挙違反で**有罪確定**となった場合、候補者本人の当選が無効になる制度を何というか。

16 連座制

17 **比例代表制**で、得票数を整数で順に割り、商の大きい順に議席を割り振る方式を何というか。

17 ドント方式
個人ではなく政党あての議席配分になる。公平な方法。

18 小選挙区の候補者が、**比例区選挙**の名簿登載者になれる制度とは。

18 重複立候補制

19 1994年に成立した政治改革関連4法とは、<u>改正公職選挙法</u>、衆議院議員選挙区画定審議会設置法、政党助成法と何か。

19 改正政治資金規正法
□ 細川内閣のときに大幅に改正。政治家は資金管理団体を作り、政治献金を管理・公表することとなった。

20 <u>参議院議員選挙</u>の選挙運動期間は何日間とされているか。

20 17日間
□ 衆議院議員選挙は12日間。

21 政策や主張の共通点などにより<u>政党内部</u>でいくつかに分かれる集団を何というか。

21 派閥
□

22 <u>国外</u>に居住する日本人のための投票制度で、郵便等投票、<u>在外</u>公館投票といった投票の方法があるのは何か。

22 在外投票
□

23 官僚が退職後に<u>特殊法人</u>などの政府関係機関や関連する民間企業、大学などへ再就職することを何というか。

23 天下り
□

24 政権を獲得した<u>政党</u>を何というか。

24 与党
□ 政権を保持していない側を野党という。

25 日本で男女平等の<u>選挙権</u>が認められたのは何年か。

25 1945年
□

26 比例代表選出方法で、選挙区を地域ごとのブロックに分けているのは<u>衆議院</u>と<u>参議院</u>のどちらか。

26 衆議院
□

27 投票後の<u>有権者</u>に投票内容を聞き、当落を予想する調査とは。

27 出口調査
□ 投票所の出口で調査を行うことからこうよばれている。

28 日本をはじめ、アメリカ・イギリス・フランス・ドイツなどでは何歳以上に選挙権が与えられているか。

28 18歳以上
□ 公職選挙法の改正により、国政では2016年7月の参院選から選挙権が18歳以上に引き下げられた。

重要問題

●次の問いに答えよ。

29 国会の議決に際し議員個人の主義主張より党の決定を優先させることを何というか。

29 党議拘束
重要な案件での党議違反は、「造反投票」とされ、除名勧告や離党勧告などの処分を科すことが多い。

30 国会議員の資産などを国民に公開することを定めた法律は。

30 国会議員資産公開法
所得・資産を公開することを定めている。

31 国会で行われるべき政党間の議論が、政党間のかけひきにより水面下で行われることを何というか。

31 国対政治
各政党には、国会活動上の諸問題を協議・調整する国会対策委員会が設けられている。

32 日本の国会議員が、地元や支持母体の利益を優先させることを何政治というか。

32 利益誘導（政治）

33 国会議員や地方議員の選挙で、男女の候補者数をできる限り均等にすることを目指す法律を何というか。

33 政治分野における男女共同参画推進法
各政党に候補者数の目標などを定める努力義務を課す。

34 2021年11月より衆議院議員の泉健太氏が代表を務める、野党第1党の政党は何か。

34 立憲民主党
2020年、旧立憲民主党と旧国民民主党により結党。初代代表は枝野幸男氏。

35 各都道府県の人口を一定の数字で割り、議員定数を配分する方式を何というか。

35 アダムズ方式
衆議院選挙制度改革において、2020年の国勢調査を基準に導入。人口比を反映しやすい。

36 35に基づく見直しで2022年12月に施行された改正公職選挙法により、衆議院小選挙区の議員定数は何増何減されたか。

36 10増10減
このうち東京都の定数が5増となった。
→別冊P.9「1票の格差」

Part 1 ● 政治・経済

司法

詳しくは→別冊P.11　重要項目❷

●次の問いに答えよ。

解答・解説

1 裁判所は**最高裁判所**と何の２つに大別されるか。

1 下級裁判所
高等裁判所・地方裁判所・家庭裁判所および簡易裁判所。

2 慎重で公平な審議が行われるためにとられている日本の**裁判制度**を何というか。

2 三審制
第一審→控訴審→上告審となる。

3 裁判所がいかなる干渉も受けず、**公正・独立性**を確保する原則を何というか。

3 司法権の独立

4 裁判には、**民事裁判**、刑事裁判と、もう１つ何があるか。

4 行政裁判
行政機関を被告として起こす裁判。

5 **判決**に対して不服を申し立てることを何というか。

5 上訴
第一審の判決に不服を申し立てることを控訴、第二審の判決に不服を申し立てることを上告という。

6 **最高裁判所**は何名の裁判官からなるか。

6 15名
長官を含めた数。

7 **高等裁判所**は全国に計何カ所あるか。

7 ８カ所
地方裁判所は50カ所、家庭裁判所は地方裁判所に併置、簡易裁判所は438カ所。

8 軽微な事件を扱うのは、どの裁判所か。

8 簡易裁判所

9 最高裁の裁判官のみ、任命後初の**衆議院議員総選挙**と同時に実施されるのは何か。

9 国民審査
国民による司法機関のチェック機能である。

10 自己に不利益な供述を強要されない権利とは何か。

10 黙秘権
基本的人権の１つである自由権に含まれる。

11 検察官が被疑者を起訴しなかったことのよしあしを、有権者の中から選ばれた国民で審査する制度とは。

11 検察審査会
審査会はくじで選ばれた11人の審査員で構成される。二度の議決で強制起訴が可能。

重要問題

●次の問いに答えよ。

解答・解説

12 有罪確定後に、事実認定の誤りが判明した場合に最初から裁判をやり直すことができる制度とは。

12 再審制度
三審が終わり有罪確定後に無罪の可能性が出てきた場合などに、最初から裁判をやり直すことができる制度。

13 2009年から始まった、刑事事件について裁判官と国民の合議で有罪・無罪を判断し量刑を決定する制度とは。

13 裁判員制度
2019年６月から、対象事件の取り調べ全過程を録音・録画（可視化）することが義務づけられている。

14 判断能力の低下した成人（心神喪失者など）を法的に保護し支援する制度とは。

14 成年後見制度
大きく分けて、法定後見制度と任意後見制度の２つがある。

15 裁判官訴追委員会に訴追された裁判官を裁判する、国会内設置の裁判所とは。

15 弾劾裁判所

16 刑事司法制度改革の一環として、2018年６月に導入された日本版「司法取引」の制度を何というか。

16 協議・合意制度
正しくは「捜査・公判協力型協議・合意制度」。被疑者・被告人の協力に対して、検察官は処分・訴追での減免をする。

17 2022年５月、ある法の改正でオンラインによる訴状の提出や口頭弁論のウェブ会議による参加などが定められたが、何という法律か。

17 民事訴訟法
民事裁判の手続きIT化として、2025年度までに順次導入されていく。

Part 1 ● 政治・経済

法律

基本問題

●**次の問いに答えよ。**

1 労働三法とは、**労働基準法**、労働組合法と何か。

2 2023年4月施行の改正で、時間外労働賃金の引き上げ、**デジタルマネー**による賃金支払いの解禁などが行われた法律は。

3 六法とは、**日本国憲法**、民法、**民事訴訟法**、刑法、刑事訴訟法と何か。

4 倒産前に再建手続きをし、再建を目指せるように制定された法律は。

5 経営困難ではあるが**再建**の見込みがある株式会社に適用される、事業の維持・**更生**を目的とした法律は。

6 製品の欠陥によって消費者が被害を受けた時に、**製造業者等**が損害賠償の責任を負うと定めた法律は。

7 人種や国籍を理由とした、不当な**差別的言動**を抑制するために成立した法律は。

1 労働関係調整法

2 労働基準法
月60時間を超える時間外労働の割増賃金率が、大企業・中小企業を問わず一律50%（条文の規定は「5割以上」）とされた。

3 商法

4 民事再生法

5 会社更生法

6 製造物責任法（PL法）
製品の欠陥が被害の原因であったことを証明すれば、損害賠償を求めることができる。

7 ヘイトスピーチ解消法
刑事罰を定めた全国初の条例を川崎市が定めている。

8 **安全保障**に関する国家機密の漏洩を防ぎ国と国民の安全を確保するための法律は。

8 特定秘密保護法
□ 特定秘密は大臣等が指定する。

 要問題

●**次の問いに答えよ。**

解答・解説

9 わが国の**成年**年齢は満何歳か。

9 満18歳
□ 2022年4月施行の民法改正による。結婚可能年齢も同じく満18歳以上。

10 住民票をもつすべての人に番号を割り振り、年金などの社会保障給付や**納税**に関する情報を管理するための制度は。

10 マイナンバー制度
□ 2024年秋にはマイナンバーカードと健康保険証が一体化。
→別冊P.2「マイナンバー制度」

11 認可を受けたリゾート施設内に開設される**カジノ**の規制・基準について定めた法律は。

11 統合型リゾート実施法（IR実施法）
IR整備計画によると、日本初の開設は2029年大阪市となる見込み。

12 インターネット上の誹謗中傷対策を目的として、2022年7月に**侮辱罪**を厳罰化する改正法が施行されたのは。

12 刑法
□ 法定刑として拘留や科料に加えて、1年以下の懲役や禁錮、30万円以下の罰金が新たに設けられた。

13 2022年12月に成立した改正民法で見直された、妊娠・出産の時期によって法律上の**父親**を定める規定を何というか。

13 嫡出推定
□ 母親が再婚している場合、離婚後300日以内に生まれた子も新しい夫の子とする例外規定。女性の再婚禁止期間も撤廃。

14 2023年4月よりレベル4の**自動運転**が解禁されたが、これを定める法律は。

14 道路交通法
□ 過疎地域や高速道路など特定の条件下で、運転者の介入を要さない自動運転が可能になった。

15 旧統一教会に対する**質問権**の行使や**解散命令**請求の根拠法は何か。

15 宗教法人法
□ 質問権の行使は初、解散命令請求は3例目。

Part 1 ● 政治・経済
地方自治・農業

基本問題

●次の問いに答えよ。

解答・解説

1 イギリスのブライスにより<u>民主主義</u>の学校とたとえられたものは何か。

1 地方自治

2 <u>地方自治</u>の原則とは、団体自治と何か。

2 住民自治
住民により地方自治が運営されること。
→別冊P.11重要項目❷

3 <u>地方自治体</u>は別名、何というか。

3 地方公共団体

4 政令により特別な<u>行政権</u>を認められた、人口50万人以上の市を何というか。

4 政令指定都市
都道府県に準じる権限をもっている。

5 地方自治法の定める申出に基づき、何万人以上の市が<u>中核市</u>に指定されるか。

5 20万人
市議会の議決や都道府県の同意などが必要で、指定されていない市もある。

6 住民らが行政機関に公文書情報を<u>開示請求</u>できる制度とは何か。

6 情報公開制度
国民の「知る権利」の1つ。

7 <u>地方議員</u>の任期は何年か。

7 4年

8 住民の選挙により選ばれる、各都道府県の知事や市町村長を、<u>地方自治体</u>の何というか。

8 首長
都道府県知事、市町村長の任期は4年。

9 地方自治体の首長に<u>議会解散権</u>があるのに対し、議会に与えられているものは何か。

9 首長不信任決議権

10 地方間の**格差是正**を目的に国が交付するものは何か。

10 地方交付税交付金
財源不足に応じて国税の一部を地方に分配する。使途については自由。

11 **公共施設**の建設、維持管理、運営などを民間の資金、経営能力・技術的能力を活用して行う手法を何というか。

11 プライベート・ファイナンス・イニシアティブ（PFI）
導入により国・地方公共団体の事業コスト削減を図る。

12 **市町村長**の被選挙権は何歳以上か。

12 満25歳以上
都道府県知事の被選挙権は満30歳以上。

13 地方財政の財源は、主に**地方税**、地方交付税交付金、**地方債**と何か。

13 国庫支出金（補助金）
使途については国から指定されている。

14 議会を招集する時間がない緊急時などで、**首長**が議会に代わって決定できる権限を何というか。

14 専決処分
地方自治法では、首長が次の議会で承認を求めるよう定めている。

15 有権者が議会の解散や、知事・市町村長の解職を**直接請求**できる制度を何というか。

15 リコール

16 **条例**の制定・改廃は、有権者の何分の1以上の署名で**直接請求**できるか。

16 50分の1
署名は首長に提出し、議会による審議・議決となる。

17 地方公共団体の事務は、自治事務ともう一つは何か。

17 法定受託事務
国や都道府県が本来果たすべき役割に関する事務で、国や都道府県が適正な処理を確保すべく、地方公共団体が行う事務として法令で定めるものをいう。

18 **耕作放棄地**などを借り上げ、農業生産法人や農家などに貸し出す機関を何というか。

18 農地バンク
正式には、農地中間管理機構という。各都道府県が設立する。

19 兼業農家のうち、**農業所得**より兼業所得が多い農家を何というか。

19 第2種兼業農家
兼業所得より農業所得が多い農家は第1種兼業農家。

20 各自治体の業務システムをデータセンターに預け、複数の市町村が共同でシステムを使うことができる環境を何というか。

20 自治体クラウド
クラウドコンピューティングを電子自治体にも活用する動きがある。

21 1995年に施行され、米の価格が市場に委ねられることになった法律とは何か。

21 食糧法
正式名称は「主要食糧の需給及び価格の安定に関する法律」。

22 農政の基本理念や政策の方向性を示す法律で、1999年に施行されたのは。

22 新農業基本法
正式名称は「食料・農業・農村基本法」。1961年制定の農業基本法は廃止。

23 地方から都市部へ行った人が、地方へ再び帰る現象を何というか。

23 Uターン現象
生まれ育った場所（都市部）で就職した人が、別の場所（地方）に移住して働くことはIターン現象。

24 農地の所有や利害関係のしくみを定めた法律は。

24 農地法
2016年4月施行の改正法では、農地を所有できる法人の要件が緩和された。

25 2022年度の日本の食料自給率（供給熱量ベース）は概算で何％か。

25 38％

26 政府によって指定された地域で、医療や雇用などの分野で規制緩和を進めるのは。

26 国家戦略特区

27 全国農業協同組合中央会（JA全中）が持つ監査権などをなくし、一般社団法人に転換させるなどの一連の改革を何というか。

27 農協改革
2019年9月、一般社団法人に組織変更した。

28 大都市に一極集中するのではなく、それぞれの地域が特色を生かした社会を作るなど、政府が提唱する政策とは。

28 地方創生
大企業の本社や中央省庁の地方移転が検討され、文化庁は2023年3月下旬に京都で業務開始。

29 農業の担い手不足を先端技術で解決すべく、AI・ドローン・ロボットなどを活用する農業を何というか。

29 スマート農業

重要問題

● 次の問いに答えよ。

30 国の干拓事業をめぐり、排水門の開門派と開門反対派による対立から、和解協議が滞ってきた<u>長崎県</u>の湾を何というか。

30 諫早湾（いさはや）
開門と非開門をめぐる訴訟は2023年3月、最高裁が漁業者側の上告を棄却し、開門命令の無効化が確定。

31 2016年8月に<u>東京都</u>知事に就任し、オリンピック・パラリンピックも挟んで首長を務めている知事は誰か。

31 小池百合子
2020年の知事選で再選。任期は2024年7月まで。

32 2022年9月に実施された<u>沖縄県</u>知事選で再選を果たしたのは誰か。

32 玉城デニー（たまき）
米軍基地の移設工事推進に、反対の立場を示している。
→別冊P.3「普天間基地の辺野古移設」

33 首長・議員の解職を求める<u>直接請求</u>は、規定数以上の署名をどこに提出するか。

33 選挙管理委員会
その後、住民投票で過半数の同意が得られればリコール成立となる。

34 果実などの種や苗木の知的財産権を強化することを目的に改正され、2022年4月に全面施行された法律は何か。

34 種苗法（しゅびょう）
海外への不正な流出を防止することが主眼。

35 2022年9月に全面施行された、防衛関係施設や国境周辺の<u>離島</u>などの機能を阻害する土地の利用状況の調査、利用の規制を可能にする法律は何か。

35 重要土地等調査法
安全保障上の政策で、地方自治体の首長に土地利用者の情報提供を求めることも可能となっている。

36 <u>国家戦略特区</u>の制度に基づき指定されている、最新の科学技術を活用した最先端都市を何というか。

36 スーパーシティ
2022年4月に茨城県つくば市と大阪府大阪市を指定。デジタル田園健康特区としては石川県加賀市、長野県茅野市、岡山県加賀郡吉備中央町を指定。

Part 1 ● 政治・経済

税制

○ **基**本問題

●次の問いに答えよ。

解答・解説

1 所得税、**法人税**など納税者と税負担者が同じ税を何というか。

1 直接税
ほかには相続税など。

2 消費税、**酒税**、たばこ税など納税者と税負担者が異なる税を何というか。

2 間接税
ほかには関税など。

3 直接税と**間接税**の比率を何というか。

3 直間比率
日本の比率は諸外国と比べて、直接税の比率が高い。

4 **所得税**で、所得の多い人ほど税率が高くなる制度とは。

4 累進課税制度
所得が増大すると税負担も増大するため、可処分所得の増大が抑えられる。

5 亡くなった親などから**財産**を相続することで課される税金は何か。

5 相続税
最高税率は55%。

6 税金には国に納める**国税**と何があるか。

6 地方税
地方自治体に納める。都道府県税と市町村税がある。

7 **税務署**が課税対象者の実際の収入をとらえる割合を何というか。

7 捕捉率

8 税金は課税対象によって分けられているが、主なものは、**所得課税**、消費課税と何か。

8 資産課税
相続税、不動産取得税、固定資産税など所有する資産に課される税のこと。

9 出身自治体など、居住地ではない自治体に寄付すると<u>所得税</u>や住民税が控除される納税制度は何か。

自治体からの過度な返礼品が問題となり、寄付額の3割以下である地場産品に限定する制度を導入。事業者を介した現金還元も禁止。

10 国民所得に占める、税金と<u>社会保険料</u>の負担割合を何というか。

10 国民負担率

●次の問いに答えよ。

解答・解説

11 国税で、日本で企業活動を行う<u>外国企業</u>にも等しく課税される税金は何か。

11 法人税
法人の所得金額などを課税標準として課す国税。

12 国の税制について調査審議する内閣総理大臣の<u>諮問機関</u>とは。

12 税制調査会
30人以内の委員のほかに、特別事項を調査審議する特別委員や、専門事項を調査する専門委員を設置できる。

13 例年12月に与党によって示され、閣議決定されることで翌年度の<u>税制</u>のあり方を定める方針は何か。

13 税制改正大綱
2023年度の大綱では、防衛費増額の財源に法人税・所得税・たばこ税の増税を充てる方針を決定（2024年以降に増税を実施）。

14 消費税率の<u>10%</u>引き上げに合わせて導入された、生活必需品などの税率を抑えるための制度は。

14 軽減税率
8％に据え置かれる対象品目は、酒類と外食を除く飲食料品、新聞の定期購読料。

15 2023年10月にスタートした、売り手側が買い手側に正確な適用税率や消費税額を伝えるための<u>適格請求書</u>を交付し、買い手側はそれを保存しておく制度を何というか。

15 インボイス制度
軽減税率によって異なる消費税率の取引・商品が存在し、その適用対象を正確に把握するための制度。

16 2024年度からスタートの、森林保全を目的とした新たな税金は何か。

16 森林環境税
住民税納税者を対象に、年間1000円が課税される。

Part 1 ● 政治・経済
金融・財政

◎ **基**本問題

●次の問いに答えよ。

解答・解説

1 金融機関破綻時の**預金保証**を元本1000万円と利息までとする制度を何というか。

1 ペイオフ
2010年9月、日本振興銀行が破綻し、戦後初めて適用された。

2 **中央銀行**が市中銀行に貸し付ける時の金利とは。

2 基準割引率および基準貸付利率
「公定歩合」から名称変更。
→別冊P.12重要項目❸

3 日本の三大メガバンクとは、**三菱UFJ銀行**、三井住友銀行とどこか。

3 みずほ銀行
2021年には度重なるシステム障害により、金融庁から業務改善命令が下された。

4 銀行の三大業務とは**預金**と貸付と何か。

4 為替

5 **株式**や社債の発行による**市場**からの資金調達を何金融というか。

5 直接（金融）
債券や株式の価格は市場で決まる。

6 **金融機関**からの融資による資金の調達を何金融というか。

6 間接（金融）
主な取引として、銀行取引がある。

7 **景気対策**には、日本銀行の金融政策と、政府の行う何があるか。

7 財政政策
税制や国債を軸とした歳入と、社会保障や公共投資を軸とした歳出とで行われる。

8 日本銀行の三大金融政策には、**金利**政策、公開市場操作と何があるか。

8 支払準備率操作（預金準備率操作）

9 財政の3つの機能とは、**資源の配分**、所得の再分配と何か。

9 景気の安定化

10 国が必要資金を調達するとき借入証書として発行する**債券**とは。

10 国債
正式名は「国庫債券」。普通国債には、建設国債と赤字国債がある。

11 歳入の内訳は大きく分けて**国債**と何か。

11 租税

12 国債の利払いと償還費を除いた**歳出**と、国債発行収入を除いた**歳入**の財政収支のことを、何というか。

12 プライマリーバランス
基礎的財政収支ともよばれ、日本政府は2025年度の黒字化を目指している。

13 国の一般会計予算は、成立の仕方により3つに分類されるが、それは本予算と**補正予算**と何か。

13 暫定予算
予算編成が遅れたり、国会の審議が長引き年度開始までに本予算が成立しない場合に組まれる。

14 予算は、一般会計予算、**特別会計予算**と何の3つに区別されるか。

14 政府関係機関予算
特別の法律により設立された政府出資の法人で、予算を国会に提出し議決を経なければならない機関の予算。

15 **銀行**が最優良企業に貸し付ける際の金利とは。

15 プライムレート（最優遇貸出金利）
長期（1年以上）と短期（1年未満）がある。

16 **中央銀行**が、市中銀行の手持ちの国債を買い、市中の通貨量を増やすことを何というか。

16 買いオペレーション
公開市場操作の1つで、景気停滞時に行う。市場の資金量を増やして金融緩和を図る。

17 **中央銀行**が保有する国債を売って、市中の通貨量を減らすことを何というか。

17 売りオペレーション
公開市場操作の1つで、景気過熱時に行い、金融引き締めを図る。

18 金融機関や**証券会社**相互で行われる短期の資金貸借を何というか。

18 コール
短期金利の代表的な指標は無担保コール翌日物、長期金利の代表的な指標は新発10年国債とされている。

19 リース会社や**信販会社**など、預金を集めずに融資業務を行う金融機関を何というか。

19 ノンバンク

20 株式や為替などの取引における損失回避のために開発された、高度な金融技術を利用した<u>金融派生</u>商品とは。

20 デリバティブ
その種類は、先物取引、先渡取引、スワップ取引、オプション取引など。

21 <u>有価証券</u>や土地など、保有している資産の価格が上昇することで得られる利益を何というか。

21 キャピタルゲイン

22 <u>日本銀行</u>が金融政策の目標とする金利を何金利というか。

22 政策金利
現在の日本は、無担保コール翌日物が政策金利とされている。

23 <u>名目金利</u>から予想物価上昇率を引いたものを何というか。

23 実質金利
実際は名目金利から物価変動の影響を引くことが多い。

24 <u>財務省</u>が発行した国債を、日本銀行ではなく国民など民間に買ってもらう原則とは。

24 市中消化の原則

25 日本銀行が金融政策の判断材料とする、<u>経済</u>と<u>物価</u>の見通しのことを何というか。

25 展望レポート
正式名称は「経済・物価情勢の展望」。1・4・7・10月の年4回公表する。

26 日本銀行が行う金融政策の1つで、一般公開の市場で<u>通貨量</u>を調節することを何というか。

26 公開市場操作（オープンマーケットオペレーション）

27 金融機関が、日本銀行に<u>預金量</u>に応じて一定割合を預け入れる資金を何というか。

27 準備預金
預金量に対する準備預金の比率は預金準備率という。

28 マネーストック（通貨供給量）とは、現金通貨、<u>預金通貨</u>と何を指すか。

28 準通貨
定期預金など、解約で現金通貨や預金通貨となり、決済手段として機能する金融資産のこと。

29 <u>日本銀行</u>が企業へ四半期ごとに実施するアンケート調査を何というか。

29 短観
その主要項目の1つに、業況判断の指数（DI）がある。

重要問題

●次の問いに答えよ。

30 紙幣や硬貨のような実体がなく、送金や代金支払などを、インターネット上の取引で広く利用できる電子データを何というか。

30 暗号資産（仮想通貨）
より大きな捉え方でデジタル通貨という呼称があり、法定通貨として利用できる電子マネーも含まれる。

31 金融とIT技術を融合したサービスを総称して何というか。

31 フィンテック
ファイナンス（金融）とテクノロジー（技術）を組み合わせた造語。

32 資金調達、返済、設備投資などで生じる現金の流れを何というか。

32 キャッシュフロー
資金の流れ、その結果としての資金の増減を指す。

33 日本銀行が2016年2月から実施してきた、借り手（日本銀行）に貸し手（民間銀行）が金利を払う政策を何というか。

33 マイナス金利政策
日銀の金融政策決定会合で導入が決められ、2024年3月まで続いた。
→別冊P.5「日本銀行の金融政策」

34 金融市場で長期金利と短期金利を操作し、目標値へ誘導する政策を何というか。

34 イールドカーブ・コントロール
長短金利操作のこと。

35 中央銀行が今後の金融政策を前もって表明する「先行き指針」のことを何というか。

35 フォワードガイダンス
日本銀行は金融政策決定会合で、定期的に指針を修正している。

36 日本銀行は長期金利の許容変動幅を上下何%程度としているか。

36 上下0.5%程度
ただし、市場の動向に応じて1%を超えることも容認している。

37 2023年4月に日本銀行の総裁に就任した経済学者は誰か。

37 植田和男
副総裁には前・金融庁長官の氷見野良三氏と、日本銀行理事の内田眞一氏が就任。

38 2024年度に刷新の新紙幣のうち、1万円札は誰の肖像画か。

38 渋沢栄一
第一国立銀行などの設立者。5000円札は津田梅子、1000円札は北里柴三郎に。

Part 1 ● 政治・経済

経済

詳しくは→別冊P.12・13 重要項目❸・❹

◎ **基**本問題

●**次の問いに答えよ。**

解答・解説

1 イギリスの経済学者で『国富論』の著者は。

1 アダム・スミス
『国富論』に出てくる「見えざる手」は有名な言葉。

2 ドイツの経済学者・哲学者で、資本主義を詳細に分析した『資本論』の著者は。

2 マルクス

3 イギリスの経済学者で、『雇用・利子および貨幣の一般理論』の著者は。

3 ケインズ
著書は、20世紀で最も大きな影響を与えた社会科学理論と考えられている。

4 イギリスの経済学者で、「人口は幾何級数的に増加するが、食糧は算術級数的に増加するので貧困増大は避けられない」としたのは誰か。

4 マルサス
古典派の代表的経済学者で人口学者でもあった。

5 経済の3主体とは、**企業**・政府と何か。

5 家計
その関係を経済循環という。

6 生産の3つの要素とは、土地・**資本**と何か。

6 労働

7 **需要**と供給のバランスが崩れ、**物価**が高騰、貨幣価値が下落することを何というか。

7 インフレーション（インフレ）
インフレは好景気で起こり、デフレは不景気で起こる。

8 需要と供給のバランスが崩れ、物価が下降、**貨幣価値**が上昇する状態を何というか。

8 デフレーション（デフレ）
企業努力によりコストが低下し、物価が下落する場合もある。この場合、需要は増加し、経済は活発化する。

9 不況時でありながら物価が上昇する状態を何というか。

9 スタグフレーション
インフレとデフレが共存した状態。

10 不況時に物価の下落がさらなる不況を誘引するという悪循環を何というか。

10 デフレスパイラル

11 1年間の国内総生産（GDP）の伸び率を何というか。

11 名目経済成長率
この伸び率から物価の変動分を除くと実質経済成長率になる。

12 家庭の消費支出に占める食費の割合を何というか。

12 エンゲル係数
食費の割合が高いと生活に余裕がないということで、生活水準を表す指標になる。

13 企業が自社の利益を、税金や配当金などを除き社内に蓄えることを何というか。

13 内部留保
2022年度に国内で555兆円を超え、賃上げや設備投資への活用が求められる。

14 デフレ脱却後に訪れる、インフレの前の経済状態を何というか。

14 リフレーション
リフレ政策とは、金融緩和によって物価上昇を目指すこと。

15 一国において1年間で新たに生み出された付加価値の総額を何というか。

15 国民所得（NI）
毎年のお金の流れ＝フローを示す。

16 国民がある時点で保有する有形資産の合計を何というか。

16 国富
ストックの概念。ストックとは、ある時点で定義される経済量のこと。

17 景気後退により、物価の暴落・失業者の急増など経済が混乱する状態とは。

17 恐慌

18 資本主義の二大特徴とは、生産手段の私有と何か。

18 市場経済
経済主体による経済活動が自由に行われる。財・サービスの需要と供給は市場機構により社会的に調整。

19 社会主義の二大特徴とは、生産手段の公有と何か。

19 計画経済
国家の経済当局が生産・分配を管理している。

20 経済安定化を図るため、**景気変動**に応じて自動的に作用する財政構造のしくみとは。

20 ビルト・イン・スタビライザー
自動安定化装置ともいう。累進課税制度もその1つ。

21 市場に流通している**通貨**の総量を何というか。

21 マネーストック
マネーサプライから改められた。

22 国の経済状態を示す基本的指標を一括して何というか。

22 ファンダメンタルズ
経済活動の状況を示す基礎的要因のことをいう。

23 **国民所得**（NI）が、生産面・分配面・支出面の3つの面からみても等しい値になることを何というか。

23 三面等価の原則

24 **プライスリーダー**（価格先導者）が人為的に決めた価格とは。

24 管理価格
寡占市場ではこれに他社が追随する。

25 在庫調整による**約40カ月**の経済変動を何というか。

25 キチンの波
アメリカの経済学者キチンにより明らかにされた。

26 **設備投資**による約10年の経済変動を何というか。

26 ジュグラーの波
設備投資循環、主循環、中期波動ともいう。

27 住宅投資その他の建築活動による**約20年**の経済変動を何というか。

27 クズネッツの波

28 景気変動の波とは、**キチンの波**、ジュグラーの波、クズネッツの波と何か。

28 コンドラチェフの波
ロシアの経済学者コンドラチェフによって明らかにされた。

29 現金と、民間の金融機関が中央銀行に預けている**当座預金**残高の合計を何というか。

29 マネタリーベース

30 **所得格差**の大きさを表す係数は。

30 ジニ係数
イタリアの数理統計学者ジニにより考案された指数。

重要問題

●次の問いに答えよ。

31 一国全体の経済を分析する<u>経済学</u>とは。

31 **マクロ経済学**
個々の経済主体の分析から全体を把握するものはミクロ経済学という。

32 好不況時に政府が意図的に実施する<u>景気調節</u>とは。

32 **フィスカル・ポリシー（補整的財政政策）**
好況：増税＋財政支出削減、不況：減税＋財政支出拡大。

33 価格に<u>需給</u>の数量バランスを調整する機能があることを何というか。

33 **価格の自動調節機能**
価格の上下が販売意欲と購買意欲に直結していること。

34 <u>内閣府</u>が発表している、<u>景気</u>全体の現状を把握したり将来の動きを予測したりするときに使われる経済指標は。

34 **景気動向指数**
変化の大きさをみるCIと、変化の方向性をみるDIの2種類の指数がある。

35 アメリカの小売店から始まった、<u>感謝祭</u>（11月第4木曜日）翌日以降の大規模な年末セールのことを何というか。

35 **ブラックフライデー**
金曜日には黒字になることへの願いから、このように名づけられたといわれる。

36 <u>供給連鎖</u>ともよばれる、原材料・部品の調達から製造・流通・販売、消費者に届くまでの一連のプロセスを何というか。

36 **サプライチェーン**
日本国内の経済安全保障では「供給網の強化」として重要視されている。

37 岸田文雄首相が掲げる、<u>成長</u>と<u>分配</u>の好循環によって所得の増大や社会課題の解決を図る経済政策を何というか。

37 **新しい資本主義**
GXやDX、スタートアップ（新興企業）支援などの投資と改革に重点が置かれてきている。

38 2014年4月に始まり、24年から「<u>つみたて投資枠</u>」「<u>成長</u>投資枠」で新制度スタートの、個人向けの<u>少額投資非課税制度</u>を通称何というか。

38 **NISA**（ニーサ）
非課税期間は無期限、投資枠の上限は年間計360万円、生涯で1800万円に引き上げ。

Part 1 ● 政治・経済
市場・会社・株式

詳しくは→別冊P.12 重要項目❸

 **基**本問題

●**次の問いに答えよ。**

解答・解説

1 企業が**不景気**対策として行う事業統廃合や社員の人員整理・配置転換を何というか。

1 リストラ(リストラクチャリング)

2 会社の種類には、**合名会社**、合資会社、合同会社、**株式会社**と何があるか。

2 特例有限会社
会社法に基づく。改正により、有限会社の新設は2006年5月以降できなくなっており、法制上は株式会社の一種とされる。

3 企業同士が競争を避け、利益確保のために価格などの協定を結ぶことを何というか。

3 カルテル(企業連合)
独占禁止法によって、違法なケースに対しては罰金が科せられる。

4 競争関係にある同一産業の企業が**合併**することを何というか。

4 トラスト(企業合同)

5 異なる産業部門内の企業を**株式**支配により統合することを何というか。

5 コンツェルン(企業連携)
戦前の日本の財閥がその一例である。

6 **異業種**の企業が合併することで、多角的な生産・販売を行う企業を何というか。

6 コングロマリット(複合企業)

7 少数の**大企業**が支配している市場を何というか。

7 寡占市場
1社が支配する場合は独占市場という。

8 **7**において**価格**が下がりにくくなることを何というか。

8 価格の下方硬直性
物価上昇の1つの要因。

9 債券に対して元本と利息が支払われる確実性を、アルファベットなどで表したものを何というか。

9 格付け

10 完成品ではなく部品を輸出し、現地で組み立てて製品にする貿易の方法を何というか。

10 ノックダウン方式
家電製品や自動車など。

11 開発途上国に技術や資本を供与したことで現地の生産が活発化し、製品が供与した国に逆流して国内産業と競合する現象は。

11 ブーメラン効果

12 会社の業務を執行しない取締役のことを何というか。

12 社外取締役
2021年3月施行の改正会社法により、上場企業などで設置が義務化。

13 株主や社会が、経営者の社会的責任を監視することを何というか。

13 コーポレート・ガバナンス（企業統治）
その一例として株主代表訴訟がある。

14 会社が赤字であるのに、黒字を偽装した決算を出すことを何というか。

14 粉飾決算
方法としては、売り上げを架空計上して利益を過大にみせたりすることなど。

15 企業の経営権取得のため、買付期間・数量・価格などを公開提示し株式を取得する制度とは。

15 株式公開買付制度（TOB）
買収される会社の経営陣らの賛同を得て実施されるものを友好的買収、賛同を得ずに行われるものを敵対的買収という。

16 企業が成長のために、他企業の吸収・合併を行うことを何というか。

16 M&A（企業買収・合併）
Mergers and Acquisitions の略。

17 低価格の運賃で運航サービスを提供する航空会社を何というか。

17 LCC
Low Cost Carrierの略。

18 株価に重大な影響を与える企業内の未公開情報を利用して、有利に株式を売買することを何というか。

18 インサイダー取引
証券市場の信頼を損なう不公平取引であり、罰則の対象となる。

19 証券取引所の市場で、株式の公開取引を終了することを何というか。

19 上場廃止
理由は吸収合併、上場契約違反、法人格消滅、会社の倒産など。

20 証券市場の種類は、証券取引所と何か。

20 店頭市場
証券会社が顧客の相手方となり売買を成立させる市場のこと。

21 投資家が、証券会社から株券や現金を借りて株式の売買を行うことを何というか。

21 信用取引
投資家は、売買によって生じた差額のみを受け取る（または支払う）。

22 損失補塡やインサイダー取引など、証券取引を監視する金融庁の付属機関とは。

22 証券取引等監視委員会

23 上場廃止基準に該当する可能性がある場合、証券取引所により指定される株式を何というか。

23 監理銘柄
指定された場合でも必ず上場廃止になるものではない。基準抵触の可能性が解消されると解除される。

24 上場廃止基準に該当した場合、証券取引所により指定される株式を何というか。

24 整理銘柄
上場廃止を利用者に周知するために指定される。

25 証券取引所で取引される投資信託のことを何というか。

25 上場投資信託（ETF）
Exchange Traded Funds の略。

26 株式相場の変動につながる、事実に基づかない情報を流すことを何というか。

26 風説の流布
金融商品取引法第158条により禁止されている。

27 企業の財務内容などに関して、株主などに対し、透明性を高めることを何というか。

27 ディスクロージャー
株主からの信頼の維持・向上を目的としている。

28 上場企業が市場から発行済み株式を買い戻すことを何というか。

28 自社株買い
転換社債の発行で得た資金によって、株式を取得する企業が増えている。

29 上場企業の発行済み株式を5％を超えて保有した株主が、その事実を内閣総理大臣に書面にて届ける制度とは何か。

29 株式大量保有報告制度
5％ルール。金融商品取引法により規定されている。

！重要問題

●次の問いに答えよ。

解答・解説

30 自然災害などを想定して、取引の中断などの影響が出ないよう策定された計画は。

30 事業継続計画（BCP）
Business Continuity Plan の略。

31 ビジネスにおいて、新しい商品を発売したり、新しいサービスを開始・公開したりすることを意味する言葉は何か。

31 ローンチ
プロジェクトの開始を意味する言葉はキックオフ。

32 <u>東京証券取引所</u>や<u>大阪取引所</u>などを傘下に収める持株会社は。

32 日本取引所グループ
大阪取引所は東京商品取引所から貴金属や農産物などの先物取引を移行され、総合取引所となっている。

33 金融庁が策定した、機関投資家の<u>責任ある投資行動</u>を促すための8つの原則は。

33 日本版スチュワードシップ・コード
受け入れの表明後は、企業の持続的な成長を促し、受益者の投資リターンの拡大を図ることが求められる。

34 慈善事業をはじめとした、企業による<u>社会貢献活動</u>を総称して何というか。

34 フィランソロピー
文化・芸術への支援活動はメセナとよばれる。

35 企業へ投資する際に、財務情報以外の<u>環境・社会・企業統治</u>に対する配慮を重視する投資を何というか。

35 ESG投資
社会貢献度や持続可能性の高さなどが判断される。

36 2022年4月に再編された<u>東京証券取引所</u>の市場のうち、従来の1部に代わる最上位市場の名称を何というか。

36 プライム
国内事業を主軸とする企業が中心のスタンダード、新興企業が対象のグロースと合わせた3市場に再編。

37 東京証券取引所に上場している企業の銘柄を対象とした<u>東証株価指数</u>を、別称で何というか。

37 TOPIX（トピックス）
流通株式の時価総額100億円未満の銘柄は、段階的に構成比率を引き下げ。

Part 1 ● 政治・経済
経済史

基本問題

●次の問いに答えよ。

1 1929年の世界大恐慌によるアメリカ経済の危機打開のためにF・ルーズベルト大統領がとった政策を何というか。

1 ニューディール政策
TVAなどの公共事業を中心として、大規模雇用や全国産業復興法の制定などの景気復興策を実施。

2 1944年、連合国44カ国により調印された国際通貨・金融に関する協定は何か。

2 ブレトン・ウッズ協定
この協定とGATTによる通貨・金融・貿易の国際経済体制を、ブレトン・ウッズ体制という。

3 戦後に日本経済の民主化を図るために行われたものは、農地改革、労働三法の制定と何か。

3 財閥解体
GHQの下で民主化が進められた。

4 戦後、日本の国土の復興はアメリカからの援助に助けられた。それらの援助のもととなったアメリカの資金とは何か。

4 ガリオア（占領地域統治救済資金）とエロア（占領地域経済復興資金）

5 アメリカが第2次世界大戦後に行ったヨーロッパ経済復興援助計画とは。

5 マーシャルプラン
ヨーロッパの敗戦国などに無償または低金利で経済援助を行った。

6 日本政府が経済復興策として実施した、石炭、鉄鋼、電力などの基幹産業の生産回復に重点的に投資する方式を何というか。

6 傾斜生産方式
生産停滞を打開するための経済政策。

7 1949年に策定された戦後の日本税制の基礎となる日本税制報告書とは。

7 シャウプ勧告

8 1949年から**アメリカ**の金融専門家により実施された経済政策とは。

8 ドッジライン
□ 1ドル360円の固定レートなどを設定した。

9 1950年代初頭に日本の輸出・外貨保有高を飛躍的に増大させた**軍需物資**の特別需要を何というか。

9 朝鮮特需
□ 朝鮮戦争のため、アメリカ軍より物資などを受注したことによる。

10 1950年代から70年代にかけて、日本が年率10％前後の**経済成長**を実現した期間を何というか。

10 高度経済成長期
□ この期間中に国民総生産（GNP）は約4倍に増えた。

11 1954年から57年まで31カ月にわたった好景気で、「もはや戦後ではない」といわれたのは何景気か。

11 神武景気
□ この好景気により、日本経済は第2次世界大戦前並みの水準まで回復した。

12 1958年から61年まで42カ月間続いた、高度成長時代の好景気とは。

12 岩戸景気
□ 輸入中心の民間設備投資に支えられた好景気。

13 神武景気で起こった耐久消費財ブームのなかで、**冷蔵庫**、洗濯機、白黒テレビの3つを合わせて何とよんだか。

13 三種の神器
□ 豊かさや憧れの象徴だった。

14 池田内閣により策定された、国民経済規模を10年間で2倍にする政策とは。

14 国民所得倍増計画
□ 1961年からの10年間で国民総生産（GNP）を26兆円に倍増することを目標とした。

15 1962年～64年に公共事業の急増によって支えられた好景気を何というか。

15 オリンピック景気
□

16 1965年～70年にかけて記録された好景気を何というか。

16 いざなぎ景気
□ 57カ月間続いた輸出中心の好景気。

17 1960年代半ばに起こった**3**Cブームの**3**Cとは何か。

17 カラーテレビ、カー、クーラー
□

18 第４次**中東**戦争による石油価格の高騰を何とよぶか。

18 第１次石油危機（オイルショック）

19 **1970**年代に田中角栄によって唱えられたものは何か。

19 日本列島改造論
高速交通網を配し地方の工業化促進、過疎・過密・公害問題の解決を図った。

20 1971年に起こった金と**ドル**の交換停止を何というか。

20 ニクソン・ショック
一時的に変動相場制へ。

21 1971年にドルの信用回復を図るために結ばれた、**固定相場制**に戻す取り決めを何というか。

21 スミソニアン協定
73年に事実上崩壊。変動相場制へ。キングストン合意により76年に正式承認された。

22 1971年まで続いた円の**固定相場制**では、１ドルは何円だったか。

22 360円

23 イラン革命を引き金に**石油**価格が高騰し、世界同時不況を招いたことを何というか。

23 第２次石油危機（オイルショック）

24 **23**の後のドル売り・**円買い**の協調介入による輸出の停滞からきた不況を何というか。

24 円高不況

25 第２次**オイルショック**以降、日本は重化学工業などの「重厚長大型産業」から、何産業へと産業構造が変化したか。

25 軽薄短小型産業
重化学工業などの素材産業を「重厚長大型産業」、家電・自動車などの加工組み立て・知識集約型産業を「軽薄短小型産業」という。

26 1970年代半ばに、**インフレ**抑制のためにとられた政策とは。

26 総需要抑制政策
公定歩合を９％までアップした。

27 **1980**年代後半から1990年代前半にかけて起きた株価・地価の高騰を何というか。

27 バブル（現象）
「金余り」現象の下、企業と預金者は株式・社債投資に参入（財テクブーム）。

28 1980年代に**イギリス**で起こった金融市場や証券市場の大改革を何というか。

28 金融ビッグバン
サッチャー政権による大規模な金融規制緩和。

29 1981年からアメリカの**レーガン政権**が掲げた自由主義経済政策を何というか。

29 レーガノミクス
大型減税と規制緩和により消費の活性化を図った。

30 1985年、**G5**によりドル高是正の合意がなされ、急激な円高が進行したが、この合意を何というか。

30 プラザ合意
円高誘導され、1年ほどで1ドル150円台となった。

31 **ニューヨーク株式市場**で、1987年10月に起こった株価大暴落を何というか。

31 ブラックマンデー
10月19日に、1日で508ドル（20%強）も下落した。

32 1997年、タイの通貨バーツの暴落により**東南アジア**全域が深刻な不況に陥ったことを何というか。

32 アジア通貨危機
ヘッジファンドなどの欧米の投機筋が、一斉にアジア諸国から短期資金を引き上げたことが要因とされる。

33 **バブル**崩壊の直接的契機とは何か。

33 株価の暴落
日銀は1989〜90年に貸出総量規制と公定歩合（現基準割引率および基準貸付利率）の引き上げを実施した。

34 1993年、米の部分開放を認めた**GATT**の交渉とは。

34 ウルグアイラウンド
GATTとは、関税および貿易に関する一般協定のこと。現在はWTOへと発展。

35 **バブル**期の過剰融資により、回収不能となった貸付金を何というか。

35 不良債権
政府主導による本格的な不良債権処理は、2000年代小泉内閣の下で行われた。

36 公共サービスの受注先を「官」と「民」の競争入札により決めるシステムとは。

36 市場化テスト
小泉内閣による構造改革の施策の1つ。

37 2008年9月、身売り交渉に失敗し経営破綻した**アメリカ**の大手証券会社とは。

37 リーマン・ブラザーズ
これを境にして世界経済は、1929年に始まった世界大恐慌以来ともいわれる金融危機に直面した。

38 **37**の**金融危機**の救済策としてアメリカで成立した、主に不良債権の買い取りに重点をおいた法律を何というか。

38 緊急経済安定化法
2008年10月に成立。最大7000億ドルの公的資金で不良債権を買い取る。

●次の問いに答えよ。

解答・解説

39 1952年IMF加盟、1955年GATT加盟に続き、1964年の「先進国クラブ」ともいわれる機関への加盟により日本経済は国際化へと進んでいった。その機関とは。

39 経済協力開発機構（OECD）
自由な意見交換・情報交換を通じ、経済成長・貿易自由化、途上国支援に貢献することを目的としている。

40 国内の代表的な企業や関連団体などで構成されている、総合経済団体を何というか。

40 日本経済団体連合会（経団連）
現在の会長は十倉雅和氏。

41 当初は住宅ローンの焦げ付き問題だったが、2007年夏に問題が深刻化し、アメリカの金融市場に大混乱を招いたのは。

41 サブプライムローン問題
2008年9月にリーマン・ブラザーズが経営破綻し、混乱はピークに達した。

42 2009年、深刻な財政赤字が判明し、ユーロ圏諸国から救済融資を受けた国はどこか。

42 ギリシャ
支援は2018年に終了、国債の格付けも23年に投資適格級に復した。

43 デフレ脱却を目指し2012年末から安倍内閣が掲げた経済政策を何というか。

43 アベノミクス
金融政策・財政政策・成長戦略を3本の矢とした。

44 「租税回避地」と訳され、2016年に世界各国の首脳や著名人が利用していることで問題視されたのは何か。

44 タックスヘイブン
税金が著しく低く設定された国・地域のこと。パナマ文書やパラダイス文書によって実態が明らかになった。

45 情報通信技術やビッグデータを活用し、商品の販売者・提供者と消費者・利用者をつなぐオンラインの取引の場を何というか。

45 デジタルプラットフォーム
消費者保護のための取引規制などが導入されつつある。

46 2022年5月に日本で成立した、経済における特定重要物資の安定確保、技術の流出防止などを定めた法律は何か。

46 経済安全保障推進法
特定重要物資に半導体や蓄電池、永久磁石など11物資を指定している。

Part2
国際

- ●国際経済
- ●国際社会と政治体制
- ●国際情勢・国際機関
- ●日本の外交政策
- ●国際貿易

Part 2 ● 国際
国際経済

◎ 基本問題

●次の（　）に入る語句を答えよ。

解答・解説

1 ある国の通貨と外国通貨との<u>交換比率</u>を（　）という。

1 為替レート
「1ドル＝130円」のような比率。

2 **1**の比率の<u>変動幅</u>を一定範囲内に固定する制度を（　）という。

2 固定相場制
制限を設けず自由に動かせるのが変動相場制。

3 世界銀行のグループ機関でIDAと略称されるものは（　）である。

3 国際開発協会
発展途上国への援助や経済開発を行う。

4 IBRDは（　）の略称で、1946年、国際的投資を活発にするために開設された。

4 国際復興開発銀行
長期資金の貸し付けを行う。

5 1993年、<u>マーストリヒト条約</u>により発足し、政治・経済面で国境をなくそうとしているのは（　）である。

5 欧州連合（EU）
欧州理事会の常任議長（EUの大統領）はベルギーのミシェル氏で任期は2024年11月まで。
→別冊P.18重要項目❾

6 **5**は1999年1月1日、11カ国で共通通貨（　）を導入した。

6 ユーロ
実際の運用は2002年1月1日から。

7 <u>ユーロ</u>導入国の通貨・金融政策を運営する中央銀行を（　）という。

7 欧州中央銀行（ECB）
総裁はクリスティーヌ・ラガルド氏で、国際通貨基金（IMF）の専務理事（女性で初）からの転身。

8 <u>先進国</u>の政府が行う発展途上国への資金・技術提供による協力を（　）という。

8 ODA（政府開発援助）
日本には政策の方向性をまとめた開発協力大綱がある。

9 国連の場で、南北問題を論じることを目的として設立された国連貿易開発会議を、（　　）という。

9 UNCTAD（アンクタッド）
発展途上国における貿易や投資の推進が目的。

10 2010年、ルクセンブルクを本部に、資金支援を要するユーロ圏各国を救済するための（　　）基金が設立された。

10 欧州金融安定化
時限機関のEFSFとしてスタートし、2012年に恒久的機関としてESM（欧州安定メカニズム）が発足。

11 一国が行った外国との商品、サービス、資本の取引を一定期間についてまとめたものを（　　）という。

11 国際収支
通常は1年間。

12 **11**のうち、貿易収支、サービス収支、所得収支の合計を（　　）という。

12 経常収支
2022年の日本の経常収支額（速報）は11兆4432億円で黒字幅が縮小。

13 国際収支は、経常収支と（　　）収支と資本移転等収支に大別される。

13 金融
直接投資など、金融資産に関する債権・債務の移動がある取引の収支を指す。

14 国際通貨と金融の安定を図るために1947年に業務開始した機関は（　　）である。

14 国際通貨基金（IMF）
International Monetary Fundの略。

15 アメリカ・日本・イギリス・ドイツなど7カ国の首脳が経済問題や国際問題を協議する場を、通称（　　）という。

15 G7サミット
主要国首脳会議。ロシアが2014年のクリミア併合によって参加停止になるまでは、G8だった。2023年のサミットは5月に広島で開催。

16 1966年に設立された、アジア・太平洋地域の経済開発の促進を目的とする地域開発銀行を（　　）という。

16 アジア開発銀行（ADB）
発足以来いずれも日本人が総裁を務める。

17 日本の日銀に相当し、株価にも大きな影響を与えるアメリカの連邦準備制度理事会を、略して（　　）という。

17 FRB
議長はパウエル氏。2022年3月にゼロ金利政策を解除してからは利上げを継続。

18 ウルグアイラウンドの合意事項を実現するために、GATTを引き継いで1995年に発足した機関の略称は（　　）である。

18 WTO
世界貿易機関。関税引き下げなどにより、貿易の拡大を促進する。

19 **18**の全加盟国が互いに与え合っている待遇を（　　）待遇という。

19 最恵国（MFN）
Most Favored Nationの略。

20 アジアと欧州の関係強化を図り、経済・金融分野での協力や環境問題などの取り組みを推進する国際会議を（　　）という。

20 ASEM
アジア欧州会合（Asia-Europe Meeting）。アジア21カ国、ASEAN事務局、欧州30カ国、欧州連合が参加。

21 ASEANは東南アジア諸国の経済発展を目指す地域協力組織、（　　）の略称である。

21 東南アジア諸国連合
現在の加盟国は10カ国である。2024年の議長国はラオス。

22 国内の産業を守るために、各国の政府がある品目の輸入を一時的に制限する措置を、（　　）という。

22 セーフガード
WTO協定でも認められている措置。

23 アメリカや日本をはじめ、主要20カ国・地域の首脳が世界の経済問題などを協議する場を、通称（　　）という。

23 G20サミット
中国やロシア、韓国、インド、ブラジル、南アフリカ、サウジアラビア、トルコなども参加している。

24 例年スイスで開催される、世界経済フォーラム（WEF）の年次総会を通称（　　）会議という。

24 ダボス
開催地の地名に由来。

25 一般に、アルゼンチン、ブラジル、パラグアイ、ウルグアイなどが加盟する南米南部共同市場を（　　）という。

25 MERCOSUR
メルコスール。域内関税を撤廃し、対外共通関税を創設。

26 加盟国の準備資産を補完する手段として、IMFから出資割当額に応じて外貨を引き出せる権利を（　　）という。

26 SDR（特別引出権）
ドル、ユーロ、円、ポンド、人民元が対象。

●次の（　　）に入る語句を答えよ。

27 アジアと世界地域の発展を促進することを目的とした、中国が主導する国際開発金融機関を（　　）という。

27 アジアインフラ投資銀行（AIIB）
G7のうち、日本とアメリカは参加していない。

28 27とも連携している、中東欧諸国を支援するため1991年に発足したヨーロッパの国際開発金融機関を（　　）という。

28 欧州復興開発銀行（EBRD）
欧州諸国だけでなく日米を含めた各国が加盟しており、2015年12月に中国が加盟。

29 中国の習近平国家主席が掲げる、シルクロード沿線国の貿易と人的交流を活性化する経済圏構想を（　　）という。

29 一帯一路
陸路の「シルクロード経済ベルト」（一帯）と、海路の「21世紀海上シルクロード」（一路）で構成。

30 日本、アメリカ、**オーストラリア、インド**のクアッドを中心に構想する安全保障や経済協力の枠組を（　　）という。

30 自由で開かれたインド太平洋
中国による東シナ海・南シナ海への海洋進出に対抗するため連携を深めている。

31 2021年9月、中米の（　　）が、暗号資産（仮想通貨）の**ビットコイン**を世界で初めて法定通貨に採用した。

31 エルサルバドル
2022年4月には中央アフリカも法定通貨として採用している。

32 2022年10月、実業家の（　　）氏がアメリカの**ツイッター社**を買収した。

32 イーロン・マスク
ブランド名「X」への変更など、買収後の方針転換が物議を醸している。

33 2023年1月、欧州連合（EU）の共通通貨である**ユーロ**を（　　）が導入し、20カ国目となった。

33 クロアチア
共通通貨を導入していない国は7カ国となっている。

34 各国の中央銀行が発行する**デジタル通貨**を略称で（　　）とよび、日本銀行も実証実験に取り組んでいる。

34 CBDC
バハマやナイジェリアなどで正式に導入されている。

Part 2 ● 国際
国際社会と政治体制

○ **基本問題**

●次の（　）に入る語句を答えよ。

1 第2次世界大戦後の米ソの対立構造を、（　　）という。

1 冷戦
　東欧諸国からなるソ連圏と自由主義陣営との対立。

2 **1**の象徴といわれ、資本主義国と社会主義国の思想の摩擦により**ドイツ**で建設されたのが（　　）である。

2 ベルリンの壁
　西ドイツ側をアメリカやイギリスが、東ドイツ側をソ連が管轄した。

3 1980年の**モスクワ五輪**を西側諸国がボイコットしたのは、前年のソ連の（　　）侵攻に対する抗議からである。

3 アフガニスタン
　対抗して、1984年のロサンゼルス五輪を東側諸国がボイコット。

4 長きにわたった東西冷戦の終結は、**1989**年12月にヨーロッパの小国で行われた（　　）によるとされている。

4 マルタ会談
　アメリカ大統領ブッシュ（父）とソ連共産党書記長ゴルバチョフとの会談。

5 東西の**冷戦**が終わった後も、植民地問題や（　　）問題の影響は続いている。

5 民族
　より複雑化し、激化している地域もある。

6 分離独立を問う住民投票により**2011**年7月、（　　）の独立が決定した。

6 南スーダン
　日本は、国連平和維持活動（PKO）のため陸上自衛隊を派遣。2017年5月末に司令部要員を除き撤退した。

7 1989年に中国で起きた、民主化を求める学生・市民に対して**人民解放軍**が発砲した事件を（　　）という。

7 天安門事件
　1976年にも同名の事件があった。

8 日米安全保障条約に基づいて、日米間で在日米軍に対する扱い方を決めた条約を（　　　）という。

8 日米地位協定
1960年締結。公務中の犯罪については、アメリカに第1次裁判権がある。

9 2018年4月、韓国と北朝鮮の間で10年半ぶりとなる（　　　）が開催された。

9 南北首脳会談
同年5・9月に再会談実施。

10 1968年に国連総会で採択された、非核保有国が新たに核を保有することを禁止する条約を、（　　　）（NPT）という。

10 核拡散防止条約
非締約国はインド、パキスタンなど。北朝鮮は2003年に脱退している。

11 1996年に国連総会で採択されたCTBTとは（　　　）の略称である。

11 包括的核実験禁止条約
地下核実験を含め「あらゆる核兵器の実験的爆発とその他の核爆発」を禁止。

12 2003年3月、大量破壊兵器の製造・保持を理由として、アメリカなどは（　　　）に侵攻した。

12 イラク
戦争開始の根拠として挙げられている。

13 2000年代末以降、イラクの治安は一時沈静化したものの、シーア派と（　　　）派の宗教間対立は進行している。

13 スンニ
周辺国を含めたクルド人とアラブ人の民族対立構造も解消されていない。

14 人権問題については、世界人権宣言が1948年に採択され、それを基礎にして1966年、（　　　）で条約化された。

14 国際人権規約
1976年に発効し、日本は1979年に批准している。

15 アメリカは（　　　）制をとり、外交・軍事・通貨などの権限は連邦政府が、その他の権限はそれぞれの州がもっている。

15 連邦
ロシアも同様の制度をとっている。

16 アメリカの大統領は、国民の直接選挙ではなく、州ごとに選出された（　　　）による直接投票によって、最終的に決まる。

16 選挙人
勝ったほうが、州ごとに決められた票数を総取りする（勝者総取り方式）。

17 アメリカ連邦議会は、<u>上院</u>と下院からなるが、予算先議権は（　　）にある。

17 下院
上院100人、下院435人。2023年1月以降、民主党が上院、共和党が下院の多数派となっている。

18 <u>ロシア</u>連邦議会は、上院に相当する連邦院、下院に相当する（　　）の二院制になっている。

18 国家院
連邦院は170人、国家院は450人。

19 （　　）は<u>中国共産党</u>の指導者であり、中華人民共和国建国の父といわれている。

19 毛沢東
文化大革命を引き起こした。

20 <u>中国</u>の立法機関は、年に1回北京の人民大会堂で開かれる（　　）（全人代）である。

20 全国人民代表大会
おおよそ1週間ほどの期間で行われる。

21 1959年3月10日、（　　）14世は、中国の弾圧から逃れて、<u>インド</u>に脱出する直前に、チベット臨時政府の樹立を宣言した。

21 ダライ・ラマ
亡命政府の統治組織は「ガンデンポタン」である。

22 <u>南アフリカ共和国</u>で、1948年に法制化され、1991年に廃止された人種隔離政策を、（　　）という。

22 アパルトヘイト
国連から「人類に対する犯罪」とまでいわれた。

23 2017年10月、<u>スペイン</u>の（　　）自治州が住民投票の結果に基づき独立を宣言したが、中央政府は認めない方針を示した。

23 カタルーニャ
23年現在も独立派と中央政府との対立が続いており、政府の方針に反発する住民デモが行われたりしている。

24 2020年10月に批准国・地域が50に達したことで、（　　）が2021年1月に発効した。

24 核兵器禁止条約
核保有国や、アメリカの「核の傘」に依存する日本などは不参加。

25 2018年6月、北朝鮮の最高指導者である（　　）氏が初の<u>米朝首脳会談</u>に臨んだ。

25 金正恩（キムジョンウン）
2021年以降はアメリカとの亀裂が深まっている。
→別冊P.6「北朝鮮の核・ミサイル能力」

●次の（　）に入る語句を答えよ。

26 政治の空白が続いていた（　）では、2023年の総選挙でセター氏が首相に選出された。

26 タイ
第2党「タイ貢献党」が擁立。

27 （　）では2021年2月に総選挙の不正を訴える国軍が**クーデター**を起こしてから、全権を掌握する事態が続いている。

27 ミャンマー
国軍最高司令官のミンアウンフライン氏が暫定首相となっている。

28 2022年10月、（　）国家主席が**中国共産党大会**で総書記に3選された。

28 習近平
2023年3月には国家主席3期目に入った。

29 2022年10月、右派政党の党首を務めている（　）のメローニ氏が、同国初の女性首相となった。

29 イタリア
極右政党に所属していた時期もあり、右派連合による連立政権を樹立した。

30 2022年10月、イギリスの**保守党**党首となった（　）元・財務相が、アジア系として初めて同国首相に就任した。

30 リシ・スナク
両親がインド系移民。

31 2022年12月、（　）では右派政党リクードの党首ネタニヤフ氏が首相に復帰。極右政党などとの連立政権が発足した。

31 イスラエル
紛争の続くパレスチナへの圧力が高まった。

32 2023年1月、（　）の大統領に労働者党のルラ氏が就任した。

32 ブラジル
2010年以来の大統領復帰で、通算3期目となる。

33 2023年11月に行われた（　）大統領戦決戦投票で、右派で自由至上主義者のミレイ氏が勝利した。

33 アルゼンチン
インフレや貧困層の増加など国内経済の問題の抜本的改革を訴え、支持を得た。

国際
国際社会と政治体制▼頻度Ⓐ

Part 2 ● 国際

国際情勢・国際機関

詳しくは→別冊P.17～19 重要項目❽～❿

◎ 基本問題

●次の（　）に入る語句を答えよ。

1 国連安全保障理事会の常任理事国は5カ国、<u>非常任理事国</u>は（　　）カ国である。

1 10
非常任理事国の任期は2年。
→別冊P.17重要項目❽

2 全世界的な知的財産の保護を目的とした<u>国連</u>の専門機関を（　　）機関という。

2 世界知的所有権
略称はWIPOで、加盟国は185カ国。

3 （　　）は教育、<u>文化</u>、科学を通した<u>国際協力</u>などに取り組む機関である。

3 国連教育科学文化機関（UNESCO）
アメリカはトランプ政権時代に脱退したが、2023年7月に復帰。

4 朝鮮戦争では、韓国側には（　　）を中心とした朝鮮国連軍、北朝鮮側には<u>中国</u>軍が加わった。

4 アメリカ
朝鮮戦争は、1950年6月～1953年7月（休戦）。

5 1955年、29カ国が参加したアジア・アフリカ会議では、<u>植民地主義</u>反対、民族自決などを求める（　　）を採択した。

5 平和10原則
会議は「バンドン会議」ともいう。

6 <u>石油輸出国機構</u>（OPEC）の創設国のうち、南米唯一の加盟国は（　　）である。

6 ベネズエラ
OPECは1960年、イラン、イラク、クウェート、サウジアラビア、ベネズエラの5カ国で創設。

7 1974年、<u>第1次石油</u>危機を契機として、加盟国の石油供給危機を回避するために発足した機関は（　　）である。

7 国際エネルギー機関（IEA）
加盟国は31カ国。

8 原子力の平和利用を推進するための技術援助、各国の原子力関連施設への査察などを行う国際機関を（　　）という。

8 国際原子力機関（IAEA）
イランの核問題で、イギリス・ロシア・中国などは同国の核開発を制限する核合意に署名（2018年にアメリカが離脱）。

9 1989年、アジア・太平洋圏の経済関係を強化するために発足した枠組で、首脳会議も開かれているのは（　　）である。

9 アジア太平洋経済協力（APEC）
2024年の議長国はペルー。

10 旧ソ連の諸国で構成する（　　）の略称はCISで、独自の憲法や議会をもたない。

10 独立国家共同体
ロシアを基軸にベラルーシやタジキスタン、アルメニアなどが加盟。

11 中国、ロシア、カザフスタン、キルギス、タジキスタン、ウズベキスタンなどが構成する協力機構を（　　）という。

11 上海協力機構（SCO）
2017年にインドとパキスタン、23年にイランが加わった。

12 ASEAN加盟国や日中韓を中心に進められてきた東アジア地域の首脳間対話を（　　）という。

12 東アジア首脳会議（EAS）
2011年からアメリカとロシアが参加。

13 1998年、インドと（　　）は競って核実験を行い、核戦争の脅威を広げた。

13 パキスタン
両国はカシミール地方の領有を巡り緊張関係にある。

14 2011年、（　　）は国連教育科学文化機関（UNESCO）の加盟国として承認された。

14 パレスチナ
国連本体への加盟は果たされていない。

15 2010年、アメリカとロシアが署名した新戦略兵器削減条約（新START）で、戦略核弾頭の上限は（　　）発に削減された。

15 1550
2019年8月、アメリカとロシアの間の中距離核戦力（INF）全廃条約が失効。新STARTは2026年まで延長されたが、2023年2月にロシアが履行義務を停止。

16 国際テロ組織アルカイダによる同時多発テロは、（　　）年9月11日にアメリカで起こった。

16 2001
ペンタゴン、世界貿易センターなどがねらわれた自爆テロ。

国際

国際情勢・国際機関▼頻度Ⓐ

17 国連憲章において、第2次世界大戦で連合国の敵国であった国に特に適用される条項を、（　　）という。この対象国はアジアでは日本だけである。

17 旧敵国条項
1995年の総会でこの条項の削除を求める決議が採択されたが、まだ削除はされていない。

18 化学兵器禁止条約に基づいて設立された（　　）は、2013年にノーベル平和賞を受賞した。

18 化学兵器禁止機関（OPCW）
本部はオランダのハーグ。

19 2002年に発足したアフリカの地域協力機構は（　　）（AU）である。

19 アフリカ連合
未承認の国を含めたアフリカの55カ国・地域が加盟。

20 日本が主導して、1993年から数年おきに開催されているアフリカ開発会議の略称は（　　）である。

20 TICAD
第9回の会議は2025年に日本で開催予定。

21 EU加盟国は2007年12月、議長国であるポルトガルの都市リスボンで、新しい基本条約（　　）に署名した。

21 リスボン条約
2009年12月に発効。

22 1951年に活動を開始した（　　）は、政治的な理由で国を逃れた難民を国際的に保護する国連機関である。

22 国連難民高等弁務官事務所（UNHCR）
日本は2010年から、第三国定住により難民を受け入れている。

23 国連総会では、一般事項は出席投票国の過半数、重要事項は（　　）以上の賛成で議決されるが、強制力はない。

23 3分の2
総会は、全加盟国からなる。

24 国家間の紛争に関して裁判を行う国連の司法機関を（　　）という。

24 国際司法裁判所
当事国の合意がないと裁判を開けない。

25 パレスチナ自治区のガザ地区でイスラエル軍と戦闘を続けているイスラム原理主義組織は、（　　）である。

25 ハマス
ガザ地区を実質的に支配。
→別冊P.7「ガザ戦闘とその火種」

●次の（　　）に入る語句を答えよ。

26 2015年9月の国連サミットで、2016年から2030年までの<u>17</u>の国際目標などを定めた（　　）が採択された。

26 持続可能な開発目標（SDGs）
「誰一人取り残さない」社会の実現が目指されている。

27 2020年12月末をもって、<u>EU</u>から離脱したのは（　　）である。

27 イギリス
2023年2月には北アイルランドをめぐる通関手続きの緩和についてEUと合意。

28 2021年8月、イスラム主義組織の<u>タリバン</u>が首都カブールを制圧し、（　　）のガニ政権は崩壊した。

28 アフガニスタン
タリバン勢力の再支配で、人権侵害（特に女性や女子に対する）が深刻化している。

29 2022年7月、（　　）政府の行政長官に<u>李家超</u>氏が就任した。

29 香港
中国政府の方針に沿って、民主派勢力の弾圧を指揮してきた。

30 2021年にアフリカ北部の（　　）では暫定統一政府が発足したが大統領選は実施されず、2大勢力の争いが続いている。

30 リビア
独裁政権崩壊後も、東西勢力による内戦に収束の見通しが立っていない。

31 2022年2月、（　　）大統領の指示のもと、ロシアはウクライナに対する全面的な軍事侵攻を開始した。

31 プーチン
ウクライナの大統領は、ゼレンスキー氏。
→別冊P.6「ロシアによるウクライナ侵攻」

32 1949年に12カ国でスタートした北大西洋条約機構（　　）の加盟国は、2023年に<u>フィンランド</u>、24年に<u>スウェーデン</u>が加わり、<u>32</u>カ国となっている。

32 NATO
→別冊P.19重要項目❿

33 2023年2月、（　　）南部を震源とする大規模な地震が発生し、隣国の<u>シリア</u>を含めて甚大な被害が出た。

33 トルコ
マグニチュード7.8の地震とマグニチュード7クラスの余震で、両国を合わせて5万6000人以上が死亡。

Part 2 ● 国際
日本の外交政策

◎ **基本問題**

●次の（　）に入る語句を答えよ。

1 1945年8月、日本は（　）を受諾し、無条件降伏を受け入れた。

2 日本と（　）の間で未解決のままの領土問題は北方領土問題という。

3 1951年、日本と連合国との間で結ばれた国際条約を（　）という。

4 **3**と同時に日本とアメリカの軍事協力などを定めた日米（　）が調印された。

5 **4**の条約を締結したときの日本代表は、（　）である。

6 1956年、モスクワで（　）に調印、日本はソ連と国交を回復した。

7 **6**に調印した日本側の首相は（　）である。

8 **6**により、ソ連の反対がなくなったので、日本は1956年、（　）に加盟することができた。

1 ポツダム宣言
□ アメリカ・イギリス・中国の共同宣言。

2 ロシア
□ 北方4島とは国後島、択捉島、歯舞群島、色丹島のことを指す。

3 サンフランシスコ平和条約（講和条約）

4 安全保障条約
□ 1960年、新条約に改定。岸信介首相が署名した。

5 吉田茂
□ →別冊P.10重要項目❶

6 日ソ共同宣言
□ 「日ソ国交回復共同宣言」ともいわれる。

7 鳩山一郎
□ →別冊P.10重要項目❶

8 国際連合（国連）
□ 日本は80番目の加盟国。本部はニューヨーク。→別冊P.17重要項目❽

9 核を「持たず」、「作らず」、「持ち込ませず」という日本の政策を（　　　）という。

9 非核三原則
□ 1971年11月、衆議院で決議された。

10 1972年、沖縄の施政権がアメリカから返還された当時の首相は、（　　　）である。

10 佐藤栄作
□ 「核抜き・本土並み」という条件。
→別冊P.10重要項目❶

11 1972年9月、日本と中国は日中共同声明を発表、（　　）正常化を実現した。

11 日中国交
□ 田中角栄首相と周恩来総理（首相）が調印。
→別冊P.10重要項目❶

12 **11**を基礎として、1978年8月に日中両国は（　　）に調印した。

12 日中平和友好条約
□ 当時の首相は福田赳夫。
→別冊P.10重要項目❶

13 1998年、（　　　）首相は公式にロシアを訪問し、モスクワ宣言に署名した。

13 小渕恵三
□ 「創造的パートナーシップ構築」をうたう。

14 2001年9月11日のアメリカ同時多発テロ発生を受けて、日本でも（　　）が同年11月に成立した。

14 テロ対策特別措置法
□ 自衛隊による協力支援活動の措置などが定められた。

15 2003年に成立した有事関連3法とは、武力攻撃事態対処法、（　　　）、改正安全保障会議設置法の3法をいう。

15 改正自衛隊法
□ 9.11テロを受けての改正。

16 2009年、弾道ミサイル発射と核実験によって北朝鮮が離脱することになったのは、（　　）である。

16 6カ国協議
□ ほかの5カ国は日本、アメリカ、韓国、中国、ロシア。

17 2004年、（　　　）首相は国連安保理の常任理事国入りを表明したが、中国や韓国の支持を得られず失敗した。

17 小泉純一郎
□ ドイツ、ブラジル、インドなどとともに、立候補を宣言した。

18 国連を通して行う紛争当事国への選挙監視活動、人道的援助を目的とした物資輸送などの活動を（　　　）という。

18 PKO（国連平和維持活動）
□ PKFは国連平和維持軍。

19 日本外交の3原則は、<u>自由主義諸国</u>との協調、（　　）、アジアの一員としての立場の堅持の3つである。

19 国連中心主義
1957年に発表された。

20 2012年、日本政府が（　　）を国有化したことをめぐって、<u>中国</u>では反日デモが行われた。

20 尖閣諸島
管轄する石垣市が、2020年10月に同地の字名（地名）を登野城尖閣に変更。中国と台湾の反発を招いた。

21 <u>日本</u>と<u>韓国</u>との間には、島根県隠岐の島町に属する（　　）の領土問題がある。

21 竹島
韓国では独島とよび、領有権を主張している。

22 日本と中国・<u>韓国</u>との間には、歴史認識の問題、首相の（　　）参拝問題などが懸案事項として取り沙汰されてきた。

22 靖国神社
2006年8月には小泉氏、2013年には安倍氏が現職の首相として参拝した。

23 2014年4月に日本が加盟した、国際結婚が破綻した場合の子どもの扱いを定めた条約を（　　）という。

23 ハーグ条約
1980年に採択。加盟国は原則、元の居住国に子どもを戻す義務を負う。

24 外国で犯罪を犯して帰国した自国民を自国内からその国に引き渡す（　　）条約が、2002年に<u>韓国</u>との間で結ばれている。

24 犯罪人引渡し

25 米軍などの後方支援のため、<u>自衛隊</u>の海外派遣を随時可能にする法律を（　　）という。

25 重要影響事態法
2015年9月の安全保障関連法成立に伴い、周辺事態法から改称された。

26 2016年11月、南スーダンでの陸上自衛隊のPKOにおいて、（　　）と<u>宿営地</u>の共同防護が任務として閣議決定された。

26 駆け付け警護
暴徒に襲われた国連職員などの救援要請に応じる任務。武器の使用が認められた。

27 防衛省の（　　）は、<u>中東</u>地域での情報収集活動と並行して<u>海賊</u>対処の任務を担っている。

27 海上自衛隊
主にソマリア沖アデン湾で、民間船舶の護衛と警戒にあたる。

●次の（　　）に入る語句を答えよ。

28 2022年3月、（　　）は日本との<u>平和条約</u>締結交渉の中断を表明した。

29 2ヵ国間で、<u>外務</u>と<u>防衛</u>を担当する閣僚クラスが参加して開かれる、安全保障についての会合を（　　）という。

30 弾道ミサイル発射や地震発生といった緊急情報を防災無線などを通じて知らせる全国瞬時警報システムを通称（　　）という。

31 2023年1月、岸田文雄首相は（　　）との間で、両国の部隊が相手国でスムーズに協力するための<u>円滑化協定</u>に署名した。

32 2023年3月、太平洋戦争中に日本の鉄鋼企業で働いていた（　　）に関する損害賠償命令をめぐり、<u>韓国政府</u>が賠償の肩代わりについて解決策を発表した。

33 2023年11月、鹿児島県屋久島沖で<u>米軍</u>輸送機（　　）の<u>墜落</u>事故が発生、改めて安全性を問う動きが活発化した。

34 2014年策定の（　　）<u>移転三原則</u>と運営指針が23年12月に改定され、（　　）輸出が解禁となった。

28 **ロシア**
その後、北方4島でのビザなし交流などの破棄も通知。

29 **2プラス2**
日本とアメリカは2022年に、外務・経済担当閣僚による「経済版2プラス2」も開き、23年には第2回が開催された。

30 **Jアラート**
2022年10月・11月、北朝鮮の弾道ミサイルが日本上空を通過したことなどによって5年ぶりに発令。23年にも発令された。

31 **イギリス**
2022年1月にはオーストラリアとの間で、同様の協定に署名している。

32 **徴用工**
一方で日本企業に賠償を求める訴訟の多くは継続しており、原告側勝訴の判決が続いている。
→別冊P.3「日韓問題」

33 **オスプレイ**
屋久島町議会は12月、米国への抗議決議を可決。米国会も同月、国防総省に安全性の報告を求めた。

34 **防衛装備**
他国の特許を使う日本のライセンス生産品について特許を持つ国への輸出を全面解禁、防空用の迎撃ミサイルパトリオットの米国への供与が決定された。

Part 2 ● 国際
国際貿易

◎ **基**本問題

●次の（　）に入る語句を答えよ。

1 「**輸出金額**－輸入金額」がプラスの場合を一般に（　　）という。

1 貿易黒字
□ 反対の場合が「貿易赤字」。

2 （　　）とは、外国から製品や貨物を輸入するときに課せられる**租税**のことである。

2 （輸入）関税
□ その目的は国内産業の保護と税収。

3 国際投資のうち、海外企業の経営支配を目的として行う投資を（　　）投資という。

3 直接
□ 単なる資産運用上の投資は「間接投資」といわれる。

4 海外の安い輸入品によって自国の産業が損害を受けないよう、貿易を**制限**する考えを（　　）主義という。

4 保護貿易
□

5 イギリスやフランスは**世界大恐慌**を教訓にして、植民地や旧植民地で経済障壁をつくる（　　）を推し進めた。

5 ブロック経済
□ これが第2次世界大戦の一因になった。

6 日本の輸出産業にとっては、**円高**、円安のどちらかといえば、（　　）のほうが収益が大きい。

6 円安
□

7 **円高**によって貿易赤字になるところが、効果が現れるまでタイムラグがあるため逆に黒字になることを、そのグラフの形から（　　）効果という。

7 Jカーブ
□ グラフの形がアルファベットのJと似ていることから、こうよばれる。

8 市場で、原油や石油製品の取引単位として用いられる単位を（　　　）という。

9 外国為替の取引で、為替レートの変動から得る収益のことを（　　　）という。

10 石油会社が特定種の油の不足を補うため、原油を短期の契約で取り引きするときの価格を、原油（　　　）価格という。

11 第三国からの輸入に対して共通の関税率を取り決めることを、（　　　）という。

12 商品、資本や労働の域内移動を自由化からさらに進めて、共通の通貨、金融政策にまで及ばせるものを（　　　）という。

13 現物取引に対し、未来の売買の価格を約束して取り引きすることを（　　　）取引という。

14 関税を課す以外の方法で、輸入量の抑制につながる規制を課すことを総称して、（　　　）という。

15 ブレトン・ウッズ協定に基づき1947年に調印された、自由貿易の促進を目的とする国際協定を、略して（　　　）という。

16 スマートフォンや電気自動車などの製造に欠かせないレアメタル（希少金属）の一種で、スカンジウムなど17元素の総称を（　　　）という。

8 バレル
米英で用いられているヤード・ポンド法による体積の単位。

9 為替差益
損失は「為替差損」。

10 スポット
オランダのロッテルダムが最大の市場。

11 関税同盟
自由貿易協定（FTA）の一歩進んだ形。

12 経済同盟
EUが唯一の事例。外交・安全保障政策や警察・刑事司法協力など政治的な統合も進んでいる。

13 先物
投機的要素が大きくなり、実体経済と乖離する危険性がある。

14 非関税障壁
略してNTB。貿易国間で、貿易摩擦へ発展する場合もある。「輸入数量制限」が代表的な政策。

15 GATT
関税および貿易に関する一般協定。これを発展させたものとして、1995年に世界貿易機関（WTO）が設立された。

16 レアアース（希土類）
家電製品などのレアメタルが眠っている廃棄物は、都市鉱山と名付けられた。

17 自国通貨に対する主要外国通貨の加重平均された為替レートに対して、為替相場を固定する<u>固定為替相場</u>の制度を（　　）という。

17 通貨バスケット制
2005年に中国が採用した。

18 加盟国の石油政策の調整、国際石油市場における<u>価格</u>の安定などを目的としている機関を（　　）という。

18 石油輸出国機構（OPEC）
ロシアなどの非加盟国と構成するOPECプラスの存在感が高まっている。

19 <u>WTO</u>のもとで締結された、「知的所有権の貿易関連の側面に関する協定」を略して、（　　）という。

19 TRIPS協定
知的所有権の保護を国際的に確保することが目的。

20 <u>WTO</u>に申し立てられた協定上の紛争を、主に法律的な立場から判断を下す小委員会のことを（　　）という。

20 パネル
二審制が採用されている。

21 <u>WTO</u>加盟国による貿易自由化のルールを決めるための通商交渉を、（　　）という。

21 ドーハ・ラウンド
近年は、合意に向けた交渉が行き詰まっている。

22 輸入品の**ダンピング**による不当な価格差を相殺する目的でかけられる追加関税の措置を（　　）という。

22 アンチ・ダンピング
正常価格とダンピング価格の差額内で関税を上乗せしている。

23 <u>対外資産</u>が対外債務を上回っている国のことを（　　）という。

23 債権国
反対の国は債務国という。

24 輸出国が**輸出カルテル**を組むことによって、自主的に輸出を削減する行為を（　　）という。

24 輸出自主規制
輸入国側の輸入量削減の意思表明を受けて行われることが多い。

25 絶滅の危機に瀕している<u>野生動植物</u>の取引を規制している条約は（　　）である。

25 ワシントン条約
1973年採択。絶滅のおそれがある野生動植物の国際取引を制限する条約。

26 企業を合併・**買収**するM＆Aが国境を越えて行われることを（　　）という。

26 クロスボーダーM＆A
□ 新たな企業の設立を伴わない直接投資ともいえる。

27 アメリカの対中貿易赤字が増大するなど、米中**経済摩擦**が激化し、アメリカは中国に対して、市場開放と海賊版防止など（　　）の保護を強く要求している。

27 知的財産権
□ アメリカによる鉄鋼・アルミニウム製品の輸入制限以降、貿易戦争の様相を呈し、関係改善に向けた交渉が続いている。

重要問題

●次の（　　）に入る語句を答えよ。

解答・解説

28 ある輸出品が、特定の域内で生産されたことを証明する文書を（　　）という。

28 原産地証明書
□ 国際的な公文書。

29 **債務不履行**を意味する言葉で、経済的自立に失敗して多額の負債を抱えた国が行う支払い不能宣言のことを、（　　）という。

29 デフォルト宣言
□

30 国や地域の中央銀行が互いに協定を結び、一定のレートで**外貨**を融通し合う取り決めを（　　）という。

30 通貨交換（スワップ）
□ 協定
「スワップ」とは元来、交換という意味。

31 **温室効果ガス**の削減目標量を超えて削減した分を、他国と取り引きできるしくみを、（　　）取引という。

31 温室効果ガス排出量
□ （排出権）
支援した他国での削減量を自国に転用できるしくみは市場メカニズムとよばれる。

32 日本の（　　）は、2021年、22年と赤字だったが、23年は**黒字**に転化した。

32 貿易収支
□ 2022年は21兆7284億円の赤字で、過去最大の赤字幅だった。

33 **ヨーロッパ**諸国の国民が、定められた領域を移動する際に、国境検査を不要とする協定を（　　）という。

33 シェンゲン協定
□ 27ヵ国が加盟している。

34 自由な経済活動を促進するため、アジアではASEAN、APEC、北米では（　　）などが結成されている。

34 USMCA
それ以前の北米自由貿易協定（NAFTA）に代わり2020年7月に発効。正式名称は米国・メキシコ・カナダ協定。

35 特定の国や地域との間で物品の関税やサービス貿易の障壁などをなくす国際協定を（　　）という。

35 自由貿易協定（FTA）
日本の最初の締約国はシンガポールで2002年。

36 35を柱として、知的財産権や投資に関する保護ルールなどを盛り込んだ協定を（　　）という。

36 経済連携協定（EPA）
日本は2020年1月にアメリカ、21年1月にイギリスとの間で発効。

37 環太平洋パートナーシップ協定（TPP）協定をアメリカが離脱した後、11カ国で改めて合意された経済連携協定を（　　）という。

37 環太平洋パートナーシップに関する包括的及び先進的な協定（CPTPP）
→別冊P.5「貿易圏の行方」

38 ASEAN加盟10カ国のほか、その加盟国とFTAを締結している5カ国が参加する経済連携協定を（　　）という。

38 地域的な包括的経済連携（RCEP）協定
参加国のGDPは世界の約3割。2022年1月に発効。

39 2021年10月、経済協力開発機構（OECD）は、法人税の最低税率を世界共通で（　　）とすることで最終合意した。

39 15%
法人税の引き下げ競争に歯止めをかけることが目的。

40 国境を越えてビジネスを展開する巨大IT企業に対して、2025年にも導入される税のことを（　　）という。

40 デジタル課税
グーグル、アップル、アマゾンなどがその対象となる。
→別冊P.4「巨大IT企業への課税と規制」

41 2022年5月にアメリカの主導で発足した経済圏構想・インド太平洋経済枠組みを通称（　　）という。

41 IPEF
供給網の強化や公正な経済ルールづくりなどを通じて、脱中国依存を図る。

Part3
社会

- ●環境
- ●エネルギー
- ●労働
- ●社会保障制度
- ●教育
- ●社会一般・生活
- ●医療・健康
- ●先端科学
- ●事件・社会問題
- ●情報通信・IT
- ●マスメディア・広告

Part 3 ● 社会

環境

◎ 基本問題

●次の問いに答えよ。

1 二酸化炭素の増加などによって地球の温度が高くなり、生態系に悪影響を及ぼす現象を何というか。

1 地球温暖化

2 地表から放射される熱（赤外線）を一部吸収するガスを何というか。この濃度が高まると気温が上がる。

2 温室効果ガス
こうした効果のあるガスは、二酸化炭素（CO_2）、水蒸気、メタン（CH_4）など。特にCO_2の影響が大きい。

3 温暖化を食い止めるため二酸化炭素の排出をゼロに近づけていく必要があるが、そうした社会を何というか。

3 脱炭素社会
構築には再生可能エネルギーの大幅な導入が不可欠である。

4 地上10〜50キロメートルの成層圏にあり、紫外線から生物を守る働きをする層を何というか。

4 オゾン層
この層が破壊されると紫外線量が増え、皮膚がんなどの健康被害、農作物の生育障害などが起こる。

5 2015年12月に採択された、2020年以降の各国の温室効果ガスの削減目標を策定した協定を何というか。

5 パリ協定
国連気候変動枠組条約締約国会議（COP21）において採択された。
→別冊P.16重要項目❼

6 地形や地層など、地球活動による遺産を見所とする地域で、UNESCOの正式事業として認定されているものを何というか。

6 世界ジオパーク
日本国内では10地域が認定されている。近年では、2023年に白山手取川が認定された。

●次の問いに答えよ。

7 将来世代の利益を損なわない形で、現在の世代が環境を利用していこうとする考え方を何というか。

7 持続可能な開発
1987年「環境と開発に関する世界委員会」が公表した報告書で、中心的な考えとして取り上げた概念。

8 多くの種類があることで計り知れない恵みをもたらす地球上の野生生物が減少する問題を何というか。

8 生物多様性の減少
2022年の国連生物多様性条約締約国会議（COP15）で、生態系の保全区域を陸と海の少なくとも30%に拡大することで合意。

9 世界各地に生息する野生生物の保護などのために、調査研究を行う社団法人は。

9 国際自然保護連合（IUCN）
毎年、絶滅のおそれがある野生生物を掲載したレッドリストを発表。

10 温室効果ガスの排出量と、植林などによる吸収量を差し引きでゼロの状態にすることを何というか。

10 カーボンニュートラル
温室効果ガス排出によるコストを価格づけし、企業などに負担を課すしくみはカーボンプライシング。グリーントランスフォーメーションの柱の1つ。

11 2022年4月に施行された、プラスチック製品12品目を提供する事業者に削減の取り組みを義務づける法律を何というか。

11 プラスチック資源循環促進法
飲食店・小売業・宿泊業などに、使い捨てスプーン・フォーク・ヘアブラシといった製品の削減を義務化。

12 2021年と2022年の国連気候変動枠組条約締約国会議（COP）では、産業革命前と比較した世界の気温上昇を何度に抑えることが共通目標として示されたか。

12 1.5度
→別冊P.9「国連気候変動枠組条約」

13 2023年夏に、1回目の放射性物質を含むALPS処理水の海洋放出が行われた原子力発電所はどこか。

13 福島第一原子力発電所
海水によって、残留するトリチウムの濃度を大幅に薄めたうえで放出する。

社会

環境 ▼ 頻度 Ⓐ

Part 3 ● 社会

エネルギー

基本問題

●次の問いに答えよ。

解答・解説

1 石炭・石油など、いずれ枯渇するエネルギーに対して、繰り返し生起し、利用可能なエネルギーを何というか。

1 再生可能エネルギー
風力・太陽光などの自然エネルギーと、生ごみ・廃熱などのリサイクルエネルギーがある。

2 水素を分解して得られるエネルギー。無尽蔵であり、燃やしても酸素と化合して水となるだけ。これを何というか。

2 水素エネルギー

3 地下深いところにある頁岩（けつがん）の中に含まれる天然ガスで、世界各地に埋蔵されているとされるのは。

3 シェールガス
埋蔵量世界1位は中国。

4 従来から家庭の風呂沸かしに熱を利用。近年これによる発電の普及も進んでいる、身近な自然のエネルギーを何というか。

4 太陽（光）エネルギー

5 身近な自然の力を利用する発電で、装置は洋上にも建設される。コスト削減と環境保護意識の高まりによって事業化できるようになってきたのは何か。

5 風力発電
特に中国では、この発電市場が拡大している。

6 主成分がメタンの気体を冷却し液化したガスで、発電所の燃料や都市ガスとして利用されているものを何というか。

6 LNG（液化天然ガス）
Liquefied Natural Gasの略。専用のタンカーで輸送されている。

●次の問いに答えよ。

7 燃える氷とよばれ、メタンと水が結合し、海底で固体化した氷状の物質を何というか。

7 メタンハイドレート
分解して天然ガスを取り出し、新たな燃料資源にするための採掘や実験が日本近海で行われている。

8 発電と同時にそれに使った蒸気・熱水を暖房・給湯などに利用するシステムで、エネルギー効率がきわめて高いものは何か。

8 コージェネレーションシステム
従来方式の発電ではエネルギー効率が約35%。このシステムでは約75〜80%。

9 ITを用いて供給者と利用者の双方から供給電力を自動制御する、エネルギーとコストの節減が可能な送電網を何というか。

9 スマートグリッド
電気利用料の検針を、電気メーターが自動的に遠隔報告するスマートメーターの導入が進んでいる。

10 火力、太陽光、風力、液化天然ガス、バイオマスなど、電気の仕入れ先の内訳を何というか。

10 電源構成
発電方法をバランスよく組み合わせて電力を供給することをエネルギーミックスという。

11 走行時に二酸化炭素などの排出ガスを出さない自動車を総称して何というか。

11 ゼロエミッション車
燃料電池自動車（FCV）や電気自動車（EV）などが該当する。ゼロエミッションの元来の意味には廃棄物の再利用も含まれる。

12 温室効果ガス排出量削減に向けて、エネルギーの転換と経済成長を両立させる経済社会システムの変革を何というか。

12 グリーントランスフォーメーション（GX）
政府や企業などが議論を行うGXリーグでは、2023年度から排出量取引制度を試行的に開始。

13 実用化に向けて、2024年3月に産官学の連携組織が発足する次世代エネルギー技術は何か。

13 核融合発電
原子核同士を融合させて生じるエネルギーを利用する発電技術。

社会

エネルギー▼頻度Ⓐ

Part 3 ● 社会

労働

○**基本問題**

●**次の問いに答えよ。**

解答・解説

1 フルタイムで働いても<u>生活保護</u>水準を下回り、最低限度の暮らしを強いられている人たちのことを何というか。

1 ワーキングプア
派遣や契約社員、パートなどの非正規雇用が増えたことが背景にある。

2 労働力調査で、15歳以上で働く意思のある人口を何というか。

2 労働力人口

3 出社（始業）時間や<u>退社</u>（終業）時間の自由度を高めた制度を何というか。

3 フレックスタイム制度
実際の労働時間に関係なく、あらかじめ定めた時間だけ働いたものとみなす制度は裁量労働制。

4 <u>求職者1人</u>に対して求人がどの程度あるか、その割合を示す数値を何というか。

4 有効求人倍率
公共職業安定所（ハローワーク）における状況をもとにした調査。

5 毎年、企業の<u>労働組合</u>が一斉に賃上げ交渉を行うことを何というか。

5 春闘
一斉に行うことで経営者側に圧力をかけ、また、同一産業内で均等化できる。

6 男女の採用・昇進・教育訓練・退職など、あらゆる雇用管理に関して<u>差別</u>を禁止する法律を何というか。

6 男女雇用機会均等法
1985年制定。

7 <u>労使交渉</u>で決定される賃金改定のことで、略してベアとよばれるものは何か。

7 ベースアップ
経営者と労働組合が団体交渉により決定する。

8　労働者の安全、<u>衛生</u>、最低労働条件など を担保するための法令をまとめて何というか。

8　労働法
　　労働基準法を中心に、労働安全衛生法、労働組合法などがある。

●次の問いに答えよ。

9　働き過ぎをなくし、<u>健康</u>や<u>家庭</u>など私生 活も尊重したうえで適度に仕事をしようと する考え方を何というか。

9　ワーク・ライフ・バランス
　　「仕事と生活の調和」を意味する。

10　政府による<u>働き方改革</u>関連法において、 繁忙期の残業時間を月何時間未満とする原 則が示されたか。

10　100時間未満
　　残業は原則、月45時間・年360時間、労使で協定を結べば月60時間・年720時間まで認める。建設業、自動車の運転業務、医師などは2023年度まで適用外。

11　<u>働き方改革</u>の一環として、年収1075万円 以上の一部専門職を労働時間規制の対象か ら外す制度を何というか。

11　高度プロフェッショナル制度（高プロ）
　　専門職に該当するのは、ディーラーやアナリスト、研究開発職など。

12　<u>雇用形態</u>にかかわらず、同じ内容の仕事 をする人には同じ賃金を支払う考えを何と いうか。

12　同一労働同一賃金
　　正社員と非正規社員の所得格差を縮めることが目的。政府がガイドラインを示し、制度化が進められている。

13　職場における<u>優越的</u>な関係を背景に、適 正な範囲を超えて労働者に身体的・精神的 苦痛を与える行為を何というか。

13　パワーハラスメント（パワハラ）
　　2022年4月から、中小企業に対しても防止措置の実施が義務づけられている。

14　デジタル分野など、新たな領域の仕事に必 要なスキルを身につけるための社会人によ る「<u>学び直し</u>」を何というか。

14　リスキリング
　　岸田内閣の経済政策「新しい資本主義」においても重視されている。

Part 3 ● 社会
社会保障制度

詳しくは→別冊P.15 重要項目**6**

基本問題

●次の問いに答えよ。

解答・解説

1 社会保険には医療保険、年金保険など５種類の保険がある。他の３つは何か。

1 「雇用保険」「労災保険」「介護保険」
→別冊P.15重要項目**6**

2 被用者保険の適用を受けない、自営業者などが入る健康保険を何というか。

2 国民健康保険

3 国民の健康で文化的な最低限度の生活を保障し、自立を助長するための制度は何か。

3 生活保護
直近では特に障害者世帯の受給が増えている。

4 肥満体型で、さらに、高血圧、高血糖、血中の脂質異常を重複して抱えている複合型生活習慣病を何というか。

4 メタボリックシンドローム
内臓脂肪症候群ともよばれる。心筋梗塞や脳梗塞などになりやすい。

5 **4**の予防に重点をおいた健診・保健指導を何というか。

5 特定健診・特定保健指導
40歳から74歳までの被保険者・被扶養者が対象。

6 すべての国民が公的医療保険に加入し、平等に医療が受けられる制度を何というか。

6 国民皆保険制度
1961年に確立された。

7 介護サービスを提供するための制度について定めた法律を何というか。

7 介護保険法
介護予防サービス導入など数度にわたり法改正実施。

8 **7**に基づいて３年ごとに改定されている、介護サービス事業者に支払われる報酬を何というか。

8 介護報酬
利用者の負担は預貯金や所得に応じて１～３割。

⑨ 最低限の生活に必要な現金を全国民に**一律**で無条件に支給する政策を何というか。

⑨ **ベーシック・インカム**
年齢や所得、仕事に就く意思などの資格を設けず、一定額の支給を行うもの。

⑩ **国民年金**保険の被保険者や老齢基礎年金の受給資格期間を満たした者が死亡したときに、その**遺族**に支給される年金は何か。

⑩ **遺族基礎年金**
国民年金の基礎年金には他に、老齢基礎年金と障害基礎年金がある。
→別冊P.15重要項目❻

⑪ 会社員の**被扶養**配偶者は国民年金上、第何号被保険者にあたるか。

⑪ **第3号**
→別冊P.15重要項目❻

⑫ 24時間対応の往診などを要件とし、「施設から**在宅**への移行」の受け皿となる診療所を何というか。

⑫ **在宅療養支援診療所**
医療機関との連携で緊急入院の受け入れなども行う。

重要問題

●**次の問いに答えよ。**

解答・解説

⑬ **公的年金**の給付水準を調整するための考え方で、人口の減少と平均余命の伸びにより給付額を調整するしくみを何というか。

⑬ **マクロ経済スライド**
2023年度は3年ぶり4回目のスライド適用となった。
→別冊P.8「年金制度改革」

⑭ 2022年10月より、75歳以上の**後期高齢者**を対象とした医療費の自己負担は、所定の年収以上で何割となっているか。

⑭ **2割**
原則は1割負担。年収200万円以上の単身世帯、合計320万円以上の複数人世帯が引き上げの対象。

⑮ **厚生年金保険**の適用範囲が短時間労働者に拡大され、2022年10月から従業員何人以上の企業が対象になっているか。

⑮ **101人以上**
2024年10月からは、さらに、従業員51人以上の企業に拡大される。

⑯ 基礎年金や厚生年金保険に上乗せされる掛金建ての**確定拠出年金**のうち、個人型を通称で何というか。

⑯ **iDeCo**（イデコ）
加入可能年齢は65歳未満で、日本政府は70歳未満への拡大を検討している。

Part 3 ● 社会

教育

基本問題

●次の問いに答えよ。

解答・解説

1 1947年に最初の法が制定された、**日本国憲法**の精神にのっとり、日本の基本的な教育のあり方を定めている法律は何か。

1 教育基本法
2006年に全面改正。前文および18条で構成され、平和と民主主義的な教育の目的、方針を示している。

2 文部科学大臣の諮問機関で教育学術文化政策審議のために設置。戦後の**教育政策**、制度改革を方向づけてきた機関は何か。

2 中央教育審議会（中教審）

3 **文部科学省**が提供する小・中・高校の教育課程における学習目標設定、教材組織化などの手引きは何か。

3 学習指導要領

4 教科の枠を超え、特定の主題に沿って学習を組織する**教育課程**・方法を何というか。

4 総合的な学習の時間
内容は、国際理解、情報、環境、福祉・健康などが例示されている。

5 **大学生**などが自らの専攻や将来の進路と関連した就業体験をする制度を何というか。

5 インターンシップ

6 不登校や**中退**の子どもを受け入れ、状態に応じた学びの機会を提供する居場所を何というか。

6 フリースクール（フリースペース）

7 経済協力開発機構（**OECD**）が原則3年ごとに、世界各国の15歳を対象に実施する調査を何というか。

7 生徒の学習到達度調査（PISA）
読解力、数学的リテラシー、科学的リテラシーの3分野を調査。

重要問題

●次の問いに答えよ。

8 児童や生徒が受け身になるのではなく、<u>主体的</u>に問題を発見し考えるプロセスを重視する学習方法を何というか。

9 全国の<u>小学６年生</u>と<u>中学３年生</u>を対象として実施されている基礎知識と活用力を問うテストを何というか。

10 学習指導要領改訂により、小学校では2018年度から、中学校では2019年度から<u>特別の教科</u>に位置づけられているものは何か。

11 2020年度から、<u>小学５年生・小学６年生</u>を対象に正式な教科として実施されているものは何か。

12 2019年に打ち出された、全国の小中学校等で１人１台のデジタル端末配備を実現することなどを盛り込んだ構想を何というか。

13 従来の<u>センター試験</u>を廃止して、2021年から実施されている大学入試の制度を何というか。

14 2021年度から公立小学校の<u>１クラス</u>あたりの上限人数は、段階的に何人へ引き下げられているか。

8 アクティブ・ラーニング
「主体的・対話的で深い学び」ともよばれる。

9 全国学力テスト
正式には、全国学力・学習状況調査という。国語と算数・数学は毎年、理科と英語は３年に１度程度実施されている。

10 道徳

11 英語（外国語）
小学３年・小学４年に対しては、英語に親しむための「外国語活動」を実施。

12 GIGAスクール構想
国公私立を問わず、すべての児童・生徒にタブレット端末などを行き渡らせる環境を整備。

13 大学入学共通テスト
2025年のテストからは新教科の情報や、現代社会に代わる公共が試験科目に加わる。

14 35人
2021年度から25年度にかけて２年生より段階的に移行。教員の負担軽減というメリット、クラス数増加のデメリットなどがある。

社会一般・生活

基本問題

●**次の問いに答えよ。**

解答・解説

1 日本では**高齢者**人口は増え続け、一方で15歳未満人口は減り続けているが、このような社会を何というか。

1 少子高齢社会

2 割賦販売、**訪問販売**など特定の取り引きにおいて、一定の期間内ならば撤回、契約解除ができる制度を何というか。

2 クーリング・オフ制度
一定の期間とは、訪問販売で8日、マルチ商法で20日などと決まっている。通信販売には適用されない。

3 **電話**や文書などで相手をだまし、金銭の振り込みを要求する犯罪行為を何というか。

3 振り込め詐欺
警察庁では同様の詐欺を含めた総称として、特殊詐欺という呼称も使用している。

4 一人の女性が、一生のあいだに産む子どもの平均数を何というか。

4 合計特殊出生率
人口動態統計によると、2022年は1.26だった。

5 国が認めた消費者団体が、被害にあった個人に代わり不当な勧誘などを裁判によってやめさせたりできる制度は何か。

5 消費者団体訴訟制度
「団体訴権」ともよばれる。

6 2011年3月に発生した、東北地方などの太平洋沖を震源とした地震の規模はいくつか。

6 マグニチュード9.0
国内観測史上最大。大規模な津波と原発事故を引き起こした。

7 近年の豪雨災害でみられる、**積乱雲**が次々と連なり、長大な帯状となって激しい雨をもたらす気象現象を何というか。

7 線状降水帯
大規模な土砂災害、川の氾濫などによって甚大な被害をもたらしている。

重要問題

●次の問いに答えよ。

8 2025年の国際博覧会（**万博**）の開催地に決まっている都市はどこか。

8 大阪
同地では55年ぶりの開催となる。

9 静岡県の**駿河湾**から宮崎県の日向灘沖にかけた海溝で、将来的な発生が指摘されている大規模地震を何というか。

9 南海トラフ地震
そのほかには首都直下地震、日本海溝・千島海溝沿いの巨大地震が想定されている。

10 災害による危険度を周知するために市町村から発令される**警戒レベル**で、**避難指示**に該当するのはどのレベルか。

10 レベル4
高齢者等避難に該当するのはレベル3、緊急安全確保に該当するのはレベル5。

11 2022年10月の改正育児・介護休業法施行によって導入された男性を対象とする**育児休業**は、何週間まで取得できるか。

11 4週間
子どもの出生後8週間以内に取得可能。2回まで分割できる。

12 2022年12月の改正航空法施行により、有人地帯での目視外飛行を可能にするレベル4が解禁された小型無人機は何か。

12 ドローン
機体認証・技能証明制度などが導入されている。

13 2023年7月より、**電動**キックボードの運転が免許なしで可能になったが、最高時速何キロまでか。

13 20キロ以下
道路交通法の改正による。

14 2023年10月の**王座**戦を制し、将棋界の全8冠制覇を達成した棋士は誰か。

14 藤井聡太
14歳2カ月でプロ棋士となって以降、数々の記録を打ち立てている。

15 2024年1月、**元日**の夕方に北陸地方で発生した地震は何か。

15 能登半島地震
地震の規模マグニチュード7.6、震度7を記録した。

社会

社会一般・生活▼頻度Ⓐ

Part 3 ● 社会
医療・健康

◎ **基本問題**

●次の問いに答えよ。

1 保険診療と全額自己負担である自由診療を併用することを何というか。

1 混合診療

2 原因の1つに<u>アルツハイマー病</u>があり、記憶障害や妄想などがみられ、日常生活に支障をきたしている状態を何というか。

2 認知症
2025年には65歳以上の高齢者の5人に1人が認知症になると推計されている。

3 過度の<u>喫煙</u>は健康を害するという考えから、医師による禁煙指導に対して保険が適用されるが、そうした状態を指す依存症を何というか。

3 ニコチン依存症
禁煙治療はカウンセリングと検査、ニコチンパッチなどによる薬物治療の3本柱。

4 全身の静脈系、特に下肢の深部静脈で生じた血栓が<u>肺動脈</u>を詰まらせて発症するものを通称何というか。

4 エコノミークラス症候群(ロングフライト血栓症)

5 個体の遺伝子のうち、病気に特有のDNA配列の有無を調べることを何というか。

5 遺伝子診断
遺伝子の特徴と病気の発症の相関性が徐々に明らかになっている。

6 国民の健康づくりや<u>疾病予防</u>を積極的に推進するため、2003年に施行された医療関連法を何というか。

6 健康増進法
国民健康づくり運動「健康日本21」の法的裏づけとなるもの。

7 心身ともに<u>健康</u>に過ごせる人生の期間がどのくらいあるかを示す数値を何というか。

7 健康寿命
2019年で男性は72.68歳、女性は75.38歳。

8 原因ウイルスが特定される以前に、<u>止血剤</u>などに使われるフィブリノゲン製剤の輸血などで感染が広がった感染症は何か。

8 C型肝炎
このウイルスが発見された1980年代後半までに、輸血、非加熱血液製剤などで広がった。

9 血液中のコレステロールや<u>中性脂肪</u>が増加し、動脈硬化による病気が起きやすくなっている状態を何というか。

9 脂質異常症
かつては高脂血症とよばれていた。

10 患者の<u>自己決定</u>に基づいて、死にゆく過程を引き延ばすだけに過ぎない延命措置を打ち切り、死を迎えることを何というか。

10 尊厳死
人間としての尊厳を保ちながら死を迎えること。

11 <u>がん</u>による痛みや苦しみを和らげるケアの総称を何というか。

11 緩和ケア
除痛法としてはモルヒネ、放射線治療、神経ブロックなどがある。

12 医師が診断や治療について<u>説明</u>をし、患者がそれに<u>同意</u>したうえで治療を行うことを何というか。

12 インフォームド・コンセント

13 患者が診療を受けるにあたって、現在かかっている主治医とは別の<u>医師</u>に意見を求めること、またその意見を何というか。

13 セカンド・オピニオン
別の医師に診てもらう際は主治医から診療情報を提供する。

14 主に思春期から青年期にかけて発症し、妄想・幻覚などの症状がみられる精神疾患を何というか。

14 統合失調症

15 睡眠中、筋肉が緩み上気道壁の軟部組織もたるんで気道狭窄を引き起こすために発症する<u>呼吸器の異常</u>を何というか。

15 睡眠時無呼吸症候群

16 医薬品の候補となりうる化合物の中から、条件に見合ったものを選択することを何というか。

16 スクリーニング

85

17 健康に有用な機能があると科学的に証明され、**消費者庁長官**の許可を受けた食品を何というか。

17 特定保健用食品（トクホ）
許可については、健康増進法に規定されている。

18 科学的根拠に基づき、**事業者の責任**において食品の機能性が表示された食品を何というか。

18 機能性表示食品
販売日の60日前までに消費者庁長官に届け出る。ただし、トクホとは異なり個別の許可は受けない。

19 **白血病**などの患者への骨髄移植の提供者となるために、白血球の型（HLA型）を登録する組織を何というか。

19 骨髄バンク

20 災害や事故など生命を脅かされるような体験がもとで、後に生じるストレス障害を何というか。

20 心的外傷後ストレス障害(PTSD)

21 社会環境にうまく適応することができずに様々な心身の症状があらわれる状態を何というか。

21 適応障害
症状は抑うつ、不眠、食欲不振、過剰飲酒など様々である。

22 製薬会社が開発した新薬の独占的販売期間終了後に発売される、**後発医薬品**のことを何というか。

22 ジェネリック医薬品
なお、医師による処方箋を必要とせずに購入できる医薬品をOTC医薬品という。

23 筋力低下やけがなどによる足腰の障害が原因で、日常生活に必要な**運動機能**が低下した状態を何というか。

23 ロコモティブシンドローム
通称ロコモ、運動器症候群。日本整形外科学会が提唱。

24 ある**感染症**が世界規模で大流行することを何というか。

24 パンデミック
ワクチンは実際に流行してからでないと製造できない。

25 2018年の**改正健康増進法**により対策強化が図られた、喫煙者以外の人がたばこの煙を吸ってしまうことを何というか。

25 受動喫煙
改正法は2020年４月に全面施行。

●次の問いに答えよ。

26 齢を重ねることで心身の機能が衰え、<u>虚弱</u>な状態になっていくことを何というか。

26 フレイル
筋肉量の減少によって体の機能が低下していく状態はサルコペニアという。

27 将来の医療や**ケア**の方向性について、本人を中心に家族や医療・介護の関係者が相談し決定していくプロセスを何というか。

27 アドバンス・ケア・プランニング
「人生会議」ともよばれ、本人の意思決定を支援することが重視される。

28 ビデオ電話やチャットを通じて行われる診察や医薬品の処方を何というか。

28 オンライン診療（医療）
遠隔診療（医療）ともよばれている。

29 <u>遺伝子</u>を効率よく改変できる技術として、農作物の品種改良などに用いられている技術を何というか。

29 ゲノム編集
CRISPR/Cas（クリスパー・キャス）9などの技術で拡大。ゲノム編集食品のうち遺伝子組み換えDNA技術を利用するものは安全性審査と表示の対象となる。

30 2022年の日本国内の死因として最も多いものは何か。

30 悪性新生物(腫瘍)
一般的ながんのこと。肺・大腸・胃・膵臓などの順に多くみられる。

31 2019年12月以降、中国湖北省武漢市から全世界へ拡大した感染症は、WHOによって何と命名されているか。

31 コビッド
COVID-19
新型コロナウイルス感染症の疾病名。

32 2023年1月、アルツハイマー病の治療薬として製薬大手の**エーザイ**が国内での新薬承認を申請したものは何か。

32 レカネマブ
アメリカの製薬企業バイオジェンと共同開発。アメリカの食品医薬品局からは迅速承認を取得している。

33 これまで手術しかなかった妊娠初期の<u>中絶法</u>として、2023年4月に製造販売が認められたのは何か。

33 経口中絶薬
30年以上前に初めて承認され、WHOも安全だと推奨していたが、日本では認められていなかった。

社会

医療・健康▼頻度Ⓐ

87

Part 3 ● 社会

先端科学

◎ 基本問題

●次の問いに答えよ。

解答・解説

1 変形したものを加熱すると、記憶処理をしたもとの形状に戻ろうとする性質を利用した合金は何か。

1 形状記憶合金
実用化されているものの多くはニッケル・チタン合金である。

2 電気信号を光の強弱によって転送するもので、細いガラス繊維またはプラスチックでできているものは何か。

2 光ファイバー
コアとよばれる繊維を中心にして、周りをクラッドとよばれる鞘が取り巻く構造になっている。

3 使用済み核燃料を再処理してプルトニウムとウランを抽出し、再利用する、そのサイクルを何というか。

3 核燃料サイクル

4 パソコンやスマートフォンに多く利用され、エコカーにも使われているエネルギー密度の高い電池を何というか。

4 リチウムイオン電池
環境対応車が増加すれば、燃費改善と排出ガス抑制が可能となる。

5 国際宇宙ステーション（ISS）にある日本の有人宇宙施設実験棟を何というか。

5 きぼう
ISSは、2030年まで運用される予定となっている。

6 山中伸弥教授の研究グループが作製した人工多能性幹細胞を別名で何というか。

6 iPS細胞
2012年のノーベル生理学・医学賞を受賞した。

7 理化学研究所の研究グループによって発見され、2016年に113番目の元素として周期表に掲載されたものは何か

7 ニホニウム
元素の命名は、アジア初の快挙だった。

8 日本版GPSの構築に向けて、2018年11月から運用されている<u>準天頂衛星システム</u>を何というか。

8 みちびき
□ 2024年度中に7号機までを打ち上げ、2025年度からの7機体制を目指している。

重要問題

●**次の（　　）に入る語句を答えよ。**

解答・解説

9 2020年12月、小惑星探査機（　　）が、小惑星<u>リュウグウ</u>のサンプルが入ったカプセルを地球に持ち帰った。

9 はやぶさ2
□ 2031年7月までに拡張ミッションとして、次の探査先の小惑星1998KY26へ到着予定。

10 2021年9月、民間人のみによる史上初の地球周回宇宙旅行が、<u>スペースX</u>が開発した宇宙船（　　）によって実現した。

10 クルードラゴン
□ 2022年には民間人のみの国際宇宙ステーション訪問・滞在も実現した。

11 アメリカ航空宇宙局（<u>NASA</u>）は、2025年以降に有人月面探査を目指す（　　）計画を推進している。

11 アルテミス
□ 将来的な火星探査も視野に入れた、月周回宇宙ステーション「ゲートウェイ」の建設計画も進行中。

12 <u>自動運転</u>のレベルにおいて、特定の地域・場所などに限定して、緊急時も含めたすべての操作を<u>自動運転</u>システムにゆだねることができるのは（　　）である。

12 レベル4
□ 2023年4月から都道府県公安委員会の許可制として解禁。25年度をめどに全国50カ所程度の無人自動運転サービスの実現が目指されている。

13 2024年1月、無人探査機（　　）が、日本初の<u>月面</u>着陸に成功した。

13 ＳＬＩＭ（スリム）
□

14 宇宙開発機構（　　）は、2024年2月、新型の基幹ロケット「<u>H3</u>」の打ち上げに初めて成功した。

14 ＪＡＸＡ（ジャクサ）
□ 初号機の打ち上げには失敗しており、この成功で宇宙利用の国際競争に復帰できたとされる。

Part 3 ● 社会
事件・社会問題

基本問題

●次の問いに答えよ。

解答・解説

1 行政機関の保有する文書の開示、<u>説明義務</u>などを規定した法律は何か。

1 情報公開法
2001年施行。

2 事業者などから<u>プライバシー</u>を守るためにできた法律を何というか。

2 個人情報保護法
個人情報ファイルの利用制限、自己情報の開示・訂正請求などが定められている。

3 <u>冤罪</u>防止のために、取り調べ全課程を録音・録画することを何というか。

3 取り調べの可視化

4 日本の刑事裁判における、<u>死刑</u>求刑の際の判断基準の名称は何か。

4 永山基準
犯罪の性質、動機、残虐性などの9項目。最高裁判所が1983年に判決で示した。

5 麻薬や覚醒剤と同等以上の健康被害のおそれがある薬物を何というか。

5 危険ドラッグ

6 過去に、障害者らに対する不当な<u>不妊手術</u>を強制していたことで、社会問題に発展した法律を何というか。

6 旧優生保護法
現在の母体保護法。国家賠償を求める訴訟では2022年2月以降、賠償を命じる判決が下されている。

7 2007年の<u>刑事訴訟法</u>改正に伴って開始された、<u>犯罪被害者</u>が刑事裁判に参加できる制度は。

7 被害者参加制度
被告人質問などを行うことができる。法廷で意見を述べることができる意見陳述制度もある。

8 競争<u>入札</u>の際に業者同士が事前に価格を協議し、高値で落札することを何というか。

8 談合

要問題

●次の問いに答えよ。

解答・解説

9 性的指向や**性自認**を、本人の許可なく第三者に暴露することを何というか。

9 アウティング
被害者の自殺が問題となり、国立市をはじめ禁止条例を設ける自治体が増えている。

10 マスメディアやSNSを通じて、真実であるかのように報道・発信される虚偽情報を何というか。

10 フェイクニュース
人工知能（AI）などを利用して、本物同然に合成された画像や動画をディープフェイクという。

11 「しつけ」の範囲を逸脱した死亡事件の多発を受けて、子どもへの**体罰**禁止が改正法に明記された法律は何か。

11 児童虐待防止法
2022年12月には改正民法が成立し、親が子を戒める懲戒権の削除が決定した。

12 2022年7月に発生した**安倍元首相**襲撃事件は、犯人の生育環境の問題などから宗教法人の**解散命令**請求などに発展したが、その宗教法人は。

12 旧統一教会
宗教法人法に基づく質問権の行使、解散命令請求などが行われた。また、献金被害者救済の特例法ができ、2024年3月には指定宗教法人に指定された。

13 近年若者の間で流行して依存が問題視される、市販薬の**過剰**摂取を何というか。

13 オーバードーズ
その低年齢化も懸念されている。

14 本来は大人が担う**家族**の世話などを日常的に行う子どもを何というか。

14 ヤングケアラー
法制化に向け、子ども・若者育成支援推進法の改正案を2024年通常国会で審議。

15 2022年4月の成年年齢引き下げと併せた**少年法**改正により、事件を起こした18歳・19歳は何と位置づけられているか。

15 特定少年
法改正に伴い、起訴後の実名報道が解禁されている。

16 2024年3月、**同性婚**を巡る控訴審で初の憲法判断となった判決で、**同性婚**を認めないのは違憲だと判断した高裁はどこか。

16 札幌高裁
第14条「法の下の平等」、第24条第1項「婚姻の自由」、第24条第2項「個人の尊厳」に反する違憲とした。

社会
事件・社会問題▼頻度Ⓐ

Part 3 ● 社会

情報通信・IT

◎ **基**本問題

● 次の問いに答えよ。

1 コンピュータのシステムにおいて、パソコンに接続する周辺機器の総称を何というか。

1 デバイス
キーボード、マウス、プリンタなど。

2 ウェブサイト上で商品に関する情報を公開し、競売形式で売買する場を提供するサービスを何というか。

2 ネットオークション
その他インターネットを利用した取引としてはネットバンキング、ネットトレードなどがある。

3 コンピュータ同士が通信を行う際に決められている、約束事のことを何というか。

3 プロトコル

4 コンピュータなど情報通信機器を使いこなせるかどうかで生じる格差を何というか。

4 デジタル・ディバイド（情報格差）

5 指紋、虹彩、顔、手のひらなどで個人を識別する技術を何というか。

5 生体認証（バイオメトリクス）

6 ソフトウェアをダウンロードしたときなどに、訪問履歴や個人情報を勝手に作成元に送信するアプリケーションソフトは何か。

6 スパイウェア
「キーロガー」というプログラムでは、クレジットカード番号が盗まれる問題が起きている。

7 ソースコードを公開しているソフトウェアのことを何というか。

7 オープンソース

8 通信回線を使用して行われる商取引を何というか。

8 EC
Electronic Commerceの略。

9 宣伝・ビジネス勧誘など、一方的に送りつけてくるメールや投稿を何というか。

9 スパム

10 現実の情報にバーチャルな情報を重ねて表示させる「拡張現実」ともいう技術とは。

10 AR
コンピュータの作り出す世界を現実のように体験できるのは「仮想現実（VR）」。

11 個人情報を適正に扱っていることを認証するマークを何というか。

11 プライバシーマーク

12 飲食店などで、機器を使ってクレジットカードなどの磁気データを抜き取る犯罪行為を何というか。

12 スキミング
スキマーという機器を使い、カードの磁気の帯にある口座番号などの情報を盗む。

13 ゴマ粒ほどの集積回路に膨大な情報を書き込め、スーパーの商品につければ無人レジも可能になるものは何か。

13 ICタグ
情報を記録するメモリと、送受信回路を含むICチップとアンテナで構成される。

14 ソフトウェアやデータを、ネットワークを経由して活用する考えを何というか。

14 クラウド・コンピューティング

15 情報通信機器を使いこなし、インターネットを通じて必要な情報を獲得し、取捨選択できる能力のことを何というか。

15 情報リテラシー

16 携帯電話やスマートフォンのアンテナ網やGPSを利用し、子どもや盗難車などの居場所を知らせるサービスを何というか。

16 位置情報サービス

17 OSやソフトウェアにおいて、プログラムや設計の不具合で発生するサイバーセキュリティ上の欠陥を何というか。

17 脆弱性

18 情報通信技術を利用しドライバーの認知を助け、安全性を高めるしくみを何というか。

18 安全運転支援システム（DSSS）

19 スマートフォンなどで使われる通信技術で、<u>データ通信</u>を高速化した規格は何か。

19 LTE
Long Term Evolutionの略。

20 携帯電話やスマートフォンの端末に用いられている、電話番号や<u>ネットワーク情報</u>が入ったカードを何というか。

20 SIMカード
従来はロックによりキャリアごとに制限されていたが、2021年10月以降に発売された端末はロックが原則禁止となっている。

21 各自の端末の機能を最低限に抑え、<u>サーバー</u>側でアプリケ-ションや情報をほぼすべて管理するシステムを何というか。

21 シンクライアント
個人情報を管理する企業のセキュリティ対策。

22 端末を手で持たずに、アクセサリー感覚で身につけて利用できる装置を何というか。

22 ウェアラブルデバイス
眼鏡型のディスプレイや腕時計などがある。

23 ウェブ上のデータや<u>SNS</u>に書き込まれたデータ、購買などの利用履歴、位置データなど膨大な量のデータを何というか。

23 ビッグデータ
データの範囲には文書やメールといったオフィスデータ、アクセス記録などのログデータも含まれる。

24 動画や音楽<u>配信サービス</u>などで利用されている、一定期間のサービス利用に応じて料金を支払う方式を何というか。

24 サブスクリプション
定額制の動画配信サービスは、SVODとよばれる。

25 ウイルスやワーム、トロイの木馬など、コンピュータに有害な影響を及ぼすソフトウェアをまとめて何というか。

25 マルウェア
感染したコンピュータへのアクセスを制限する「ランサムウェア」もその一種。

26 インターネット上の不都合な<u>個人情報</u>を削除できる権利を何というか。

26 忘れられる権利
2022年6月の最高裁で、ツイッター上に残る逮捕記事の投稿削除を命じる判決が下された。

27 電子商取引（EC）サイトに不正プログラムを仕掛け、客の<u>クレジットカード</u>情報を拭き取る手口を何というか。

27 ウェブスキミング
2023年秋に初摘発された。

重要問題

●次の問いに答えよ。

28 あらゆる物をネットワークにつなぐ、「モノのインターネット」を何というか。

28 IoT
Internet of Thingsの略。

29 インターネットを通じ、複数のコンピュータ間で膨大なデータを共有・管理する技術を何というか。

29 ブロックチェーン
ビットコインなどの暗号資産（仮想通貨）の運用に活用されている。

30 2020年3月から段階的に通信サービスが提供されている、第5世代移動通信システムを何というか。

30 5G
さらに次世代となる6Gの研究開発も、30年頃を目指して進められている。

31 2021年3月より本格的に稼働している、理化学研究所と富士通が共同開発したスーパーコンピュータを何というか。

31 富岳（ふがく）
気象庁による線状降水帯の発生予測や、創薬技術の研究などで活用されている。

32 2022年4月スタートの、東京・大阪の民放10社のテレビ番組を配信する民放公式テレビ配信サービスを何というか。

32 TVer（ティーバー）
日本テレビ・テレビ朝日・TBS・テレビ東京・フジテレビ系列から番組を配信。

33 VRやARの技術によりアバターを操作し、現実世界に近い体験ができるインターネット上の三次元仮想空間を何というか。

33 メタバース
ゲームやショッピングなど、提供されるサービスの総称でもある。

34 ブロックチェーンを活用して作成される、代替不可能なデジタルデータ（非代替性トークン）のことを何というか。

34 NFT
改竄できない唯一無二の作品として資産価値があり、アート作品やゲームアイテムの市場が生まれている。

35 生成AIなどAI（人工知能）利用の制御が世界的な課題となっている中、英国で2023年11月に初めて開催された会議は何か。

35 AI安全サミット
各国が独自に政策・規定を設け、AIルールは乱立状態だといわれる。

Part 3 ● 社会

マスメディア・広告

基本問題

●次の問いに答えよ。

1 放送衛星および通信衛星から家庭に直接電波を届ける放送を何というか。

1 衛星放送
地上の施設を利用するものは地上波放送。

2 1のうち、放送衛星から電波を届ける放送を何というか。

2 BS放送

3 1のうち、通信衛星から電波を届ける放送を何というか。

3 CS放送

4 ある時間帯のテレビ番組が、特定の調査地域で何パーセントの人に視聴されたかを示す数字を何というか。

4 視聴率

5 編集発行に関する費用を広告収入などでまかなう無料の新聞・雑誌を何というか。

5 フリーペーパー
雑誌仕様のものはフリーマガジンとも。近年は自主制作媒体「ZINE」も増加。

6 正しいよい広告のために設立された、広告主や新聞・出版・放送会社、制作会社などによる自主規制機関は何か。

6 JARO（日本広告審査機構）
1974年設立。

7 作詞・作曲・音楽出版など、音楽に関する国内の著作権管理の手続きを業務とする団体は何か。

7 JASRAC（日本音楽著作権協会）
1939年設立。2018年より音楽教室に関しても著作権使用料の徴収を始めたが、22年最高裁の判断では生徒の演奏に対する徴収は無効とされた。

8 スポーツ施設や文化施設などに**スポンサー**となる企業名やブランド名などをつける権利を何というか。

8 ネーミングライツ（命名権）
東京都調布市の「味の素スタジアム」、横浜市の「日産スタジアム」などがある。

9 テレビ電波の届きにくい農村で始まったが都市型も普及し、インターネットサービスも行う**テレビ放送**は何か。

9 CATV（ケーブルテレビ、community antenna television）
インターネットやIP電話など、テレビ以外の分野で急成長した。

10 番組と番組の間に入るCMを何というか。

10 スポット広告

11 マスコミ4媒体とは新聞、**ラジオ**、テレビ、あと1つは何か。

11 雑誌

12 **首相官邸**、省庁、地方自治体、業界団体などに設置された、特定の報道機関の記者が集まった取材組織を何というか。

12 記者クラブ

13 **消費者**の購買行動プロセスを表した理論を何というか。

13 AIDMA（アイドマ）理論
Attention、Interest、Desire、Memory、Action の頭文字を取ったもの。MをC（Conviction）とするAIDCA（アイドカ）理論もある。

14 鉄道車両やバスなどのボディーに商品広告を塗装した**移動広告**を何というか。

14 ラッピング広告

15 市町村など限られた地域を対象にした小さな**FM**局を何というか。

15 コミュニティ放送局
1992年に始まった「FMいるか」（北海道函館市）が第1号。現在は全国に370局以上存在する。

16 **マスメディア**が、権力の圧力を避けたり、予防したりするため、自己検閲のように表現を抑えることを何というか。

16 自主規制

重要問題

●次の問いに答えよ。

17 学校教育の教材に新聞を活用し、子どもがメディアを読み解く力を高めようという運動を何というか。

17 NIE（エヌ・アイ・イー）
Newspaper in Education（教育に新聞を）の略称。各都道府県には自治体、学校、新聞社によるNIE推進協議会もできた。

18 アメリカの新聞経営者が創立し、すぐれた報道、文学、音楽に与えられる賞は何か。

18 ピュリッツァー賞
ジャーナリズム、小説、詩、戯曲などの部門がある。

19 放送用電波の隙間を使って、音声、文字、映像などの各種情報を電送するサービスを何というか。

19 データ放送

20 2023年12月から、NHKのBS放送は何チャンネルか。

20 ２チャンネル
BSとBSP4K。

21 市場調査などにおいて、20〜34歳の女性のことを何とよぶか。

21 F1層
35〜49歳はF2層、50歳以上をF3層、男性の場合はFの代わりにMをつける。

22 テレビ、新聞、雑誌、ラジオのいわゆる4媒体の広告費が減少傾向にあるなか、いずれの媒体も上回りプラス成長している広告は何か。

22 インターネット広告
2022年の総広告費7兆1021億円のうち、インターネット広告費は3兆912億円で4媒体の合計も上回っている。

23 SNSなどにおいて戦略的に口コミを発生させて、商品やサービスをPRする手法を何というか。

23 バズマーケティング
「バズ」には、噂が飛び交う・人々がガヤガヤと話すといった意味がある。

24 ある特定の思想などへ個人や集団を誘導する宣伝戦略を何というか。

24 プロパガンダ

Part4

地理・歴史

- ●日本史
- ●世界史
- ●日本の地理
- ●世界の地理
- ●地理学・地図

Part 4 ● 地理・歴史

日本史

詳しくは→別冊P.26 重要項目⓯

基本問題

●次の問いに答えよ。

1 佐賀県で発掘された吉野ヶ里遺跡は、何時代の遺跡といわれているか。

2 『魏志倭人伝』に伝えられる人物で、一般に邪馬台国の女王とされる人物は誰か。

3 推古天皇の摂政で、十七条の憲法を制定し、遣隋使の派遣を行った人物は誰か。

4 中大兄皇子が、中臣鎌足らとともに蘇我氏を滅ぼした乙巳の変は西暦何年のことか。

5 672年、大海人皇子は天智天皇の子の大友皇子を倒して天武天皇となった。このときの乱を何というか。

6 720年、舎人親王らの撰で完成した日本最古の正史を何というか。

7 奈良時代、全国に国分寺の建立の詔を発した天皇は誰か。

8 桓武天皇が律令政治の立て直しを主な理由に平安京へ遷都したのは西暦何年か。

1 弥生時代
縄文時代に続く時代で、水稲耕作が始まったとされるBC5世紀～AD3世紀頃。

2 卑弥呼
中国では蜀の諸葛孔明が活躍していた頃の時代である。

3 厩戸王（聖徳太子）
603年、冠位十二階制定。607年、第2回の遣隋使には小野妹子らがいた。

4 645年
蘇我氏の勢力を大きくそぐことで、天皇中心の政治が実現したといわれている。

5 壬申の乱
古代日本の最大の内乱。

6 日本書紀
古事記は712年の成立とされる。

7 聖武天皇
743年、奈良東大寺の大仏の造立を発願。

8 794年
仏教の宗派の影響をさけるためともいわれている。

9 1192年、武家政権の棟梁として<u>征夷大将軍</u>に就任した人物は誰か。

9 源頼朝
　　鎌倉幕府の初代将軍として就任した。

10 元は1274年（**文永の役**）と1281年の2度にわたって日本を襲った。1281年の役を何というか。

10 弘安の役
　　文永の役と合わせて蒙古襲来（元寇）という。

11 <u>足利尊氏</u>が開いた幕府を何幕府というか。

11 室町幕府
　　京都の室町に幕府を開いたためにこの名がある。

12 <u>武田信玄</u>が上洛の途上で織田・徳川の連合軍を散々に打ち破った戦いを何というか。

12 三方ヶ原の戦い
　　この直後、信玄が病没して、武田軍は甲州に引き上げた。

13 <u>織田信長</u>が商工業を活発にするために行った政策を何というか。

13 楽市楽座
　　営業税の免除や、販売を独占する商人の組合(座)の特権廃止などを図った。

14 <u>織田信長</u>の跡を継ぎ、天下統一を果たし、大坂城を築いた人物は誰か。

14 豊臣秀吉
　　刀狩を行った。

15 徳川家康率いる東軍が<u>石田三成</u>率いる西軍を破った天下分け目の戦いを何というか。

15 関ヶ原の戦い
　　布陣では西軍の勝ちといわれている。

16 大名を取り締まるため、1615年に2代将軍<u>徳川秀忠</u>が定めた、参勤交代の制度などを含む法典を何というか。

16 武家諸法度
　　城の新築の禁止、結婚の制限なども含む。

17 ペリーが4隻の黒船を率いて浦賀に来航したのは、西暦何年か。

17 1853年
　　1854年に日米和親条約を結んだ。

18 1858年、大老の<u>井伊直弼</u>がアメリカと結んだ条約を何というか。

18 日米修好通商条約
　　アメリカのハリスが調印。

19 約260年続いた政権を朝廷に返上した、<u>江戸幕府</u>最後の将軍は誰か。

19 徳川慶喜
　　大政奉還という。

101

20 1895年、日清戦争後に**遼東半島、台湾**などを日本に割譲させた条約を何というか。

20 下関条約
後にロシア・フランス・ドイツの３国から遼東半島を返還するよう干渉を受ける。

21 1904年、日本は当時の**ロシア**と戦争をした。この戦争を何というか。

21 日露戦争
東郷平八郎がロシアのバルチック艦隊を日本海海戦で破った。

22 日本が韓国を併合し、朝鮮半島に**朝鮮総督府**を置いたのは西暦何年か。

22 1910年
明治43年。

23 1941年、日本の陸軍がマレー半島に上陸、空母機動部隊がハワイの**真珠湾**を奇襲して始まった戦争を何というか。

23 太平洋戦争
当時の日米の工業生産力は１対50といわれていた。

24 第２次世界大戦で、日本は米英を中心とする**連合国軍**に敗れ、無条件降伏をした。それは、西暦何年何月何日か。

24 1945年8月15日
広島、長崎に原子爆弾が落とされたあと、ポツダム宣言を受諾した。

重要問題

●**次の問いに答えよ。**

解答・解説

25 世界最古の木造建築で、**世界遺産**にも指定されている約1400年前に建てられた寺院を何というか。

25 法隆寺
廐戸王（聖徳太子）の創建といわれているが、真偽のほどは定かではない。

26 **最澄**が比叡山に開いた天台宗の総本山の名称は何か。

26 延暦寺
空海は、高野山に真言宗の総本山・金剛峯寺を開いた。

27 ２代将軍源頼家を廃して**実朝**を擁立したとき、幕府の執権職に就いた人物は誰か。

27 北条時政
源氏の血筋は３代で絶え、北条氏が執権政治を行った。

28 **享保の改革**を行った、８代将軍徳川吉宗は、御三家のどの藩の出身か。

28 紀州藩
徳川の御三家とは、尾張藩、水戸藩、紀州藩をいう。

29 1875年、日本と**ロシア**の間で調印・批准された、国境に関する条約を何というか。

29 **樺太・千島交換条約**
千島列島のうち、ウルップ島以北の島々が日本領に。

30 1937年、**日中戦争**の発端となった、北京の南西で起きた発砲事件を何というか。

30 **盧溝橋事件**
ろ　こうきょう
日本軍の謀略という説もある。

31 1951年に連合国の48カ国と結んだ条約が翌年発効し、日本は**独立**を回復した。この国際条約を何というか。

31 **サンフランシスコ平和条約**
条約締結時の日本代表は、吉田茂である。

32 初の**東京オリンピック**は、西暦何年に開催されたか。

32 **1964年**
女子バレーボールの日本チームは、東洋の魔女といわれた。

33 大阪で初の国際博覧会（**万博**）が開催されたのは、西暦何年か。

33 **1970年**
シンボル「太陽の塔」は、岡本太郎によってデザインされた。

34 敗戦時から、ずっとアメリカの施政権下にあった**沖縄**の日本への返還が実現したのは、西暦何年か。

34 **1972年**
5月15日。

35 1972年、**日中国交正常化**が成った。この時の、日本の総理大臣は誰か。

35 **田中角栄**
首相退任後の1976年に、ロッキード事件によって逮捕された。
→別冊P.10重要項目❶

36 日本で初めて**消費税**が導入されたのは西暦何年か。

36 **1989年**
竹下内閣のとき、税率3％の法案が成立。
→別冊P.10重要項目❶

37 1万8000人以上の死者・行方不明者を出した**東日本大震災**が起きたのは、2011年の何月何日か。

37 **3月11日**

38 天皇の終身在位を定めた明治以降で初めて、天皇の**退位**が2019年に実現したが、この根拠法は何か。

38 **皇室典範特例法**
1代限りの規定である。

Part 4 ● 地理・歴史
世界史

詳しくは→別冊P.27 重要項目⓰

基本問題

● 次の問いに答えよ。

解答・解説

---

1 世界の三大宗教とは、<u>仏教</u>とキリスト教、あと1つは何教か。

1 イスラム教
610年頃、ムハンマドがアラビア半島で始めた。最大の聖地はサウジアラビアのメッカ。

---

2 初めて<u>中国</u>全土を統一したのは誰か。

2 秦の始皇帝

---

3 <u>ギリシャ</u>の北の小国マケドニアから軍を起こし、<u>ペルシア</u>からインド近くまで遠征したのは誰か。

3 アレクサンドロス大王
エジプトも占領され、都市アレクサンドリアの建設も彼の計画による。

---

4 <u>古代エジプト</u>のプトレマイオス朝最後の女王で、ローマ軍に敗れコブラに咬まれて死んだとされるのは誰か。

4 クレオパトラ

---

5 『<u>西遊記</u>』で有名な僧で、<u>インド</u>まで行って、仏典を中国に持ち帰ったのは誰か。

5 玄奘(三蔵法師)
唐時代の名僧で、645年に仏典を持って帰朝した。

---

6 ルネサンス期の芸術家たちのパトロンでもあった<u>メディチ家</u>が、長い間支配したイタリアの都市はどこか。

6 フィレンツェ
レオナルド・ダ・ヴィンチやミケランジェロらが活躍した。

---

7 <u>ムガール帝国</u>の王シャー・ジャハーンが、若くして亡くなった愛妻のために建てた壮麗な廟を何というか。

7 タージ・マハル
大理石で造られた美しい建物で、世界遺産にも指定されている。

104

8 コロンブスがアメリカ大陸（西インド諸島）を発見したのは西暦何年か。

8 1492年

9 16世紀の**スレイマン１世**の頃に、北アフリカから中央ヨーロッパまでを領土としていたオスマン帝国が成立したのは、西暦何年か。

9 1299年
18世紀後半の露土戦争で、クリミア半島をロシアに割譲して以降、弱体化した。

10 1688年、**イギリス**が立憲王政を確立した革命を何というか。

10 名誉革命
1689年、王の専制を排除する「権利の章典」が発布された。これに先立つ17世紀半ばの市民革命は清教徒革命。

11 アメリカが**イギリス**からの独立を宣言したのは西暦何年か。

11 1776年
独立は、1783年のパリ講和条約で認められた。

12 **バスティーユ牢獄**の襲撃から始まったフランス革命が起きたのは、西暦何年か。

12 1789年
ルイ16世とマリー・アントワネットは、1793年に処刑された。

13 ナポレオン・ボナパルトは、**フランス革命**後の混乱した社会から台頭し、皇帝になった。それは西暦何年のことか。

13 1804年
失脚後のウィーン会議は「会議は踊る、されど進まず」と評された。

14 1842年、ある戦争の後に締結された**南京条約**によって、イギリスは清から香港を獲得した。ある戦争とは何か。

14 アヘン戦争
この後、清は列強諸国と不平等条約を結ばされることになる。

15 **第１次世界大戦**は西暦何年に始まったか。

15 1914年
サラエボ事件が発端とされる。日本は、ドイツの守備隊がいた青島を攻撃して占領。翌年、中国に21カ条の要求を提出した。

16 1929年10月、**ニューヨーク**のウォール街の株価大暴落に端を発した世界的な経済危機を何というか。

16 世界大恐慌
資本主義先進国は例外なくダメージを受けた。日本ではこの後、軍部が台頭した。

17 第2次世界大戦の戦勝国で、国連の常任理事国にもなっているのは、アメリカ、イギリス、ロシア（ソ連）、**中国**とどの国か。

17 フランス
国連の常任理事国には拒否権が与えられている。

18 非暴力・不服従を掲げ、**イギリス**からの独立運動の指導者で、「**インド独立の父**」とよばれている人は誰か。

18 ガンディー
1948年、ヒンドゥー原理主義者によって暗殺された。

19 1962年、**キューバ危機**を回避したアメリカの大統領は誰か。

19 ジョン・F・ケネディ
ソ連はフルシチョフ首相。

20 史上最悪の放射能汚染を引き起こしたとされる**チェルノブイリ**原発事故が起きたのは、西暦何年か。

20 1986年
原発の跡地は、ウクライナの領土内にある。

重要問題

●**次の問いに答えよ。**

解答・解説

21 エジプト文明をはぐくんだ大河は何という川か。

21 ナイル川
エジプト文明は「ナイルのたまもの」といわれている。

22 **モヘンジョ・ダロ**などの都市を中心に栄えた文明を何文明というか。

22 インダス文明
青銅器などが使用された。

23 クシャナ朝インドの**カニシカ王**の時代に最盛期を迎えた、ギリシャ様式の影響を受けた仏教美術を何というか。

23 ガンダーラ美術
その様式の影響は日本にも及んでいる。

24 ユーラシア大陸を席巻した**モンゴル**は、中国の金を滅ぼし国号を元と称した。その時のハンは誰か。

24 フビライ・ハン
帝国の創建者チンギス・ハンの孫にあたる。

25 ルネサンス期の西ヨーロッパでは、**キリスト教**の改革運動が起こった。その中心的人物は誰か。

25 マルティン・ルター
ドイツの神学者で、聖書をキリストの唯一の教えと説いてカトリック教会を破門された。

26 ルネサンス期の三大発明とは、**活版印刷**と火薬、あと1つは何か。

26 羅針盤
マゼラン、コロンブスらが活躍した大航海時代のもととなった発明。

27 16世紀、南アメリカ大陸のペルーを中心に栄えた**インカ帝国**を征服したのは誰か。

27 ピサロ
約180人の手勢と40頭ほどの馬で、インカ帝国を滅ぼした。

28 **アメリカ**の独立宣言の起草者は誰か。

28 トーマス・ジェファーソン
アメリカ第3代大統領。

29 19世紀には、世界各地に**植民地**をもち、太陽の沈まない国とよばれた国はどこか。

29 イギリス
南アフリカ、インド、オーストラリアなどを植民地にしていた。

30 イタリアの**ファシスト党**の指導者で、第2次世界大戦中の1943年に失脚し、その後パルチザンに処刑されたのは誰か。

30 ムッソリーニ
1940年に日本、ドイツ、イタリアの間で三国軍事同盟が結ばれていた。

31 1949年、アメリカを中心に<u>ヨーロッパ</u>諸国によって結成された、西側陣営の軍事同盟の略称をアルファベット4文字で書け。

31 NATO
NATOを北大西洋条約機構、東側の軍事同盟をワルシャワ条約機構という。
→別冊P.19重要項目❿

32 1950年に始まった**朝鮮戦争**は、1953年に休戦協定が結ばれた。その休戦ラインを一般に何とよぶか。

32 38度線
休戦ライン上にある「板門店」で、2018年4月の南北首脳会談も行われた。

33 冷戦中のアメリカが初めて負けたといわれる、**東南アジア**での戦争を何というか。

33 ベトナム戦争
1975年にサイゴンが陥落して終焉を迎えた。

34 **ベルリン**の壁が市民によって壊されたのは、西暦何年か。

34 1989年
1990年10月、東西ドイツの統合が成った。

地理・歴史

世界史▼頻度 Ⓑ

Part 4 ● 地理・歴史
日本の地理

基本問題

●次の問いに答えよ。

1 次の県の県庁所在地を答えよ。
・岩手県
・栃木県
・山梨県
・島根県
・愛媛県

1 ・盛岡市
・宇都宮市
・甲府市
・松江市
・松山市
→別冊P.14重要項目❺

2 北方領土は4つの島から成る。歯舞群島、色丹島、国後島とあと1つは何島か。

2 択捉島

3 日本の国土面積はどのくらいか。

3 約37万8000平方キロメートル
北方4島を含めた面積。

4 日本の標準時は東経135度上の都市にある。それは何市か。

4 明石市
兵庫県にある。

5 太平洋側を流れる暖流の日本海流を一般に何とよぶか。

5 黒潮

6 日本の三大工業地帯は、京浜工業地帯、中京工業地帯とあと1つはどこか。

6 阪神工業地帯

7 日本の三大暴れ川は、坂東太郎（利根川）、筑紫次郎（筑後川）、あと1つ四国三郎とよばれる何川か。

7 吉野川

8 日本の三名園といわれているのは、金沢の**兼六園**、水戸の**偕楽園**とあと1つはどこか。

8 岡山の後楽園

9 日本三景とは、京都の**天橋立**、広島の厳島（宮島）とあと1つはどこか。

9 宮城の松島
広島の厳島は世界遺産に登録されている。

10 古くは吉備の国、あるいは**備前**・備中・**美作**とよばれたのは、今の何県か。

10 岡山県
マスカット（ぶどう）やママカリ（サッパ）で有名。

11 **青森県**が生産量日本一を誇る果実は何か（2021年）。

11 りんご
第2位は長野県。

12 **タマネギ**の生産量が最も多い都道府県はどこか（2021年）。

12 北海道
第2位は佐賀県。

13 日本が輸入する**原油**で、最大取り引き相手国はどの国か（2022年）。

13 サウジアラビア
中東に90パーセント以上を依存している。

14 日本が輸入する**鉄鉱石**で、最大取り引き相手国はどの国か（2021年）。

14 オーストラリア

15 日本が輸入する**バナナ**で、最大取り引き相手国はどの国か（2021年）。

15 フィリピン

16 次の県庁所在地のある県を答えよ。
・**前橋市**
・**津市**
・**大津市**
・**金沢市**
・**仙台市**

16
・群馬県
・三重県
・滋賀県
・石川県
・宮城県
→別冊P.14重要項目**5**

17 千島列島南部から<u>北海道</u>の東沖、東日本の太平洋側にかけて流れている寒流を一般に何とよぶか。

17 親潮

18 日本で最長の川は。

18 信濃川

19 日本で最大の流域面積をもつ川は。

19 利根川

20 日本の国土に占める<u>山地</u>の割合はおよそ何％か。

20 約60％
丘陵地も含めると73%ほどになる。

21 日本で最大の湖は。

21 琵琶湖

22 オホーツク海高気圧から吹いてきて、東北地方に冷害をもたらす風を何というか。

22 やませ

23 日本で一番人口の少ない都道府県はどこか。

23 鳥取県

24 日本の山岳で、富士山の次に高いのはどこか。

24 北岳

！重要問題

●次の問いに答えよ。

解答・解説

25 次の文の（　　）にあてはまる数を書け。電気の周波数は、おおむね中部から西の西日本で（ア　　）ヘルツ、東日本では（イ　　）ヘルツが使われている。

25 ア　　60
イ　　50

26 国内観測史上最高の<u>41.1℃</u>を記録したのは2018年7月の埼玉県熊谷市とどこか。

26 静岡県浜松市
2020年8月に記録。

27 本州の中央部にある糸魚川－静岡構造線を何というか。

27 フォッサマグナ
中央地溝帯ともいう。

28 次の（　　）にあてはまる数を書け。
日本の火山帯は、西日本火山帯と東日本火山帯の２つに分けられ、（　　）の活火山がある。約300年噴火していないが、富士山も活火山の１つである。

28 111
戦後最悪の火山災害としては、2014年９月の御嶽山噴火が挙げられる。

29 志摩半島、若狭湾、三陸海岸などの入りくんだ海岸線を何というか。

29 リアス海岸（リアス式海岸）

30 本州と北九州の間にある海峡を何というか。

30 関門海峡
源平最後の合戦場である壇ノ浦は、この海峡の一角である。

31 次の資源や食料に関して、日本が輸入している最大の相手国を答えよ（2021年）。
A：液化天然ガス
B：石炭
C：小麦
D：野菜
E：コーヒー生豆

31 A：オーストラリア
B：オーストラリア
C：アメリカ合衆国
D：中国
E：ブラジル

32 日本の穀物全体の自給率（飼料用を含む）は何％か（2022度）。

32 29％

33 日本の大豆の自給率は何％か（2022年度）。

33 6％

34 日本の総人口はどれくらいか（2023年）。

34 約１億2434万8000人
2023年９月１日現在確定値（総務省による人口推計）。

35 海に面していない県をすべて答えよ。

35 群馬県、栃木県、埼玉県、長野県、山梨県、岐阜県、滋賀県、奈良県

Part 4 ● 地理・歴史
世界の地理

詳しくは→別冊P.20・21　重要項目⓫

基本問題

●次の問いに答えよ。

解答・解説

1 地球の表面に占める海の割合は、およそ
何%か。

1 約70%

2 陸地は南極大陸を除いて、5つある。最
も大きな大陸を答えよ。

2 ユーラシア大陸
ユーラシア（Eurasia）は
ヨーロッパ（Europe）と
アジア（Asia）との合成語。

3 大陸の周辺にある、水深200メートル以内
の浅い海底を何というか。

3 大陸棚

4 沿岸国が、生物・鉱物資源について主権
をもつ「排他的経済水域」は、陸から何海
里までを指すか。

4 200海里
領海および排他的経済水域
では、日本は世界第6位。

5 世界で最も面積の大きい国はどこか。

5 ロシア

6 世界で最も人口の多い国はどこか(2022年)。

6 中国
約14.3億人。2番目に多
いのはインドの約14.2億
人だが、この順位は2023
年には逆転。

7 世界で一番高い山を何というか。

7 エベレスト
（チョモランマ）

8 世界で一番長い川は何川か。

8 ナイル川

9 世界で一番流域面積の広い川は何川か。

9 アマゾン川

10 世界の標準時である**グリニッジ天文台**のある国はどこか。

10 イギリス

11 農産物の生産量で、**小麦**と**米**が世界第1位の国はどこか（2021年）。

11 中国

12 世界の国で、**ダイヤモンド**の生産量が第1位の国はどこか（2020年）。

12 ロシア

13 地球で最も大きな**海**を何とよぶか。

13 太平洋

14 ニースやカンヌは保養都市であるが、ケンブリッジやオックスフォードは何都市というか。

14 学術都市

15 **オリーブ**やブドウなどの**広葉樹**が分布し、夏は高温少雨、冬は**多雨**の大陸西岸の気候を何というか。

15 地中海性気候
リゾートとして発展している場所も多く、夏季は多くの人がバカンスに訪れる。

16 **寒帯**地方で、最暖月の平均気温が0℃〜10℃の気候を何というか。

16 ツンドラ気候

17 **アマゾン川**流域や東南アジアのジャングル地帯の気候で、乾期のない気候を何というか。

17 熱帯雨林気候

18 次の国の首都を答えよ。
・**アメリカ合衆国**
・**オーストラリア**
・**スペイン**
・**インド**
・**ロシア**

18 ・ワシントンD.C.
・キャンベラ
・マドリード
・ニューデリー(デリー)
・モスクワ

19 北アメリカ大陸や<u>ユーラシア大陸</u>の亜寒帯に分布している針葉樹林帯を何というか。

19 タイガ

20 次の都市を首都とする国名を答えよ。
- <u>ローマ</u>
- <u>ハノイ</u>
- <u>バグダッド</u>
- <u>テヘラン</u>
- <u>ソウル</u>

20
- ・イタリア
- ・ベトナム
- ・イラク
- ・イラン
- ・大韓民国

21 世界最大の砂漠は、何という砂漠か。

21 サハラ砂漠

22 冬は乾燥し、春から初夏にかけて雨が降って、一面の草原となる気候を何というか。

22 ステップ気候

23 次のうち、赤道より南にある国をすべて答えよ。
- ・<u>マレーシア</u>
- ・<u>キューバ</u>
- ・<u>ツバル</u>
- ・<u>カメルーン</u>
- ・<u>パプアニューギニア</u>

23
- ・ツバル
- ・パプアニューギニア

重要問題

●次の問いに答えよ。

解答・解説

24 <u>火山</u>の陥没によって生じた窪地に水がたまってできた湖を何というか。

24 カルデラ湖
世界最大は、インドネシアのトバ湖。

25 <u>氷河</u>による浸食でできた複雑な形状をしている海岸や入り江のことを何というか。

25 フィヨルド
ノルウェーの海岸が有名。

●**地図を見て答えよ。**

26 下の地図のア〜エの海峡名を答えよ。

26 ア　ベーリング海峡
　　イ　ジブラルタル海
　　　　峡
　　ウ　マラッカ海峡
　　エ　ホルムズ海峡

●**次に示す項目で世界第1位の国を答えよ。**

27 <u>原油</u>の生産量（2022年）

28 <u>風力</u>発電量（2022年）

29 <u>金鉱</u>の生産量（2021年）

30 <u>バナナ</u>の生産量（2021年）

31 <u>羊</u>の頭数（2021年）

32 <u>大豆</u>の生産量（2021年）

33 <u>天然ゴム</u>の生産量（2021年）

34 <u>温室効果ガス</u>の排出量（2021年）

35 一人あたりの<u>国内総生産（GDP）</u>（2021年）

36 世界で最も<u>面積</u>の小さい国

27 アメリカ合衆国
　　第2位はサウジアラビア。

28 中国
　　第2位はアメリカ合衆国。

29 中国
　　第2位はロシア。

30 インド
　　第2位は中国。

31 中国
　　第2位はインド。

32 ブラジル
　　第2位はアメリカ合衆国。

33 タイ
　　第2位はインドネシア。

34 中国
　　第2位はアメリカ合衆国。
　　日本は第5位。

35 モナコ
　　第2位はリヒテンシュタイン。

36 バチカン市国

地理・歴史

世界の地理▼頻度Ⓑ

115

Part 4 ● 地理・歴史
地理学・地図

基本問題

●次の地図記号は何を表しているか。

解答・解説

1 ⯟

2 ⊗

3 ⅄

4 ⊕

5 文

6 ⌖

7 ⊞

8 ☼

9 ∴

10 ⌄⌄⌄

11 ▯

1 裁判所
告知板の形から。

2 警察署

3 消防署

4 保健所

5 小中学校

6 発電所・変電所

7 病院
2016年3月、外国人向けの記号（下）が定められている。

8 灯台

9 田

10 畑

11 自然災害伝承碑
自然災害について記録した石碑やモニュメント。防災意識の向上につなげるため、2019年3月に制定。

●**次の地図は何図法で描かれたものか。**

12
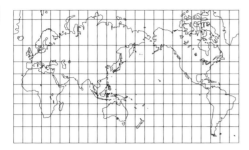

13

14
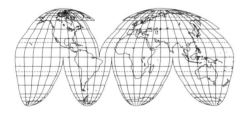

15 地図で地球の<u>赤道</u>と平行に引かれた線を何というか。

16 地図で北極点、<u>南極点</u>を通る南北の線を何というか。

17 <u>経度</u>が15度ずれると、時差は何時間になるか。

12 **メルカトル図法**
1569年にフランドル地方出身のメルカトルが考案した正角円筒図法。経線からの角度が正しいため、海図として用いられる。

13 **モルワイデ図法**
1805年、ドイツの天文学者・数学者モルワイデが考案。地図上の任意の場所で実際の面積との比が等しくなる正積図法。

14 **グード図法**
1923年にアメリカのグードにより考案された図法で、ホモロサイン図法ともよばれる。

15 緯線

16 経線

17 1時間

地理・歴史

地理学・地図▼頻度Ⓒ

117

18 植生分布に着目し、**降水量**と気候を組み合わせた気候区分を作ったのは誰か。

18 ケッペン
ドイツの気象学者。ロシア生まれ。

19 **ハワイ諸島**などを形作ったマグマの噴出点を何というか。

19 ホットスポット

20 ペルー沖から**太平洋**中部までの赤道付近で、海面温度が低くなる現象を何というか。

20 ラニーニャ現象
ペルー沖で海水温が上昇する現象をエルニーニョ現象という。

21 緯度23°27′で、**冬至**のときに太陽と垂直になる緯線を何というか。

21 南回帰線

●次の問いに答えよ。

解答・解説

22 現在の諸大陸が分裂する前に1つであった**原始**大陸を何というか。

22 パンゲア

23 **大陸移動説**を提唱したのは誰か。

23 アルフレート・ヴェーゲナー

24 大洋の底にある海底火山の山脈で、**マントル**が噴出しているところを何というか。

24 海嶺（中央海嶺）

25 **マントル**に乗って移動する、地球表面を覆っている硬い岩盤を何というか。

25 プレート

26 **海洋プレート**が衝突して沈み込んでいるところを何というか。

26 海溝
マリアナ海溝が世界で最も深いといわれている。

Part5
文化・スポーツ

- ●日本文学
- ●世界文学
- ●思想・哲学
- ●美術
- ●音楽
- ●映画・演劇
- ●野球
- ●サッカー
- ●スポーツ

Part 5 ● 文化・スポーツ
日本文学

詳しくは→別冊P.28・29 重要項目⑰

◎ 基本問題

●日本の古典文学について、次の問いに答えよ。

解答・解説

1 平安初期に書かれた最古の物語で、拾い子がやがて成長し、5人の貴公子に求婚されるが、無理難題で退ける話は何か。

1 『竹取物語』
かぐや姫の物語。

2 平安中期の長編物語で、作者は紫式部。男性主人公の華麗な女性遍歴がつづられる、宮廷を舞台にした物語の題名と主人公の名を答えよ。

2 『源氏物語』・光源氏
帝の子として生まれた主人公が恋に懊悩し、遍歴を重ねながら宮廷で栄華を極める物語。

3 『枕草子』の時代と作者を答えよ。

3 平安時代・清少納言

4 日本最大の古代説話集で、12世紀前半頃成立。天竺（インド）5巻、震旦（中国）5巻、本朝（日本）21巻から成るものの作品名を答えよ。

4 『今昔物語集』
仏教説話、世俗説話があり、古代社会各層の生活を生き生きと描く。芥川龍之介も影響を受けた。

5 「ゆく河の流れは絶えずして、しかも、もとの水にあらず。」で始まる鎌倉初期の随筆の著者と題名を答えよ。

5 鴨長明（かものちょうめい）・『方丈記』
仏教の無常観を基調としている。

●次の文学作品の作者名を答えよ。

解答・解説

6 『点と線』『砂の器』『日本の黒い霧』

6 松本清張
（1909〜1992）
日本を代表する社会派の推理小説作家。

7 『春琴抄』『刺青』『痴人の愛』

7 谷崎潤一郎
（1886～1965）

8 『好色一代男』『世間胸算用』『日本永代蔵』

8 井原西鶴
（1642～1693）
俳人。浮世草子を創始し、町人などの生活を描いた。

9 『地獄変』『蜘蛛の糸』『羅生門』

9 芥川龍之介
（1892～1927）

10 『高瀬舟』『舞姫』『雁』

10 森鷗外
（1862～1922）

11 『うたたね』『十六夜日記』

11 阿仏尼
（？～1283）

12 『玉くしげ』『古事記伝』『玉勝間』

12 本居宣長
（1730～1801）

13 『露団々』『風流仏』『五重塔』

13 幸田露伴
（1867～1947）

14 『たけくらべ』『にごりえ』

14 樋口一葉
（1872～1896）

15 『破戒』『家』『新生』

15 島崎藤村
（1872～1943）

16 『お目出たき人』『友情』『真理先生』

16 武者小路実篤
（1885～1976）

17 『ふらんす物語』『腕くらべ』『すみだ川』

17 永井荷風
（1879～1959）

18 『美しい村』『風立ちぬ』『菜穂子』

18 堀辰雄
（1904～1953）

●**次の出だしで始まる作品の作品名と作者名を答えよ。**

解答・解説

19 「山路を登りながら、こう考えた。智に働けば角が立つ。情に棹させば流される。意地を通せば窮屈だ。」

19 『草枕』・夏目漱石

20 「男もすなる日記といふものを、女もしてみむとてするなり。」

20 『土佐日記』・紀貫之

121

21 「朝、食堂でスウプを一さじ、すっと吸って
お母さまが、／『あ』／と幽かな叫び声
をお挙げになった。」

●次の作家の作品を下の作品群から選べ。

22 高瀬隼子

23 窪美澄

24 佐藤厚志

25 小川哲

26 田山花袋

27 川端康成

28 野坂昭如

29 村上龍

30 村上春樹

31 吉本ばなな

32 又吉直樹

『夜に星を放つ』『キッチン』『火花』
『荒地の家族』『火垂るの墓』
『おいしいごはんが食べられますように』
『限りなく透明に近いブルー』『蒲団』
『伊豆の踊子』『地図と拳』『海辺のカフカ』

●解答・解説

21 『斜陽』・太宰治

22 『おいしいごはんが
食べられますよう
に』
第167回芥川賞を受賞。

23 『夜に星を放つ』
第167回直木賞を受賞。

24 『荒地の家族』
第168回芥川賞を受賞。

25 『地図と拳』
第168回直木賞を受賞。

26 『蒲団』

27 『伊豆の踊子』

28 『火垂るの墓』

29 『限りなく透明に近
いブルー』

30 『海辺のカフカ』

31 『キッチン』

32 『火花』
2015年に芥川賞を受賞。

重要問題

● 『源氏物語』について次の問いに答えよ。

33 第一帖のタイトルは何か。

33 桐壺
きりつぼ

34 後編の「橋姫」以下十帖（宇治十帖）の男性主人公は誰か。

34 薫 大将
かおる

●次の問いに答えよ。

35 『金閣寺』などを著し、後に純粋日本原理を追究して自死したのは誰か。

35 三島由紀夫

36 『竜馬がゆく』など、多くの歴史小説を著したのは誰か。

36 司馬遼太郎
独自の史観に基づく歴史小説の新境地を開いた。

37 『個人的な体験』で脳に障害を抱えた息子との共生を描いたのは誰か。

37 大江健三郎
1994年にノーベル文学賞を受賞。2023年3月に88歳で没。

38 『沈黙』などを著し、カトリック信者として日本のキリスト教受容をテーマに追求したのは誰か。

38 遠藤周作

39 言文一致体の小説『浮雲』を著し、近代小説の先駆けとなった小説家は誰か。

39 二葉亭四迷
この筆名は「くたばってしまえ」からつけたという。

40 武者小路実篤らと文芸雑誌『白樺』を創刊し、長編『暗夜行路』を著したのは誰か。

40 志賀直哉

41 プロレタリア作家として有名。『蟹工船』を著したのは誰か。

41 小林多喜二
格差社会、ワーキングプア、ネットカフェ難民などを背景として2000年代に改めて脚光を浴びた。

Part 5 ● 文化・スポーツ
世界文学

詳しくは→別冊P.30・31　重要項目⓲

◎ 基本問題

●次の文学作品の作者は誰か。

解答・解説

1 『武器よさらば』『日はまた昇る』『誰が
ために鐘は鳴る』『老人と海』

1 ヘミングウェイ
（1899〜1961）
「失われた世代」に属し、
ハードボイルド文学先駆者。

2 『若きウェルテルの悩み』『ファウスト』

2 ゲーテ
（1749〜1832）

3 『夜間飛行』『星の王子さま』

3 サン・テグジュペリ
（1900〜1944）
フランスの小説家。飛行機
操縦士としての生活を題材
とした。

4 『アンナ・カレーニナ』『復活』『戦争と
平和』

4 トルストイ
（1828〜1910）
ロシアの小説家。

5 『最後の一葉』『賢者の贈りもの』

5 オー・ヘンリー
（1862〜1910）
アメリカの短編小説家。公
金横領の罪で入獄中に小説
を書きはじめた。

6 『女の一生』『脂肪の塊』『ベラミ』

6 モーパッサン
（1850〜1893）
フランスの小説家。

7 『ハムレット』『ロミオとジュリエット』
『オセロー』

7 シェイクスピア
（1564〜1616）
イギリスの劇作家。

8 『人間の絆』『月と六ペンス』『お菓子と
ビール』

8 モーム
（1874〜1965）
イギリスの小説家。

9 『赤と黒』『パルムの僧院』

解答・解説

9 スタンダール
（1783〜1842）
フランスの小説家。

●次の説明に当てはまる文学作品を答えよ。

解答・解説

10 妻として家庭にあった女性が自我に目覚め、自立する過程を描いた**イプセン**の戯曲。

10 『人形の家』
主人公ノーラの名は、今でも女性解放の象徴である。

11 「朝、目覚めたら巨大な虫に変身していた」という書き出しの、**カフカ**著、実存主義文学の先駆といわれる小説。

11 『変身』

12 小人の国や巨人の島、馬の島などを冒険する、**スウィフト**の空想小説。

12 『ガリバー旅行記』

13 奔放で情熱的なロマの女性を描き、歌劇やバレエにもなった**メリメ**の小説。

13 『カルメン』
真っ赤なバラの花をくわえたイメージは強烈で、他の芸術作品の題材となった。

14 **アメリカ南北戦争**を背景に、情熱的でしたたかな農園主の娘の波乱の人生を描くマーガレット・ミッチェルの小説。

14 『風と共に去りぬ』

15 小柄なホビット族のフロドが呪いの指輪を葬る旅に出る、**トールキン**の長編ファンタジー小説。

15 『指輪物語』
近年では原作をもとにしたテレビドラマも制作されている。

●次の文学作品の作者を答えよ。

解答・解説

16 『アルジャーノンに花束を』

16 ダニエル・キイス
（1927〜2014）

17 『車輪の下』

17 ヘッセ
（1877〜1962）

18	『ハリー・ポッターと賢者の石』	18 J・K・ローリング （1965～）
19	『ジュラシック・パーク』『恐怖の存在』	19 マイケル・クライトン （1942～2008）
20	『人魚姫』『みにくいアヒルの子』『即興詩人』	20 アンデルセン （1805～1875）
21	『ティファニーで朝食を』『冷血』	21 トルーマン・カポーティ （1924～1984） 『冷血』は殺人事件を克明に追ったノンフィクション・ノベル。
22	『日の名残り』『わたしたちが孤児だったころ』『わたしを離さないで』	22 カズオ・イシグロ （1954～） 2017年のノーベル文学賞を受賞した日系イギリス人。そのほかの作品に『クララとお日さま』など。
23	『走れウサギ』『帰ってきたウサギ』『さようならウサギ』	23 ジョン・アップダイク （1932～2009）

！重要問題

●次の説明に当てはまる文学作品を答えよ。

解答・解説

24	大した考えもなく革命、革命と叫んで逮捕された男を描き、辛亥革命後の中国を表現した<u>魯迅</u>の代表作。	24 『阿Q正伝』 辛亥革命後も変わらぬ中国の体質を象徴しているといわれている。
25	「今日、ママンが死んだ」で始まり、動機なき殺人を描く<u>カミュ</u>の代表作。	25 『異邦人』
26	主人公ロカンタンの実存的経験を描く、哲学者<u>サルトル</u>の著した小説。	26 『嘔吐』

●次の文学作品の作者を答えよ。

27 『響きと怒り』『八月の光』『アブサロム、アブサロム！』

27 フォークナー
（1897〜1962）

28 『イリアス』『オデュッセイア』

28 ホメロス
古代ギリシャの詩人。

29 『デカメロン』

29 ボッカッチョ
10人が10日間、１話ずつ語る100の物語。

30 『カンタベリー物語』

30 チョーサー
中世イギリス文学の傑作。

31 『黒猫』『モルグ街の殺人』『アッシャー家の崩壊』

31 エドガー・アラン・ポー
（1809〜1849）
怪奇的・幻想的な短編小説を多く書いた。

32 『二都物語』『デイヴィッド・コパフィールド』『オリバー・ツイスト』

32 ディケンズ
（1812〜1870）

33 『ハックルベリー・フィンの冒険』『トム・ソーヤーの冒険』

33 マーク・トウェイン
（1835〜1910）

34 『桜の園』『かもめ』『ワーニャ伯父さん』

34 チェーホフ
（1860〜1904）

35 『チャタレイ夫人の恋人』『息子と恋人』『恋する女たち』

35 D・H・ロレンス
（1885〜1930）

36 『ユリシーズ』『フィネガンズ・ウェイク』『ダブリン市民』

36 ジェイムズ・ジョイス
（1882〜1941）
意識の流れを描く独自の内的独白の手法で有名。

37 『カラマーゾフの兄弟』『罪と罰』『貧しき人々』

37 ドストエフスキー
（1821〜1881）

38 『ライ麦畑でつかまえて』『ナイン・ストーリーズ』

38 サリンジャー
（1919〜2010）

Part 5 ● 文化・スポーツ
思想・哲学

◎ **基本問題**

●次の問いに答えよ。

1 古代ギリシャの哲人で、無知の自覚「**汝自身を知れ**」のもとに、真の知＝徳に至る道を説いたのは誰か。

1 ソクラテス
（前470か469～前399）
不敬神の罪に問われ刑死。

2 **1**の弟子で、普遍的な事物そのもの（**イデア**）が真の実在であると説いたのは誰か。

2 プラトン
（前427～前347）

3 **2**の弟子で、事物の本質を形相（**エイドス**）と名づけ、質料に内在するものとしたのは誰か。

3 アリストテレス
（前384～前322）

4 伝統的形而上学を否定し、道徳の学として形而上学を意義づけ、『**純粋理性批判**』などを著したのは誰か。

4 カント
（1724～1804）
ドイツ哲学黄金時代の先駆者。『実践理性批判』『判断力批判』を著す。

5 著書『**方法序説**』で「コギト・エルゴ・スム」（われ思う、ゆえにわれ在り）と述べたのは誰か。

5 デカルト
（1596～1650）

6 ドイツ観念論哲学の代表者で、『**精神現象学**』と共に理念の弁証法的発展という哲学体系を提示したのは誰か。

6 ヘーゲル
（1770～1831）
変化の法則は、テーゼ→アンチテーゼ→ジンテーゼを繰り返すと説いた。

●**次の哲学者の代表的著作を下から選べ。**

7 パスカル

8 ホッブズ

9 キルケゴール

10 マルクス

11 ニーチェ

12 ハイデッガー

13 サルトル

14 アダム・スミス

15 マキャベリ

『資本論』『ツァラトゥストラはかく語りき』『国富論』『パンセ』『君主論』『リヴァイアサン』『死に至る病』『存在と無』『存在と時間』

7 『パンセ』

8 『リヴァイアサン』

9 『死に至る病』

10 『資本論』

11 『ツァラトゥストラはかく語りき』

12 『存在と時間』

13 『存在と無』

14 『国富論』

15 『君主論』

●**次の言葉を発した人物を下から選べ。**

16 「知は力である」

17 「万人の万人に対する戦い」

18 「自然に還れ」

19 「世界は私の表象である」

ホッブズ　ベーコン　ルソー
ショーペンハウアー

16 ベーコン
（1561〜1626）

17 ホッブズ
（1588〜1679）

18 ルソー
（1712〜1778）
フランスの作家・啓蒙思想家。著書は『エミール』『告白』など。

19 ショーペンハウアー
（1788〜1860）
主著『意志と表象としての世界』。

●**次の説明に当てはまる学者を答えよ。**

20 構造主義人類学を発展させた、『**悲しき**
熱帯』『野生の思考』などの著者。

20 レヴィ・ストロース
　　（1908〜2009）
フランスの文化人類学者・
思想家。

21 『**一般言語学講義**』が構造言語学の基礎
となり、人文諸学において構造主義の先駆
者となった。

21 ソシュール
　　（1857〜1913）

22 『論理学研究』『**ヨーロッパ諸学の危機**
と超越論的現象学』を著し、現象学運
動を主導した。

22 フッサール
　　（1859〜1938）

23 精神病理学の研究から始まり、実存哲学の
創唱者の一人で、『**哲学**』『真理について』
『歴史の起源と目標』を著した。

23 ヤスパース
　　（1883〜1969）
ドイツの精神科医、哲学者。

24 政治思想において社会契約説をとり、『人
間知性論』『**統治二論**』を著した。

24 ロック
　　（1632〜1704）

重要問題

●**次の言葉を発した人物は誰か。**

25 「人間は考える葦である」

25 パスカル
　　（1623〜1662）

26 「最大多数の最大幸福」

26 ベンサム
　　（1748〜1832）
イギリスの思想家。功利主
義の代表者。

27 「満足した豚であるよりは、不満足な人間
であるほうがよい。満足した愚者であるよ
りは、不満足なソクラテスであるほうがよ
い」

27 ミル
　　（1806〜1873）

|28| 「神は死んだ」 |28| ニーチェ（1844〜1900）
|29| 「人は女に生まれない、女になるのだ」 |29| ボーヴォワール（1908〜1986）

●**次はどんな思想についての説明か。下の語群から選べ。**

|30| 各学問において、研究対象の要素の関連を明らかにし、構造を重視する考え方。

|30| 構造主義

|31| 構造主義の成果と反省を踏まえて登場した、フランスの思想運動。構造主義で無視されていた宗教・歴史・暴力などの役割が再び重視されるようになった。

|31| ポスト構造主義

|32| モダニズムの後に生まれた芸術・文化運動で、最初は建築の領域で用いられていたが、後に一般的に使われるようになった概念。

|32| ポスト・モダニズム
リオタールは、主体や進歩主義といった近代の理念を批判するポスト・モダンの条件を提唱した。

|33| 生活環境としての文化を多元的、重層的、地域的に研究しようというもの。スチュアート・ホールが中心的理論家。

|33| カルチュラル・スタディーズ
文化を政治や社会と接続して動的にとらえ、メディアや様々な文化の研究に成果を上げた。

|34| 統一的な全体性や二元論を否定し、多元的な考え方を優先させる。デリダの中心的な理論。

|34| ディコンストラクション（脱構築）

ポスト・モダニズム　ディコンストラクション（脱構築）　カルチュラル・スタディーズ　ポスト構造主義　構造主義

Part 5 ● 文化・スポーツ

美術

詳しくは→別冊P.24・25 重要項目⑭

●次の問いに答えよ。

| 解答・解説 |

1 ルネサンス期の画家・建築家・彫刻家。「モナ・リザ」の作者として有名なのは誰か。

1 レオナルド・ダ・ヴィンチ
（1452～1519）
厳しい写実と深い精神性を備えた作品を描いた。

2 印象派を代表する画家の1人で、「睡蓮」「印象─日の出」の作者は誰か。

2 クロード・モネ
（1840～1926）
光を表現することに夢中になり、1日に同じ場所を何枚も描いて光の変化をとらえた。

3 オランダ生まれの後期印象派の画家で、強烈な色彩と激情的な筆致が特徴。「ひまわり」「アルルの寝室」の作者は誰か。

3 フィンセント・ファン・ゴッホ
（1853～1890）

4 フランス後期印象派の画家で、輪郭線のある平面的な彩色を用い、タヒチの人々を多く描いたのは誰か。

4 ポール・ゴーギャン
（1848～1903）
後年、独特の象徴主義絵画に到達した。

5 南仏生まれの貴族で、モンマルトルの風俗を描いた。「イヴェット・ギルベール」、ポスター「ディヴァン・ジャポネ」の作者は誰か。

5 トゥルーズ・ロートレック
（1864～1901）

6 江戸時代の浮世絵師で素性は不明。表情豊かな役者の大首絵など約140点を10カ月の間に残したのは誰か。

6 東洲斎写楽
（生没年不詳）

●次の美術作品の作者を答えよ。

解答・解説

7　「**ゲルニカ**」「アヴィニョンの娘たち」

8　「種蒔く人」「**落穂拾い**」「晩鐘」

9　「春」「**ヴィーナスの誕生**」「東方三博士の礼拝」

10　「**考える人**」「カレーの市民」

7　パブロ・ピカソ
　　（1881〜1973）

8　ミレー
　　（1814〜1875）
　　農家に生まれ、農民生活を主題とした絵を描いた。

9　ボッティチェッリ
　　（1444または1445〜1510）

10　ロダン
　　（1840〜1917）
　　フランスの彫刻家。ルネサンス期に活動したミケランジェロに傾倒。生命力と量感にあふれているのが特徴。

！重要問題

●次の説明に当てはまる言葉を下の語群から選べ。

解答・解説

11　20世紀初頭のフランス絵画の動向。「**野獣派**」と訳される。荒々しいタッチと鮮明な原色を用いる。

12　20世紀初頭**フランス**に興った美術運動。物体を球体、円錐形、円筒形の基本的形態に分解し再構成する。

13　ダダから継承した方法を、**フロイト**の説を受けて無意識の世界の探求に結びつけた運動。

表現主義　シュールレアリスム　フォービスム
キュビスム　形而上絵画

11　フォービスム
　　野獣主義ともいわれる。マチス、ルオー、ドランなど。

12　キュビスム
　　立体派ともいわれる。ピカソとブラックにより始められた。

13　シュールレアリスム
　　超現実主義ともいわれる。意識下の世界や不合理・非現実の世界を探求し、内的生活の衝動を表現することを目的とする。

133

Part 5 ● 文化・スポーツ

音楽

詳しくは→別冊P.24・25 重要項目⓮

◎ **基本問題**

● **次の曲を作曲したのは誰か答えよ。**

| 解答・解説 |

1 オラトリオ「天地創造」「四季」

2 歌劇「フィガロの結婚」「ドン＝ジョヴァンニ」「魔笛」

3 交響曲第1番～第9番、ピアノ・ソナタ第28番～第32番、歌劇「フィデリオ」「荘厳ミサ曲」

4 「美しき水車小屋の娘」「白鳥の歌」「冬の旅」

5 「謝肉祭」「子供の情景」「幻想曲」「詩人の恋」

6 「タンホイザー」「ローエングリン」「トリスタンとイゾルデ」

7 幻想序曲「ロメオとジュリエット」バレエ音楽「白鳥の湖」「眠れる森の美女」「くるみ割り人形」

1 ハイドン
（1732～1809）
オラトリオとは、宗教的な歌詞のついた、総合的で大規模な音楽作品。

2 モーツァルト
（1756～1791）

3 ベートーヴェン
（1770～1827）

4 シューベルト
（1797～1828）

5 シューマン
（1810～1856）
ドイツロマン派の代表的作曲家。多くのピアノ曲や交響曲などを作曲した。

6 ワーグナー
（1813～1883）
ヴェルディと共に19世紀後半を代表する歌劇作曲家。

7 チャイコフスキー
（1840～1893）

●**次の問いに答えよ。**

8 特定の方針に基づいて楽曲を集め、編集したアルバム。ジャンルや楽器にかかわらずテーマで曲が集められることもある。

8 コンピレーション
□ 例えばバラードばかり集めたもの、ダンス・ナンバーばかり集めたものなど。

9 独自の音楽スタイルや方向性を開拓しようと、大手の流通ルートに乗らず小規模で制作するレコード・レーベル。

9 インディーズ
□

10 すでに発売されている楽曲をミキシングし直し（加工し直し）、出回っているものとは違うバージョンとすること。

10 リミックス
□

●**次の音楽の起源となる国はどこか。**

11 ルンバ、ダンソン、チャチャチャ

11 キューバ
□

12 サンバ、ショーロ、ボサノバ

12 ブラジル
□

重要問題

●**次の問いに答えよ。**

13 世界三大ピアノコンクールの１つで、５年に一度、ポーランドのワルシャワで開催されるコンクールは。

13 ショパン国際ピアノ
□ コンクール
1927年 創設。2021年の第18回では反田恭平氏が２位になった。

14 コンテンツの同時再生方式を指し、登録されている動画や楽曲を、インターネットを通じて好きなだけ視聴できる配信サービスを何というか。

14 ストリーミング配信
□ サービス
定額制のサブスクリプションで配信されるサービスが主流になっている。

Part 5 ● 文化・スポーツ
映画・演劇

基本問題

●次の作品の監督を答えよ。

| | 解答・解説 |

1 『わが青春に悔なし』『羅生門』『生きる』
『七人の侍』『天国と地獄』『影武者』

1 黒澤明
（1910〜1998）

2 『麦秋』『早春』『東京物語』

2 小津安二郎
（1903〜1963）

3 『男はつらいよ』シリーズ、『たそがれ清
兵衛』『小さいおうち』

3 山田洋次
（1931〜）

4 『千と千尋の神隠し』『ハウルの動く城』
『もののけ姫』『風立ちぬ』『君たちはど
う生きるか』

4 宮崎駿
（1941〜）
『千と千尋の神隠し』は
2003年、『君たちはどう
生きるか』は2024年にア
カデミー賞長編アニメーシ
ョン賞を受賞。

5 『病院へ行こう』『秘密』『おくりびと』

5 滝田洋二郎
（1955〜）
『おくりびと』は2009年、
第81回アカデミー賞外国
語映画賞を受賞。

6 『誰も知らない』『そして父になる』『海街
diary』『万引き家族』『ベイビー・ブロ
ーカー』

6 是枝裕和
（1962〜）
『万引き家族』は2018年、
第71回カンヌ国際映画祭
のパルムドール（最高賞）
を受賞。

7 『寝ても覚めても』『偶然と想像』『ドライ
ブ・マイ・カー』『悪は存在しない』

7 濱口竜介
（1978〜）
『ドライブ・マイ・カー』
は2022年、第94回アカデ
ミー賞国際長編映画賞（旧
外国語映画賞）を受賞。

●次の説明に当てはまる日本の演劇界の代表的な人物を答えよ。

8 演出家。大胆なスペクタクルを駆使した演出が高く評価された。作品に『近松心中物語』『王女メディア』。

8 蜷川幸雄
（1935〜2016）
国際的な評価も高く、海外公演も多かった。

9 劇作家・演出家。代表作『12人の優しい日本人』。NHK大河ドラマ『新選組！』『真田丸』『鎌倉殿の13人』の脚本も担当。

9 三谷幸喜
（1961〜）

10 劇団「夢の遊眠社」、演劇企画制作会社「NODA・MAP」を設立。作品に『オイル』『ロープ』。

10 野田秀樹
（1955〜）

重要問題

●次の劇の作者は誰か答えよ。

11 『ガリレイの生涯』『肝っ玉おっ母とその子どもたち』『セチュアンの善人』

11 ブレヒト
（1898〜1956）
『三文オペラ』で地歩を確立。「異化効果」の理論を提唱した。

12 『ゴドーを待ちながら』『勝負の終わり』

12 ベケット
（1906〜1989）
1969年にノーベル文学賞を受賞。

13 『裸足で公園を』『おかしな二人』『二番街の囚人』

13 ニール・サイモン
（1927〜2018）
軽妙でユーモラスな作品が多い。ブロードウェイ史上屈指の人気劇作家。

14 『エクウス』『アマデウス』

14 ピーター・シェーファー
（1926〜2016）

Part 5 ● 文化・スポーツ

野球

基本問題

●次の説明に当てはまる野球用語を答えよ。

1 状況（多くは投手の利き腕）に合わせて右打席でも左打席でも打てる<u>バッター</u>。

1 スイッチヒッター
□ 左打席のほうが一塁に近いため、特に俊足の右打者の場合、左打席での打撃を練習する場合が多い。

2 無死、あるいは一死で、<u>犠牲バント</u>によって3塁走者を生還させる作戦。

2 スクイズ
□ 打者も生きようとするのはセーフティ・スクイズ。

3 同じ日に同じ球場で、同一カードを2試合行うこと。

3 ダブルヘッダー
□

4 2人以上の走者が出塁しているとき、その2人が同時に盗塁すること。

4 ダブルスチール
□

●アメリカのメジャーリーグについて説明した文の（　）に当てはまる言葉を入れよ。

5 <u>ナショナル・リーグ</u>と（　）に分かれる。

5 アメリカン・リーグ
□

6 全部で（　）球団で構成される。

6 30
□

7 両リーグとも、（　）地区に分かれて地区優勝を争っている。

7 3
□

⑧ 年間王者は、リーグ優勝決定シリーズを勝ち抜いた両リーグの代表が（　　　）で戦うことで決まる。

⑧ ワールドシリーズ
　レギュラーシーズン終了後に行われる。

●次の問いに答えよ。

⑨ ワールド・ベースボール・クラシック（WBC）はこれまでに5回開催されているが、日本は何回優勝しているか。

⑨ 3回
　2006年の第1回、09年の第2回、23年の第5回。

⑩ 所属チームとの契約を解消し、どの球団とも自由に契約できる選手を何というか。

⑩ フリーエージェント
　FA。出場選手登録日数145日を1シーズンとして、国内の場合は8（または7）シーズンで資格取得。

⑪ 日本選手権シリーズとオールスターゲームを主催する団体（一般社団法人）の名称は何か。

⑪ 日本野球機構（NPB）

⑫ 2013年に発効された、日本の球団に所属する選手がメジャーリーグへ移籍するための制度を何というか。

⑫ ポスティングシステム
　譲渡金は上限2000万ドル。

⑬ 先発型投手に贈られる沢村賞の7つの選考基準の1つとして、何勝以上しているものとされているか。

⑬ 15勝
　他に25試合以上の登板、150以上の奪三振、10試合以上の完投、2.50以下の防御率などが基準。

⑭ 2023年のメジャーリーグで、史上初の2度目の満票でMVPを獲得した選手は誰か。

⑭ 大谷翔平
　アメリカン・リーグMVP。オフにFAとなり、総額7億ドル（約1015億円）でドジャースへ移籍。

Part 5 ● 文化・スポーツ
サッカー

詳しくは→別冊P.23 重要項目⓭

基本問題

●次の問いに答えよ。

解答・解説

1 日本の男子サッカーの頂点にあるプロリーグを何というか。

1 Jリーグ
正式には日本プロサッカーリーグ。1991年に設立、1993年に開幕。

2 全国47都道府県代表とJリーグクラブなどによる<u>トーナメント方式</u>の大会は何か。

2 天皇杯全日本選手権
1921年に始まった伝統ある大会。女子サッカーでは皇后杯がある。

3 2011年ドイツワールドカップで優勝した、<u>女子サッカー</u>の日本代表チームは何という愛称でよばれているか。

3 なでしこジャパン
2023年のワールドカップはオーストラリア・ニュージーランドで共催され、なでしこジャパンの成績はベスト8。

4 1994年に国際サッカー連盟（FIFA）がルールを統一した競技名称で、<u>5</u>人制のミニサッカーを何というか。

4 フットサル

5 自陣のペナルティーエリア内で守備側選手がフリーキック（FK）に相当する反則を犯すと、どんな罰則が与えられるか。

5 ペナルティーキック（PK）
VAR（ビデオ判定）の導入により、PKに関するジャッジがくつがえされるケースが増えた。

6 主審が選手に「<u>警告</u>」するときに示すカードを何というか。

6 イエローカード
「退場」を宣告するときにはレッドカードが出される。1試合に2度のイエローカードでも退場となる。

7 前線の選手に縦パスを出し、そこを起点に攻撃を仕掛けるプレーは何か。

7 ポストプレー
起点になる選手をポストプレーヤーという。

●次のプロリーグの国名を答えよ。

8 セリエA

9 プレミアリーグ

10 リーガ・エスパニョーラ

11 ブンデスリーガ

12 リーグ・アン

8 イタリア

9 イングランド

10 スペイン

11 ドイツ

12 フランス

重要問題

●次の問いに答えよ。

13 サッカー専門誌『フランス・フットボール』の主催するシーズン世界最優秀選手賞を何というか。

14 2021年に開幕した日本初の女子プロサッカーリーグを何というか。

15 2026年のFIFAワールドカップの開催地はアメリカ・メキシコとどこか。

16 2022年のFIFAワールドカップで日本代表をベスト16に導き、2026年の次回大会まで続投が決まった監督は誰か。

13 バロンドール
2023バロンドールは、男子はリオネル・メッシ選手（8度目）、女子はアイタナ・ボンマティ選手（初）が受賞。

14 ウィー WEリーグ
秋春制で、2023-24シーズンは6月まで。なでしこリーグはアマチュアとして存続。

15 カナダ
参加チーム数が従来の32から48に増加する。

16 もりやすはじめ 森保一
グループリーグで強豪のドイツとスペインを破った。

Part 5 ● 文化・スポーツ
スポーツ

詳しくは→別冊P.23 重要項目⓭

◎ 基本問題

●次の問いに答えよ。

解答・解説

1 オリンピックを主催しているのは、何という団体か。

1 IOC（国際オリンピック委員会）
国際パラリンピック委員会の略称はIPC。

2 男子ゴルフの世界4大メジャー大会は、全米オープン、全英オープン、<u>全米プロゴルフ選手権</u>と、あと1つは何か。

2 マスターズ・トーナメント

3 テニスの世界4大大会は、全豪オープン、<u>全仏オープン</u>、全米オープンと、あと1つは何か。

3 ウィンブルドン選手権
イギリスで例年6～7月に開催される。

4 アボット・ワールドマラソンメジャーズが開催される都市は、<u>ロンドン</u>、ベルリン、<u>シカゴ</u>、ニューヨーク、東京とどこか。

4 ボストン
世界で最も歴史のある市民マラソン大会。

5 ゴルフで、1ホールの基準打数より1打少ない場合を<u>バーディー</u>というが、2打少ないときは何というか。

5 イーグル
3打少ないときをアルバトロスという。

6 国内の競技者と競技団体との紛争を円滑に解決することを目的とした機構は何か。

6 日本スポーツ仲裁機構（JSAA）

7 2015年10月に発足した、スポーツ政策を担うための国の機関は何か。

7 スポーツ庁
2020年10月から室伏広治氏が2代目長官を務める。

8 競技の際に運動能力を高めるものとして薬物を使用することを何というか。

9 コンピューターゲームによる対戦をスポーツとしてとらえた場合の名称を何というか。

10 アメリカンフットボールのプロリーグであるNFLの優勝決定戦を何というか。

11 **車椅子テニス**の男子シングルスで四大大会全制覇とパラリンピック金メダルの生涯ゴールデンスラムを達成し、2023年1月に現役引退した選手は誰か。

12 2023年1月、北米の男子バスケットボールリーグ・NBAのウィザーズから**レイカーズ**へ移籍した日本人選手は誰か。

13 2023年の世界陸上競技選手権大会で日本女子初の**フィールド**種目金メダリストとなったのは誰か。

14 2023年の日本のプロ野球で、38年ぶりの日本一に輝いた球団はどこか。

15 2027年の男子ラグビーワールドカップが開催される国はどこか。

16 2023年12月の全日本**フィギュアスケート**選手権男子シングルで優勝した選手は誰か。

---

8 ドーピング
監視を行う国際機関は、世界アンチ・ドーピング機構（WADA）。

9 eスポーツ
エレクトロニック・スポーツの略。サッカー、格闘、シューティング、シミュレーションなど多彩なジャンルがある。

10 スーパーボウル
日本の社会人リーグ・Xリーグの優勝決定戦はライスボウルという。

11 国枝慎吾（くにえだ）
2023年3月には、国民栄誉賞を授与された。

12 八村塁（はちむらるい）
八村選手に先行してNBAでプレーする渡邊雄太選手は、グリズリーズに所属している。

13 北口榛花（はるか）
競技はやり投。

14 阪神タイガース

15 オーストラリア

16 宇野昌磨

143

●運動に関係する障害や症状について当てはまるものを答えよ。

17 運動による疲労が回復しないまま運動し、睡眠障害、食欲不振などに陥り、回復しない状態が続く症状。

17 オーバートレーニング症候群

18 高温環境によって引き起こされる、<u>頭痛</u>、<u>吐き気</u>、顔面蒼白、<u>熱痙攣</u>など。

18 熱中症
重症になると死に至る場合もある。予防には水分や塩分・ミネラルの補給、適度な休息が重要。

重要問題

●次の問いに答えよ。

19 2023年12月、ボクシングのスーパーバンタム級タイトルマッチで10回KO勝ちを収め、史上２人目の２階級での<u>４団体</u>王座統一を果たした選手は誰か。

19 井上尚弥
WBC&WBO王者井上が、WBA&IBF王者マーロン・タパレス（フィリピン）と戦った。デビュー以来の戦績は26戦全勝（23KO）。

20 東京オリンピックから追加された、人工の壁を登る際の高度・回数・タイムを争う競技を何というか。

20 スポーツクライミング
2024年のパリオリンピックでは、高度を競うリードと回数を競うボルダリングの複合、タイムを競うスピードの２種目で実施。

21 2024年のパリオリンピックで追加となった、ヒップホップ文化から生まれたダンススポーツ競技は何か。

21 ブレイキン（ブレイクダンス）
音楽に合わせたダイナミックな技を繰り出す、１対１の採点競技。

22 2026年の冬季オリンピックは、イタリアの<u>コルティナダンペッツォ</u>とどの都市で共催されるか。

22 ミラノ
2030年と34年の開催都市は、24年の総会で同時に決定される。

Part 6
国語

- ●漢字の書き取り
- ●漢字の読み
- ●難読漢字
- ●同音異字
- ●同訓異字
- ●類義語・対義語
- ●四字熟語
- ●短歌・俳句・詩
- ●敬語
- ●ことわざ・慣用句

Part 6 ● 国語

漢字の書き取り

詳しくは→別冊P.32・33 重要項目⑲

基本問題

●**次のカタカナを漢字に直せ。**

		解答
1	キミョウな服装をしている。	**1** 奇妙
2	コンキョのない言いがかり。	**2** 根拠
3	他国の支配にテイコウする。	**3** 抵抗
4	友人の告白にショウゲキを受けた。	**4** 衝撃
5	会長に挨拶されキョウシュクする。	**5** 恐縮
6	事実をコチョウする広告。	**6** 誇張
7	10周年記念のイベントをモヨオす。	**7** 催
8	アザやかな赤の衣装を着る。	**8** 鮮
9	カジョウな供給で値崩れする。	**9** 過剰
10	ケイソツな行動を慎む。	**10** 軽率
11	少数派の立場もニンシキする。	**11** 認識
12	顧客にナットクいくまで説明する。	**12** 納得

13 昨日は金曜日だと**サッカク**した。

14 五大陸踏破から無事**キカン**する。

15 事業計画の**ショウネンバ**を迎える。

16 転職を**ケイキ**として人生を見直す。

17 彼の作品は他の**ツイズイ**を許さない。

18 人事を**サッシン**して出直す。

19 **イサイ**は面談にてと書いてある。

20 料理に包丁は**ヒツジュ**品だ。

21 4歳の頃の**キオク**がある。

22 **センイ**工業が発達した。

23 問題の**カクシン**をつく発言が出た。

24 豊かな自然を**マンキツ**する。

25 地場産業で**コヨウ**を創出する。

●次のカタカナを漢字と送りがなに直せ。

26 **イサギヨク**役職を退く。

27 昭和時代の**ナツカシイ**音楽を聴く。

13 錯覚

14 帰還

15 正念場

16 契機

17 追随

18 刷新

19 委細

20 必需

21 記憶

22 繊維

23 核心

24 満喫

25 雇用

解答

26 潔く

27 懐かしい

28 祖父母は**モッパラ**農業に従事している。

28 専ら

29 団体旅行の一行を**ヒキイル**。

29 率いる

30 食糧が**ツキル**。

30 尽きる

31 **ココロヨイ**香りに引きつけられる。

31 快い

32 現実から目を**ソムケル**。

32 背ける

●**次の漢字の間違っているものには×をつけて訂正し、正しいものには○をつけよ。**

解答・解説

33 天地想像を描いた映画。

33 ×想像→創造

34 転職は生易しいことではない。

34 ○
「生優しい」と間違えないように。

35 役病神に取りつかれたようだ。

35 ×役→疫

36 遅刻して司末書を書かされた。

36 ×司→始

37 事情を聞くのは差し触りがある。

37 ×触→障

38 相手の機先を制す作戦だ。

38 ○
「気先」と間違えやすいので注意。

39 裁判では黙否権がある。

39 ×否→秘

40 決算の紛飾が明らかになった。

40 ×紛→粉

41 叔父は和歌に造型が深い。

41 ×型→詣

重要問題

●**次のカタカナを漢字に直せ。**

解答

42 得意の歌を**ヒロウ**する。

42 披露

43 そのような手段は**チセツ**だ。

43 稚拙

44 退職したら**アンノン**と暮らしたい。

44 安穏

45 この**カイワイ**では彼は有名人だ。

45 界隈

46 成功者の話が人々を**コブ**する。

46 鼓舞

47 **キュウジョウ**を知って援助する。

47 窮状

48 画期的な新製品が市場を**セッケン**する。

48 席巻(捲)

49 手紙の結びは**キンゲン**とした。

49 謹言

●**次のカタカナを漢字と送りがなに直せ。**

解答

50 お客様のご希望を**ウケタマワル**。

50 承る

51 ビルが日差しを**サエギル**。

51 遮る

52 友人に**ソソノカサレ**て万引する。

52 唆され

53 **イツクシミ**に満ちた眼差し。

53 慈しみ

54 **マギラワシイ**同音異義語に注意。

54 紛らわしい

国語

漢字の書き取り▼頻度Ⓐ

Part 6 ● 国語
漢字の読み

詳しくは→別冊P.34・35 重要項目⑳

基本問題

●下線部の漢字の読みを書け。

| 解答・解説 |

1 薬に**添付**された説明書を読む。

2 **羨望**の眼差しを浴びる。

3 病を押して任務を**遂行**する。

4 慢性的な**疾病**のために引退する。

5 **偏狭**な考えにとらわれる。

6 自治会の**出納**を帳面に記す。

7 彼は不正をはたらき**更迭**された。

8 目を**凝**らして標識を読み取る。

9 **虐**げられた動物を保護する。

10 よく**吟味**して贈答品を選んだ。

11 人を**欺**く行為をする。

12 街の**喧騒**の中に身を置く。

---

1 てんぷ

2 せんぼう
羨ましく思うこと。

3 すいこう

4 しっぺい

5 へんきょう

6 すいとう
金銭または物品の収入と支出。

7 こうてつ
役目や職などについている人がかわること。

8 こ

9 しいた

10 ぎんみ

11 あざむ

12 けんそう

13 貿易赤字が**累積**する。

14 **傲慢**な性格を直しなさい。

15 **粛然**として講話を聴く。

16 壊したい**衝動**に駆られる。

17 **潔**く白状しなさい。

18 平和擁護運動に**邁進**する。

19 テントの裂け目を**繕**う。

20 人の心を**弄**んではいけない。

21 貧困の現実を**如実**に表現した映画。

22 著名な画家の作品に**酷似**する。

23 依頼人が**横柄**な態度をとる。

24 読書に**耽**り時の経つのを忘れる。

25 **漆塗**りの椀で雑煮を食べる。

26 新しい世代の**息吹**を感じる。

27 無理な頼みに彼は**渋**い顔をした。

28 台風の被害は**甚大**だった。

29 夏の大会は**甚**だ残念な結果に終わった。

13 るいせき

14 ごうまん

15 しゅくぜん
おごそかなさま、静かなさ
ま。

16 しょうどう

17 いさぎよ

18 まいしん

19 つくろ

20 もてあそ

21 にょじつ

22 こくじ

23 おうへい

24 ふけ

25 うるしぬ

26 いぶき

27 しぶ

28 じんだい

29 はなは

30	関西方面での市場の開拓を**企**てる。	30 くわだ
31	**紡績**工業が盛んな地方。	31 ぼうせき
32	心理学も自然科学の**範疇**に入る。	32 はんちゅう
33	**未曽有**の大災害になすすべもない。	33 みぞう
34	天から**賦与**された音楽の才。	34 ふよ
35	**忌憚**のない意見をうかがう。	35 きたん いみはばかること。遠慮。
36	**常夏**の島で休暇を過ごす。	36 とこなつ
37	葬儀場で**嗚咽**の声が上がり始めた。	37 おえつ
38	あまり無理をしないで体を**労**ろう。	38 いたわ
39	歌唱力は**玄人**に引けをとらない。	39 くろうと
40	失敗を重ね、飲酒には**懲**りた。	40 こ
41	今春兄は**結納**を交わした。	41 ゆいのう
42	この旅館は和洋**折衷**だ。	42 せっちゅう
43	嘘偽りは**微塵**もない。	43 みじん
44	試験の準備には一刻の**猶予**もない。	44 ゆうよ
45	**寡聞**にして存じません。	45 かぶん 見聞の狭いこと。
46	不正が発覚し人心が**乖離**した。	46 かいり

●下線部の漢字の読みを書け。

47 母親は子どもに渋面を作って見せた。

48 腹心の家来が謀叛を企てた。

49 損失の補塡のため税金が使われた。

50 世紀末には頹廃的な空気が漂う。

51 古くからの名家が凋落する。

52 無碍にふるまう。

53 寺の庫裏でお茶をいただいた。

54 遠来の客を懇ろにもてなす。

55 熾烈な人生をおくった画家。

56 彼はいつも恬淡としている。

57 私生活を穿鑿しないでほしい。

58 彼は従容として運命を受け入れた。

59 領海侵犯の漁船が拿捕された。

60 プロの作品をも凌駕する出来ばえ。

47 じゅうめん

48 むほん

49 ほてん

50 たいはい

51 ちょうらく

52 むげ
とらわれがなく自由自在な
こと。

53 くり
寺の台所。

54 ねんご

55 しれつ

56 てんたん

57 せんさく

58 しょうよう
ゆったりとして迫らぬさま。

59 だほ

60 りょうが

Part 6 ● 国語
難読漢字

詳しくは→別冊P.34・35 重要項目⑳

基本問題

●**下線部の漢字の読みを書け。**

解答・解説

1 <u>素人</u>とは思えないほど歌がうまい。

1 しろうと

2 対戦相手は**雑魚**ばかりだ。

2 ざこ

3 <u>流石</u>、有名シェフの料理はうまい。

3 さすが

4 彼は**冤罪**のために10年間服役した。

4 えんざい

5 指紋**押捺**の義務が廃止された。

5 おうなつ

6 彼の不作法が社長の<u>逆鱗</u>に触れた。

6 げきりん

7 寺の**境内**は緑が多く涼しい。

7 けいだい

8 恩師の**訃報**に接し、急ぎ帰郷する。

8 ふほう

9 教授の秘書は頭脳**明晰**な人だ。

9 めいせき

10 施工業者から**賄賂**を受け取る。

10 わいろ

11 <u>稟議書</u>に目を通し捺印する。

11 りんぎしょ
会議を開くほどではない事項について承認を得るために作成する書類のこと。

12 立候補者の応援のため**遊説**する。

12 ゆうぜい

13 回向帳に記入する。

14 東大寺の伽藍配置図を見る。

15 煙管に刻み煙草を詰めて吸った。

16 和菓子の有名な老舗で団子を買う。

17 煮込み料理の灰汁をすくう。

18 独楽を回すのが得意だ。

19 三途の川を渡って黄泉の国へ行く。

20 父はその朴訥な青年を気に入った。

13 えこう

14 がらん

15 きせる

16 しにせ

17 あく

18 こま

19 よみ

20 ぼくとつ

重要問題

●**下線部の漢字の読みを書け。**

| 解答・解説 |

21 有名な書家に揮毫を依頼する。

22 橋が輸送の隘路となっている。

23 教育学で人格の陶冶を論じる。

24 不祥事が発覚し慙愧に堪えない。

25 養父母の愛が桎梏でもあった。

26 轆轤を回して陶器の成形をする。

21 きごう
書画をかくこと。

22 あいろ
支障となるもの。

23 とうや
人間の性質を円満に発達させること。

24 ざんき
恥じ入ること。

25 しっこく
厳しく自由を束縛するもの。

26 ろくろ
回転運動をする機器。

155

Part 6 ● 国語
同音異字

基本問題

●次のカタカナを漢字に直せ。

解答

1 ①汚れ物を**センタク**して干す。
②3種類のなかから**センタク**する。

1 ①洗濯
②選択

2 ③100メートル**キョウソウ**。
④同業種が多く**キョウソウ**が激しい。

2 ③競走
④競争

3 ⑤決定事項に**イギ**を申し立てる。
⑥看護師の仕事に**イギ**を見いだす。

3 ⑤異議
⑥意義

4 ⑦部長は彼**イガイ**に考えられない。
⑧彼女の**イガイ**な一面を見た。

4 ⑦以外
⑧意外

5 ⑨女性を**タイショウ**とした雑誌。
⑩2人は**タイショウ**的な性格だ。

5 ⑨対象
⑩対照

6 ⑪人工**エイセイ**の打ち上げに成功する。
⑫熱湯消毒して**エイセイ**を保つ。

6 ⑪衛星
⑫衛生

7 ⑬教養**カテイ**で経済学を履修した。
⑭努力する**カテイ**が大事だ。

7 ⑬課程
⑭過程

8 ⑮国民健康**ホケン**に加入する。
⑯**ホケン**の先生が熱を測った。

8 ⑮保険
⑯保健

9 ⑰料理を**キソ**から学ぶ。
⑱傷害罪で**キソ**する。

10 ⑲**シュウキ**でガス漏れに気付く。
⑳海面は**シュウキ**的に上下する。

11 ㉑国家の**ケンエキ**を守る。
㉒農産物は港で**ケンエキ**を受ける。

12 ㉓来月**イコウ**の予定は白紙状態だ。
㉔予定は部長の**イコウ**次第だ。

13 ㉕建物の**ガイカン**が新しくなった。
㉖昭和時代の文化を**ガイカン**する。

14 ㉗元首相の**カイコ**録を読む。
㉘無断欠勤を続けて**カイコ**される。

15 ㉙バレエ団の**コウエン**を見に行く。
㉚教育問題についての**コウエン**を聞く。

16 ㉛社長を粉飾決算で**ケンキョ**する。
㉜彼は常に**ケンキョ**で礼儀正しい。

17 ㉝遭難して３日後に**セイカン**した。
㉞喧嘩の成り行きを**セイカン**する。

18 ㉟周囲の反対にめげず**イシ**を貫く。
㊱**イシ**の疎通を図る。

19 ㊲本人に**シンギ**のほどを確かめる。
㊳**シンギ**の末、判定は覆された。

9	⑰基礎
	⑱起訴
10	⑲臭気
	⑳周期
11	㉑権益
	㉒検疫
12	㉓以降
	㉔意向
13	㉕外観
	㉖概観
14	㉗回顧
	㉘解雇
15	㉙公演
	㉚講演
16	㉛検挙
	㉜謙虚
17	㉝生還
	㉞静観
18	㉟意志
	㊱意思
19	㊲真偽
	㊳審議

20	㊴テンカ物が使われた食品。 ㊵部下に責任をテンカする。	20	㊴添加 ㊵転嫁
21	㊶カセン敷にグラウンドができた。 ㊷新興住宅街にカセン工事が入る。	21	㊶河川 ㊷架線
22	㊸カンショウ用の熱帯魚。 ㊹演劇をカンショウする。	22	㊸観賞 ㊹鑑賞
23	㊺友人のホショウ人になる。 ㊻生活ホショウが行き届く。	23	㊺保証 ㊻保障
24	㊼美しい調べにトウスイする。 ㊽陸軍をトウスイする。	24	㊼陶酔 ㊽統帥
25	㊾市長によるシサクの発表。 ㊿詩作のためシサクを巡らす。	25	㊾施策 ㊿思索
26	�51立候補の要請をコジする。 52華麗な経歴をコジする。	26	51固辞 52誇示
27	53空きビンをカイシュウする。 54建物のカイシュウ工事。	27	53回収 54改修
28	55漢字ヘンカンのミスがある。 56北方領土ヘンカンの交渉。	28	55変換 56返還
29	57卒業式でトウジを読む。 58告別式でトウジを読む。	29	57答辞 58悼辞
30	59ソウギョウ者の孫が後継者となる。 60自転車ソウギョウで店を続ける。	30	59創業 60操業

●**次のカタカナを漢字に直せ。**

31 ㉛可憐な**イショウ**でバレエを踊る。
　㉜**イショウ**を凝らした舞台。

32 ㉝各部門の収益を**ルイケイ**する。
　㉞人物像が**ルイケイ**的な小説。

33 ㉟**カイジュウ**が東京タワーを壊す映画を
　　見た。
　㊱さっきまで強硬だった相手が**カイジュ
　　ウ**策に出た。

34 ㊲賞金がないと聞きすっかり意気**ソソウ**
　　した。
　㊳とんだ**ソソウ**をして申し訳ありません。

35 ㊴**カンセイ**塔から待機の指示が出る。
　㊵**カンセイ**な住宅地に住みたい。

36 ㊶小説の**ボウトウ**で事件が起きる。
　㊷株価が**ボウトウ**する。
　㊸ピッチャーが**ボウトウ**した。

37 ㊹道路の**フシン**工事を行う。
　㊺父は事業の再建に**フシン**した。
　㊻投手が**フシン**で敗退した。
　㊼**フシン**な点を問い合わせる。

38 ㊽評論家として**フヘン**不党を貫く。
　㊾平和の重視が**フヘン**的な考えだ。

31 ㉛衣装
　㉜意匠

32 ㉝累計
　㉞類型

33 ㉟怪獣
　㊱懐柔

34 ㊲阻喪
　㊳粗相

35 ㊴管制
　㊵閑静

36 ㊶冒頭
　㊷暴騰
　㊸暴投

37 ㊹普請
　㊺腐心
　㊻不振
　㊼不審

38 ㊽不偏
　㊾普遍

国語

同音異字 ▼ 頻度 Ⓐ

159

同訓異字

基本問題

●**次のカタカナに当てはまる漢字を下の〔 〕から選べ。**

解答

1 ①午後6時に家に**ツ**いた。

②2年間の失業の後、職に**ツ**いた。

③辺りが薄暗くなる頃、街灯が**ツ**く。

④魚を銛で**ツ**く。

⑤皇太子が次の皇位に**ツ**く。

⑥物に**ツ**かれたように没頭する。

〔突　即　憑　着　点　就〕

1 ①着
②就
③点
④突
⑤即
⑥憑

2 ⑦高い棚の本を**ト**ってもらう。

⑧宝石を**ト**った犯人が逮捕される。

⑨バランスよく栄養を**ト**ろう。

⑩父は市役所で事務を**ト**っている。

⑪集合して記念写真を**ト**る。

⑫今年は大量の新入社員を**ト**る。

〔盗　取　採　撮　執　摂〕

2 ⑦取
⑧盗
⑨摂
⑩執
⑪撮
⑫採

3 ⑬小さな器に色々な種類の花を**サ**す。

⑭雨が降ってきたので傘を**サ**した。

⑮腕や脚を出していると虫が**サ**す。

⑯この部屋は西日が**サ**す。

⑰先生に**サ**されて答えられなかった。

⑱外出時には必ず戸を**サ**すこと。

［刺　　指　　鎖　　挿　　差　　射］

●次のカタカナを漢字に直せ。

4 ⑲兄はまだ**ヒト**り身だ。

⑳ホテルの**ヒトリ**部屋は割増料金がかかった。

5 ㉑母は自治会の役員を**ツト**めている。

㉒笑顔を絶やさぬよう**ツト**める。

㉓30年間**ツト**めた会社を辞めた。

6 ㉔出身高校の記事が新聞に**ノ**った。

㉕最寄り駅から電車に**ノ**った。

7 ㉖今日は料理の腕を**フ**るおう。

㉗勇気を**フル**って告白する。

解答

3
⑬挿
⑭差
⑮刺
⑯射
⑰指
⑱鎖

4
⑲独
⑳一人

5
㉑務
㉒努
㉓勤

6
㉔載
㉕乗

7
㉖振
㉗奮

8　㉘罪を**オカ**して服役する。

　　㉙隣国の軍隊が国境を**オカ**す。

　　㉚危険を**オカ**して踏破する。

9　㉛小さい頃からピアノを**ナラ**う。

　　㉜行事の式次第はすべて前年までのものに**ナラ**う。

10　㉝加熱すると砂糖が**ト**ける。

　　㉞名探偵の活躍で謎が**ト**ける。

11　㉟東京に行き消息を**タ**つ。

　　㊱型紙に合わせ生地を**タ**つ。

　　㊲父は健康のため酒を**タ**つ。

8　㉘犯
　　㉙侵
　　㉚冒

9　㉛習
　　㉜倣

10　㉝溶
　　㉞解

11　㉟絶
　　㊱裁
　　㊲断

重要問題

●次のカタカナを漢字に直せ。　　　　　解答

12　㊳委員会に**ハカ**って決めた。

　　㊴ならず者が悪事を**ハカ**る。

　　㊵関西への事業の進出を**ハカ**った。

13　㊶大気汚染のため肺を**ワズラ**う。

　　㊷彼女は小さなことで思い**ワズラ**い、くよくよする。

12　㊳諮
　　㊴謀
　　㊵図

13　㊶患
　　㊷煩

162

●**次のカタカナに当てはまる漢字を下の[ ]から選べ。**

14 ㊸親からの仕送りに**ヨ**って生活する。

　㊹大きくて形の整ったりんごを**ヨ**り分ける。

　㊺会社の帰りに小料理屋に**ヨ**る。

　㊻彼の病気は長年の過労に**ヨ**るものらしい。

　㊼論語に「**ヨ**らしむべし」とある。

　㊽民法に**ヨ**って紛争が裁定された。

　［寄　因　依　拠　由　選］

15 ㊾鋸で丸太を**ヒ**く。

　㊿小麦を石臼で**ヒ**く。

　(51)ギターを**ヒ**いてくれませんか。

　52豪華なダイヤモンドが人目を**ヒ**く。

　53車に**ヒ**かれて重傷を負う。

　54辞書で**ヒ**いて言葉の意味を知る。

　［引　惹　轢　挽　碾　弾］

14 ㊸依

　㊹選

　㊺寄

　㊻因

　㊼由

　㊽拠

15 ㊾挽

　㊿碾

　51弾

　52惹

　53轢

　54引

国語

同訓異字▼頻度Ⓐ

163

Part 6 ● 国語

類義語・対義語

●次の言葉の対義語を漢字で書け。　　　　解答

1	開放	**1**	閉鎖
2	駄作	**2**	秀作（傑作）
3	束縛	**3**	解放
4	原因	**4**	結果
5	本音	**5**	建前
6	余剰	**6**	不足
7	抽象	**7**	具象

●類義語になるように□に漢字を入れよ。　　　解答

8	納得─了□	**8**	解
9	警戒─□心	**9**	用
10	休養─□養	**10**	保（静）
11	妥当─□切	**11**	適
12	逝去─永□	**12**	眠
13	互角─対□	**13**	等
14	絶滅─□滅	**14**	全

●対義語を下の［　］から選び、漢字に直して書け。

解答

15	建設		15	破壊
16	義務		16	権利
17	実在		17	架空
18	直進		18	蛇行
19	満腹		19	空腹
20	借用		20	返却
21	分離		21	統合

［ダコウ　クウフク　トウゴウ　ケンリ
　カクウ　ヘンキャク　ハカイ］

●類義語を下の［　］から選び、漢字に直して書け。

解答

22	根拠		22	理由
23	動乱		23	紛争
24	留意		24	配慮
25	質素		25	地味
26	敵意		26	反感
27	献身		27	犠牲
28	音信		28	消息

［ギセイ　ショウソク　リユウ　ハイリョ
　ハンカン　ジミ　フンソウ］

国語

類義語・対義語　▼　頻度　Ⓑ

165

●対義語を下の［　］から選び、漢字に直して書け。

解答

29 記憶

29 忘却

30 拒絶

30 応諾

31 存続

31 廃止

32 興奮

32 鎮静

33 軽薄

33 重厚

34 歴然

34 漠然

35 国産

35 舶来

［チンセイ　バクゼン　ボウキャク
　ジュウコウ　ハイシ　オウダク　ハクライ］

●類義語になるように□に漢字を入れよ。

解答

36 占領─□占

36 独

37 暗示─示□

37 唆

38 左遷─□格

38 降

39 不和─確□

39 執

40 辛抱─□耐

40 忍

41 交渉─折□

41 衝

42 了承─許□

42 諾

!重要問題

●**次の言葉の対義語を漢字で書け。**

解答

	問題		解答
43	帰納	43	演繹
44	軽率	44	慎重
45	謙虚	45	横柄
46	緊張	46	弛緩
47	概略	47	委細（詳細）
48	懲罰	48	報奨
49	寛大	49	偏狭
50	美談	50	醜聞
51	拡散	51	凝縮
52	固辞	52	快諾

●**合わせると四字熟語になる類義語または対義語を漢字で書け。**

解答

	問題		解答
53	慇懃─□□	53	無礼
54	□□─潔白	54	清廉
55	□□─遠慮	55	深謀
56	□□─流行	56	不易
57	□□─応答	57	質疑
58	傲岸─□□	58	不遜

国語

類義語・対義語 ▼ 頻度 Ⓑ

Part 6 ● 国語
四字熟語

詳しくは→別冊P.36・37 重要項目㉑

⭕ **基本問題**

● 次の四字熟語の２つの□に同じ漢字を入れよ。　　**解答・解説**

1 スパイが□**体**□**命**のピンチとなる。

1 絶

2 □**期**□**会**は茶会の思想だ。

2 一
出会いは一生に一度と思って大切にしようということ。

3 混乱して**右**□**左**□する。

3 往

4 手料理を□**画**□**賛**した。

4 自

5 四□八□して、山頂にたどり着いた。

5 苦

6 彼は□**頭**□**尾**こだわった。

6 徹
始めから終わりまで。どこまでも。

● □に漢字を入れ四字熟語を完成させよ。　　**解答・解説**

7 朝□暮□
（目先の違いで全体を見誤るたとえ）

7 三・四
猿が朝三、夜四、トチの実を与えたら怒り、朝四、夜三与えたら喜んだという故事による。

8 □**騎当**□
（一人でたくさんの敵を相手にできるほど強いこと）

8 一・千

9 □**蓮**□**生**
（行動・運命を共にすること）

9 一・托

●次の四字熟語の意味を下のア〜カから選べ。

10 四面楚歌 　　　　　　　　　　　10 エ

11 付和雷同 　　　　　　　　　　　11 イ

12 面従腹背 　　　　　　　　　　　12 カ

13 竜頭蛇尾 　　　　　　　　　　　13 ウ

14 二束三文 　　　　　　　　　　　14 オ

15 縦横無尽 　　　　　　　　　　　15 ア

ア自由に。思う存分に。　イ自分の考えがなく
他人に同調すること。　ウ初めは立派で最後は
貧弱なこと。　エ周囲がみな敵であること。
オただのように安いこと。　カ忠実そうな見せ
かけをして本心からではないこと。

●□に当てはまる漢字を書け。

16 画□□睛
（最後の仕上げをして立派に完成させ
ること）

16 竜・点
中国の絵の名手が壁画の竜
の仕上げに睛（ひとみ）を
描き入れたところ、竜が空
に昇ったという故事による。

17 □善□悪
（善行をすすめ悪行をこらしめるこ
と）

17 勧・懲

18 換□奪□
（古典の趣意をうまく取り入れて新し
い独自の作品を作ること）

18 骨・胎
詩文を作る際に、古人の詩
文の発想を取り入れ、しか
も独自の新しい詩文を作る
ことをいう。

国語

四字熟語 ▼ 頻度 B

169

●次の意味に当てはまる四字熟語を下のア～オから選べ。

19 大切にして守らなければならない決まり、規則。

19 オ

20 外見が立派でも中身が伴わないことのたとえ。

20 ア

21 落ち着きがあってものに動じないさま。

21 エ

22 教育には環境が大切であること。

22 ウ
孟子の母は教育によい環境を得るため、３度住み替えたという故事による。

23 技巧のあとのない見事な出来ばえ。

23 イ
天人の衣には縫い目がないように、詩歌などに技巧のあとがなくごく自然な完全さが感じられるさま。

ア羊頭狗肉　イ天衣無縫　ウ孟母三遷
エ泰然自若　オ金科玉条

●次の四字熟語の読みを書け。

24 臥薪嘗胆

24 がしんしょうたん
仇を討つなど目的を達成するために、長い間苦労を重ねること。

25 右顧左眄

25 うこさべん

26 有職故実

26 ゆうそくこじつ
朝廷や武家の古来からのしきたり。

27 捲土重来

27 けんどちょうらい
（けんどじゅうらい）

●次の読みの四字熟語を漢字で書け。

28 ほうとうぶらい

29 いっかくせんきん

30 しゅんぷうたいとう

31 てんしんらんまん

32 ばりぞうごん

33 めんもくやくじょ

34 ふぐたいてん

35 ふうこうめいび

●□に当てはまる漢字を書け。

36 会者□離 （えしゃじょうり）

37 揣摩□測 （しまおくそく）

38 □視眈眈 （こしたんたん）

39 玉石□淆 （ぎょくせきこんこう）

40 巧言□色 （こうげんれいしょく）

41 □余曲折 （うよきょくせつ）

42 明□止水 （めいきょうしすい）

28 放蕩無頼
　遊興三昧し、無法な行いを
　すること。

29 一攫千金

30 春風駘蕩
　春風がのどかに吹くさま。

31 天真爛漫

32 罵詈雑言

33 面目躍如

34 不倶戴天
　命がけで報復せねばならな
　いほど深く怨むこと。

35 風光明媚
　山や川など自然の景色が美
　しく、人の心をひくこと。

36 定
　会う者は必ず離れる運命に
　あるということ。

37 臆
　あれこれ推し量ること。

38 虎

39 混

40 令

41 紆

42 鏡
　鏡や静止した水のように澄
　みきった静かな心境。

国語

四字熟語　▼　頻度　Ⓑ

171

Part 6 ● 国語
短歌・俳句・詩

本問題

●次の短歌の作者を下の語群から選べ。

1 東風吹かばにほひおこせよ梅の花あるじなしとて春を忘るな

2 霞立つ長き春日を子供らと手まりつきつつこの日暮らしつ

3 その子二十櫛にながるる黒髪のおごりの春のうつくしきかな

4 春過ぎて夏来たるらし白妙の衣乾したり天の香具山

5 花の色は移りにけりないたづらにわが身世にふるながめせしまに

6 東海の小島の磯の白砂にわれ泣きぬれて蟹とたはむる

7 天の原ふりさけ見れば春日なる三笠の山に出でし月かも

持統天皇　与謝野晶子　菅原道真
石川啄木　小野小町　阿倍仲麻呂
良寛

1 菅原道真
（845〜903）
平安前期の貴族・学者。大宰府に左遷されたときの歌。

2 良寛
（1758〜1831）
江戸後期の禅僧・歌人。

3 与謝野晶子
（1878〜1942）
『みだれ髪』所収。

4 持統天皇
（645〜702）
『万葉集』所収。

5 小野小町
平安前期の歌人。六歌仙の１人。花の色とわが身の容色を掛けている。

6 石川啄木
（1886〜1912）

7 阿倍仲麻呂
（698〜770）
遣唐留学生として唐に渡ったが、海難で帰国できず唐で没。望郷の念を歌った。

●次の俳句の季語を選び、どの季節を表すかを
書け。

解答・解説

8 遠足のおくれ走りてつながりし

9 蜻蛉釣り今日はどこまで行ったやら

10 菜の花や月は東に日は西に

11 名月や池をめぐりて夜もすがら

●次の詩の一節の作者を下の語群から選べ。

12 雨ニモマケズ
　風ニモマケズ

13 智恵子は東京に空が無いといふ、

14 幾時代かがありまして
　茶色い戦争ありました

15 からまつの林を過ぎて、
　からまつをしみじみと見き。

　　北原白秋　宮沢賢治　中原中也　高村光太郎

●次の（　　）に共通して入る語を書け。

16 ┌石ばしる垂水の上のさわらびの萌え出づる
　│（　　）になりにけるかも
　│
　└ひさかたのひかりのどけき（　　）の日
　　にしづ心なく花の散るらむ

解答・解説

8 遠足・春
　高浜虚子（1874～1959）
　作。

9 蜻蛉釣り・秋
　加賀千代女（1703～75）
　作。

10 菜の花・春
　与謝蕪村（1716～83）作。
　江戸中期の俳人。

11 名月・秋
　松尾芭蕉（1644～94）作。

解答・解説

12 宮沢賢治
　（1896～1933）
　岩手県花巻生まれ。農業研
　究家・詩人・童話作家。

13 高村光太郎
　（1883～1956）
　詩人・彫刻家。

14 中原中也
　（1907～37）

15 北原白秋
　（1885～1942）

解答・解説

16 春
　作者は志貴皇子、紀友則。

国語

短歌・俳句・詩▼頻度C

●次の俳句の作者を下の語群から選べ。

解答・解説

17 春の海ひねもすのたりのたりかな

18 めでたさも中くらゐなりおらが春

19 朝顔に釣瓶とられてもらひ水

20 赤い椿白い椿と落ちにけり

21 五月雨を集めて早し最上川

与謝蕪村　　河東碧梧桐　　加賀千代女
松尾芭蕉　　小林一茶

17 与謝蕪村
□　（1716〜83）

18 小林一茶
□　（1763〜1827）
　　江戸後期の俳人。

19 加賀千代女
□　（1703〜75）

20 河東碧梧桐
□　（1873〜1937）

21 松尾芭蕉
□　（1644〜94）
　　江戸前期の俳人。代表作
　　『おくのほそ道』。

!重要問題

●次の俳句の（　　　）に当てはまる語句を書け。

解答・解説

22 梅雨晴れやところどころに（　　　）の
　　道　　　　　　　　　　　　　［正岡子規］

23 遠山に日の当たりたる（　　　）かな
　　　　　　　　　　　　　　　　［高浜虚子］

24 よそに鳴る夜長の（　　　）数へけり
　　　　　　　　　　　　　　　　［杉田久女］

25 入れものが無い（　　　）で受ける
　　　　　　　　　　　　　　　　［尾崎放哉］

22 蟻
□　正岡子規
　　（1867〜1902）

23 枯野
□　高浜虚子
　　（1874〜1959）

24 時計
□　杉田久女
　　（1890〜1946）

25 両手
□　尾崎放哉
　　（1885〜1926）

●**次の詩集の作者を答えよ。**

26 二十億光年の孤独

27 若菜集

28 測量船

29 青猫

26 谷川俊太郎
　（1931〜）

27 島崎藤村
　（1872〜1943）

28 三好達治
　（1900〜1964）

29 萩原朔太郎
　（1886〜1942）
　口語自由詩を完成。詩集
　『月に吠える』など。

●**次の俳人と関係の深い言葉を下の語群から選べ。**

解答・解説

30 小林一茶

31 正岡子規

32 松尾芭蕉

33 与謝蕪村

写実主義　文人画　俗語・方言　紀行文

30 俗語・方言
　日常で用いられるくだけた
　言葉を、俗語とよぶ。

31 写実主義
　ありのままを写して表現す
　るという立場。

32 紀行文
　旅行中の体験や感想を記し
　た文章のこと。

33 文人画
　俳人として知られるが、文
　人画の大成者でもある。

●**次の短歌の出典を『万葉集』『古今和歌集』『新古今和歌集』から選べ。**

解答・解説

34 住江の岸による波よるさへや夢の通ひ路人
目よくらむ　　　　　　　　　　［藤原敏行］

35 年たけてまた越ゆべしとおもひきや命なり
けり小夜の中山　　　　　　　　　［西行］

34 『古今和歌集』
　905または914年頃。紀貫
　之らによって撰。

35 『新古今和歌集』
　1201年に後鳥羽上皇の院
　宣をうけて、1205年に源
　通具らが撰。

国語

短歌・俳句・詩 ▼ 頻度 C

175

Part 6 ● 国語

敬語

基本問題

●次の下線部は丁寧語、美化語、尊敬語、謙譲語Ⅰ、謙譲語Ⅱのうちのどれか。

解答・解説

1 はっきり**お返事**しなさい。

2 お年寄りに席を**お譲りする**。

3 先生の作品を**拝見し**ました。

4 店長がレジを**打たれ**ました。

5 今、店長がそちらに**うかがい**ます。

6 紳士服は9階に**ござい**ます。

7 10時にはオフィスに**おり**ます。

8 お茶を**差し上げる**。

9 私は斉藤と**申し**ます。

10 **お電話ください**ましたか。

11 以前**お目にかかり**ましたね。

1 美化語

2 謙譲語Ⅰ
謙譲語Ⅰは相手側を立てて表現するもの。謙譲語Ⅱは自分側の行動をへりくだって表現するもの。

3 謙譲語Ⅰ

4 尊敬語
「れ」が尊敬の助動詞。

5 謙譲語Ⅰ
話し相手に対して敬意をこめ、内輪の人である「店長」の行動を謙譲語Ⅰで表現している。

6 丁寧語

7 謙譲語Ⅱ

8 謙譲語Ⅰ

9 謙譲語Ⅱ

10 尊敬語

11 謙譲語Ⅰ

● 次の会話で下線部の誤りを正せ。

12 部下：鈴木様が４時に**参りました**。

　　　課長：ご用件は何だった？

13 販売員：お客様は苦情を**申しました**。

　　　店長：何とお答えしたの？

14 （取引先に対して）専務が明日**いらっしゃる**と言っています。

12 お見えになりました
（いらっしゃいました・おいでになりました）
謙譲語Ⅱを尊敬語に直す。

13 おっしゃいました
（言われました）

14 伺うと申しております
取引先に対しては、たとえ上司であっても尊敬語は使わない。この場合、謙譲語ⅠとⅡを使う。

● 下線の言葉を「れる・られる」、「お〜になる」を使わずに尊敬語に直せ。

15 お客様はうなぎ定食を**食べた**。

16 お客様はおいしいと**言った**。

17 旅先では浜辺に**行き**ましたか。

18 先生は着物を**着て**いた。

19 拙宅までお車で**来た**のですか。

20 当社までの道を**知っていますか**。

21 庭園はもう**見ました**か。

15 召し上がった
「れる・られる」「お〜になる」以外の語があるものは、なるべくそれを使う。

16 おっしゃった

17 いらっしゃい

18 召して

19 見えた（いらっしゃった）

20 ご存じですか

21 ご覧になりましたか

●**下線の言葉を「お～する」を使わずに謙譲語Ⅰに直せ。**　　　　　　　　　**解答・解説**

22　先生にアドバイスを**聞いた**。

22　伺った

23　お客様に粗品を**やり**ます。

23　差し上げ

24　手料理を**食べる**。

24　いただく

25　商品見本を**見せ**ましょう。

25　ご覧に入れ（お目にかけ）

26　お客様に３階の店について**教える**。

26　ご案内する

●**下線の語句を文に合わせて尊敬語か謙譲語Ⅰに直せ**（「れる・られる」「お～する」以外の語を優先すること）。　　　**解答・解説**

27　先生に**借りた**本をお返しする。

27　拝借した
　　謙譲語Ⅰ。

28　明日、**会いたい**。

28　お目にかかりたい
　　謙譲語Ⅰ。

29　無料で店内の施設を**利用できる**。

29　ご利用になれます
　　尊敬語。

30　（部下に）お客様のご希望を**聞いた**？

30　伺った
　　「お客様」に敬意をこめ、部下の動作を謙譲語Ⅰで表現している。

31　（部下に）お客様に間もなく閉店と**言いなさい**。

31　申し上げなさい
　　謙譲語Ⅰ。

32　お得意様が**来た**。

32　いらっしゃった
　　尊敬語。

33　（取引先の人に）弊社まで来ていただいて**ご苦労さま**。

33　ご足労さまでした
　　尊敬語。「ご苦労さま」は目上の人には使わないほうがよい。

●目上の人に対して用いた、下線の敬語表現を、正しく直せ。

34 その方は、よく**知っている**。

34 存じ上げている

35 こちらでしばらく**待ってください**。

35 お待ちください

36 母がよろしくと**おっしゃっていました**。

36 申しておりました
自分の家族が他人に働きかける行動は謙譲語Ⅱで表現。

37 お母様によろしく**お伝え申してください**。

37 お伝えください

38 部長、お客様が**来ました**。

38 いらっしゃいました
（お見えになりました）

39 もしもし、田中様は**おりますか**。

39 いらっしゃいますか
「おります」は謙譲語Ⅱ。

40 ただいま田中は**お話し中です**。

40 話し中です
社外の人に対し、社内の人の行動へ尊敬語は使わない。

●次の敬語表現を、正しい言い方に直せ。

解答・解説

41 佐藤君のお母様は先生を**なさっていらっしゃいます**。

41 なさっています（していらっしゃいます・しておられます）
尊敬語を重ねるとくどい。

42 （部長の妻からの電話に応えて）部長は今**出かけております**。

42 出かけていらっしゃいます（お出かけになっています）
社内の人でも、その人の家族に対しては尊敬語を使う。

43 （他社の人からの電話に応えて）鈴木に**ご伝言申し上げます**。

43 伝言いたします

国語

敬語 ▼ 頻度 **C**

Part 6 ● 国語

ことわざ・慣用句

詳しくは→別冊P.38・39 重要項目㉒

基本問題

● [ ] の意味のことわざや慣用句になるように ( ) に漢字1字を入れよ。

解答・解説

1 ( ) が離せない [今、忙しくてほかのことができない]

1 手
「目が離せない」はずっと見て注意していなければならないこと。

2 ( ) を割る [白状する]

2 口
「腹を割る」は包み隠さず打ち解けて話すこと。

3 ( ) の上のこぶ [何かと目ざわりだったり邪魔になったりするもの]

3 目

4 ( ) によりをかける [上手にできることを示そうと張り切って行う]

4 腕
「腕によりをかけてご馳走を作る」のように使う。

5 ( ) の上の蠅を追え [他人のことより自分のことからしろ]

5 頭

6 読書 ( ) 遍意自ずから通ず [書物は何度も繰り返し読むことが大切だ]

6 百

●次の ( ) に当てはまる語を漢字で書け。

解答・解説

7 株価が十倍になって濡れ手で ( ) だった。

7 粟
楽にもうけること。「泡」と間違えないように。

8 彼の ( ) に衣着せぬ言い方が敵をつくる。

8 歯

9 雨垂れ（　　）を穿つという言葉どおり、小さな努力を重ねて躍進した。

● [ ] の意味のことわざや慣用句になるように（ ）に言葉を入れよ。

10 悪事（　　）里を走る［悪い噂はすぐに知れ渡る］

10 千

11 百里を行く者は（　　）里を半ばとす［事をなすには終わりのほうが肝心だから気をゆるめてはならない］

11 九十

12 人の噂も（　　）日［たとえ噂になっても時が経てば消えてしまう］

12 七十五

13 生き（　　）の目を抜く［事をなし、利を得るのにすばやいさま。抜け目がない］

13 馬
例「東京は、生き馬の目を抜くような人がたくさんいる都会だと思った。」

14 （　　）の頭も信心から［つまらないものでも信仰する人にとっては尊い］

14 鰯
例「彼は霊能者から買ったお札を拝んでいる。鰯の頭も信心からというが……。」

15 角を矯めて（　　）を殺す［些細な欠点を直そうとして全体をだめにしてしまうこと］

15 牛
例「天才肌の彼の打撃フォームを直すのは角を矯めて牛を殺すようなものだ。」

16 （　　）の面に水［何をされても平気なこと］

16 蛙

17 （　　）の尾を踏む［きわめて危険なこと］

17 虎
例「あの裏社会の大物の実態を暴くなんて、虎の尾を踏むようなものだ。」

国語

ことわざ・慣用句 ▼ 頻度 B

181

●慣用句やことわざになるよう（　）に当てはまる言葉を入れよ。

解答・解説

18　会場は満員で（　　）の余地もなかった。

18　立錐（りっすい）
　混雑している様子をいう。

19　敏腕の新社長が（　　）を振るい、旧勢力を一掃した。

19　大鉈（おおなた）

20　住民同士の合意形成がとれていたところに（　　）破りな意見を持ち出す。

20　横紙（よこがみ）
　無理を押し通すこと。

21　党内で派閥争いを繰り広げているうちに他党に（　　）の利をさらわれた。

21　漁夫（ぎょふ）
　無益な争いをしているうちに第三者に利益を持っていかれること。

●後のヒントを参考にして（　）に当てはまることわざや慣用句を文に合う形にして書け。

解答・解説

22　過失について礼儀を尽くしてわびたが、先方は（　　）ような態度だった。
　（無愛想・冷淡なこと。）

22　木で鼻をくくった

23　彼は善人のふりをしていたが、詐欺事件で（　　）。
　（正体が明らかになる。）

23　馬脚を現した
　芝居で、馬役の人が正体を現してしまうことから、隠していた実態が明らかになること。

24　今回成功したからといって油断してはいけない。（　　）というではないか。

24　勝って兜の緒を締めよ

25　彼がそれほど有能だとは知らなかった。（　　）とはこのことだ。

25　能ある鷹は爪を隠す

Part 7

英語

- 英単語①
- 英単語②
- 時事英語
- 英熟語
- カタカナ語
- 英文法
- 英語構文
- 英語ことわざ・慣用句
- 英文和訳
- 和文英訳

Part 7 ● 英語
英単語①

◎ **基**本問題

●次の英単語を日本語に直せ。

解答・解説

1 appointment

2 convenient

3 available

4 notify

5 reservation

6 confirm

7 contract

8 valid

9 meeting

10 conference

11 agenda

12 product

13 stock

14 cost

---

1 約束
make an appointment＝会う日時の約束をする。

2 都合のよい

3 手が空いている
例：She is not available now.

4 通知する

5 予約

6 確認する
例：I'd like to confirm my reservation.

7 契約

8 有効な

9 会議
attend a meeting＝会議に出席する。

10 会議、協議会

11 議題

12 製品

13 在庫、株式

14 原価、代価
「（費用などが）かかる」という意味もある。

●次の英語を日本語に直せ。

| 15 | real estate agency | 15 | 不動産業者 |

15 real estate agency

16 moving company

17 steel industry

18 trading company

19 advertising agency

20 construction company

21 pharmaceutical company

22 stock brokerage firm

15 不動産業者

16 引っ越し会社

17 鉄鋼業

18 貿易会社

19 広告代理店

20 建設会社

21 製薬会社

22 証券会社

重要問題

●次の日本語を英語に直せ。

23 税金

24 顧客

25 店員

26 口座

27 重量

28 独占

29 管理

30 支払い

23 tax
income tax＝所得税

24 customer

25 clerk

26 account
計算、会計、勘定などの意味がある。

27 weight

28 monopoly

29 management

30 payment

英語

英単語①　▼　頻度Ⓐ

Part 7 ● 英語

英単語②

基本問題

●次の英単語を日本語に直せ。

解答・解説

1 information

2 invitation

3 hospitality

4 idea

5 opinion

6 signature

7 decision

8 attend

1 情報、案内

2 招待

3 歓待

4 考え、意見

5 意見
例：In my opinion he is rude.（彼は失礼だと思う）

6 署名

7 決定
make a decision＝決断する

8 世話をする、出席する

●次の英単語の反対語を英語で書け。

解答・解説

9 approve

10 against

11 import

12 reasonable

13 concrete

14 output

9 disapprove
〜をよくないと思う。

10 for
〜に賛成で。
例：Are you for or against it?（それに賛成か反対か）

11 export
輸出する。

12 unreasonable
法外な、不当な。

13 abstract
抽象的な。

14 input
投入。入力。

●次の英単語を日本語に直せ。

15 currency

16 exchange

17 operate

18 document

19 negotiate

20 discount

21 proposal

22 deal

15 通貨

16 交換、為替、両替

17 経営する、作用する

18 書類

19 交渉する

20 値引き

21 提案、申し込み

22 取り引き
例：It's a deal.（商談成立だ）

重要問題

●次の日本語を英語に直せ。

23 損害

24 遅延

25 資本

26 所有物

27 政策

28 需要

29 改善する

23 loss, damage
例：The loss is estimated at about a million yen.（損害は約百万円の見込み）

24 delay

25 capital

26 property, belonging

27 policy

28 demand
反：supply

29 improve
反：deteriorate, worsen

英語

英単語②▼頻度Ⓐ

Part 7 ● 英語
時事英語

詳しくは→別冊P.40・41 重要項目㉓

基本問題

●次の英語を日本語に訳せ。

解答・解説

1 regime change

2 nursing-care insurance

3 Act on Childcare Leave/Caregiver Leave

4 disclosure

5 social security

6 domestic violence

7 extinct animal

8 crisis management

9 refugee

10 territorial claim

11 approval rating

12 hay fever

13 cutting edge

14 turnout

15 landslide

16 nose-dive

---

1 政権交代

2 介護保険

3 育児・介護休業法

4 開示

5 社会保障

6 家庭内暴力（DV）

7 絶滅動物

8 危機管理

9 難民

10 領有権主張

11 支持率

12 花粉症

13 最先端

14 投票者数、投票率

15 大勝利
　本来の語意は地滑り、山崩れ、崩れた土砂。

16 急落

17	gene therapy	**17**	遺伝子治療 genetically modified＝遺伝子組み換えの。
18	management reconstruction	**18**	経営再建
19	general meeting of shareholders	**19**	株主総会

重要問題

●次の英語を日本語に訳せ。

解答・解説

20	tax evasion	**20**	脱税
21	spring labor offensive	**21**	春闘
22	monetary easing	**22**	金融緩和
23	compliance	**23**	遵守（順守）
24	economic measures	**24**	景気対策 rate of economic growth＝経済成長率。
25	weak yen	**25**	円安 strong yen=円高。
26	national debt	**26**	国債
27	chemical weapon	**27**	化学兵器
28	vested interest	**28**	既得権益
29	welfare benefits	**29**	生活保護
30	military transport aircraft	**30**	軍事輸送機
31	pandemic	**31**	（感染症の）世界的大流行
32	greenhouse gas	**32**	温室効果ガス

Part 7 ● 英語

英熟語

詳しくは→別冊P.42・43 重要項目㉔

基本問題

● [　　] の意味を参考にして（　　）に当てはまる前置詞を書け。

解答・解説

1 He is trying to catch up （　　） me on English.［追いつく］

1 with
catch up with 〜＝〜に追いつく。

2 I can't make （　　） your note.［判読する］

2 out
make out 〜＝〜を見分ける、〜を認める。

3 I came up （　　） a good idea for the party.［思いつく］

3 with
come up with 〜＝〜を思いつく。

4 He reminds me （　　） my old friend.［思い出させる］

4 of
remind A of B＝AにBのことを思い出させる。

5 His experiment has turned out （　　） be a failure.［わかる］

5 to
turn out to be 〜＝prove to be 〜＝〜であるとわかる。

6 Keep an eye （　　） your little child.［目を離さない］

6 on
keep an eye on 〜＝〜を監視する、〜から目を離さない。

7 Please call me when you are （　　） trouble.［困っている］

7 in
be in trouble ＝困る。

8 I'm running short （　　） money this month.［足りなくなる］

8 of
run short of 〜＝〜がなくなる、〜に不足する。

9 I will see her (　　) at the airport. [見送る]

9 off
see ～ off=～を見送る。

要問題

●ア～ウに共通して当てはまる動詞を書け。

解答・解説

10 ア We should (　　) turns to use the tools.

イ The ceremony will (　　) place in next month.

ウ He will (　　) over the company.

10 take
take turns=交替でやる。
take place=行われる。
take over=引き継ぐ。

11 ア It doesn't (　　) any difference whether you have your hair cut or not.

イ Please (　　) room for the old lady.

ウ They always (　　) fun of me at school.

11 make
make no difference=違いはない。
make room for ～=～のために場所を空ける。
make fun of ～=～をからかう。

12 ア He could not (　　) his message across to his students.

イ Please (　　) in touch with me when you arrive in Tokyo.

ウ I sometimes (　　) into trouble for forgetting important things.

12 get
get ～ across to=～をわからせる。
get in touch with ～=～と連絡をとる。
get into trouble=面倒なことを引き起こす。

英語

英熟語 ▼ 頻度 Ⓐ

Part 7 ● 英語
カタカナ語

基本問題

●次のカタカナの言葉を英語に直せ。

解答・解説

1 ダウンロード

2 ガードマン

3 エコノミークラス

4 リサイクル

5 クレーム

6 マニュアル

7 スイーツ

8 （ホテルの）スイート

9 イメージキャラクター

10 エクササイズ

11 クライアント

12 キャンセル

13 リーダーシップ

14 リアクション

15 シンクタンク

1 download

2 security guard

3 economy class

4 recycle

5 complain

6 manual

7 sweets
ケーキなど菓子類のことは、主に複数形で表す。

8 suite
カタカナ語では、よく、スイートルームというが、英語ではルームはつけない。

9 poster child

10 exercise

11 client

12 cancel

13 leadership

14 reaction

15 think tank

| 16 | エスニック | 16 | ethnic |

16 エスニック

16 ethnic
カタカナ語では、エスニック料理のように、"アジア風"の意味で用いることが多いが、英語では「民族の」。

17 アウトレットストア

17 outlet

●次のカタカナの言葉を英語に直せ。

解答・解説

18 コンセンサス

18 consensus
一致、調和。

19 コラボレーション

19 collaboration
協同、協力の意。

20 プロデュース

20 produce

21 プロモーション

21 promotion
カタカナ語では販売促進の意に使うが、英語の第一義は昇進、進級。

22 ベンチャービジネス

22 business venture

23 ポートフォリオ

23 portfolio
カタカナ語では主に分散投資の選択のことをいうが、第一義は紙挟み。

24 レイアウト

24 layout

25 リクルート

25 job hunting

26 レディ・メイド

26 ready-made
できあいの品。既製品。

27 レパートリー

27 repertoire

28 グレードアップ

28 upgrade

Part 7 ● 英語

英文法

🎯 基本問題

●英文に合うように（　　）の動詞の形を変えよ。

解答・解説

1 He (call) me last night.

1 called

2 Have you ever (eat) sushi?

2 eaten

3 He has been (watch) the TV for two hours.

3 watching

●正しい英文になるように、（　　）に当てはまる英語を書け。

解答・解説

4 He is (　　) tall as Ichiro.

4 as
as ～ as …＝…と同じくらい～だ。

5 This book is better (　　) that one.

5 than
better than ～＝～より良い、すぐれている。

6 It is kind (　　) you to drive me home.

6 of
itを主語とする形式主語の文で、ofの後にto不定詞の意味上の主語がくる。

7 You are (　　) shy to be an actor.

7 too
too ～ to …＝…するには～すぎる。問題文の場合、俳優になるには内気すぎる。

8 She is so rich (　　) she can buy anything.

8 that
so ～ that …＝あまりに～なので…。問題文の場合、彼女は大変金持ちなので何でも買える。

●訳に合うように（　　）に助動詞を書け。

9 You（　　）not use a dictionary.
［辞書を使ってはいけません。］

9 must
　「〜しなければならない」
　という意味の助動詞。

10 （　　）I sit here?
［ここに座ってもいいですか?］

10 May
　「〜してもよい」という意
　味の助動詞。

11 You（　　）go home at once.
［あなたはすぐ家に帰るべきだ。］

11 should
　「〜すべきだ」という意味
　の助動詞。

●正しい英文になるように、[　　]の意味を
表す関係詞を（　　）に書け。

12 This is the park（　　）I met him.［場所］

12 where

13 I know（　　）he came here. ［時間］

13 when

14 I don't know（　　）he didn't come.
［理由］

14 why

15 I will show you（　　）you get to the
office. ［方法］

15 how

16 Keiko is reading a book（　　）I bought
yesterday. ［代名詞］

16 which

●訳に合うように、（　　）に英単語を書け。

17 I will do it（　　）hard as I can.
［できる限り一生懸命やります。］

17 as
　as 〜 as one can＝できる
　だけ〜。

18 This house is superior（　　）the one
before.［この家は前のよりよい。］

18 to
　be superior to 〜＝〜より
　すぐれている。

英語

英文法 ▼ 頻度 Ⓑ

195

19 He is (　　) of an entertainer than an actor.［彼は俳優というよりは芸人だ。］

19 more
more of ～ than …＝…というよりむしろ～だ。

20 (　　) he grew older he became more polite.［彼は年齢を重ねるにつれて礼儀正しくなった。］

20 As
比例を表すas。～につれて、～に従って。

21 (　　) it rains tomorrow, we will not play tennis.［明日雨ならテニスはしない。］

21 If
条件を表すif。

22 I found (　　) difficult to solve the problem.［その問題を解決するのは難しいとわかった。］

22 it
find it … to ～＝～することは…とわかる。

23 It is (　　) a long story that I can't tell you in a minute.［あまりに長い話なので、少しの間では話すことができません。］

23 such
such a … that ～＝あまりに…なので～。

●訳に合うように（　　）に英単語を書け。

解答・解説

24 Please (　　) me know your phone number.［どうぞあなたの電話番号を教えてください。］

24 let
let＋目的語＋原形＝（目的語）に～させる。

25 (　　) if you don't like school, you must go there.［学校が好きでなくても行かなければならない。］

25 Even
even if ～＝たとえ～でも。

26 No matter (　　) hard he worked, he couldn't pass the test.［どんなに熱心にがんばっても彼は試験に受からなかった。］

26 how
no matter how ～＝どんなに～でも。

● （　　）内の動詞を文に合う形に直せ。

解答・解説

27　I will be（play）tennis tomorrow.

28　By tomorrow, they will have（fix）the car.

29　When I（arrive）at the station, the train had already left.

27　playing
　未来進行形。

28　fixed
　未来完了形。未来のある時点までに完了していると思われること、継続、経験などを表す。

29　arrived
　問題文の訳は、「駅に着いたとき、電車はすでに出発していた」。

● （　　）内の不定詞か動名詞のうち文に当てはまるほうを選べ。

解答・解説

30　I hope（to see / seeing）you tomorrow.

31　She enjoys（to play / playing）soccer.

32　I am looking forward（to see / to seeing）you.

33　He decided（to go / going）abroad.

34　I cannot help（to love / loving）you.

35　It's important for you（to study / studying）hard.

36　I finished（to do / doing）the laundry.

30　to see

31　playing
　enjoy ～ing＝～することを楽しむ。

32　to seeing
　look forward to ～ing＝～を楽しみに待つ。

33　to go

34　loving
　「cannot help＝せずにはいられない」の目的語は動名詞。

35　to study
　It is … for 目的格 to ～＝目的格が～することは…である。

36　doing

英語

英文法 ▼ 頻度

B

Part 7 ● 英語

英語構文

◉ **基**本問題

●次の文に当てはまる語句の形を（　　）から
選べ。

1 I feel like（cry / crying / cried）.

1 crying
☐ feel like ～ing＝～したい
気がする。

2 Would you mind（stay / to stay /
staying）here another 5 minutes?

2 staying
☐ Would you mind ～ing＝
～していただけませんか。

3 She told me that she（may go / might go
/ will go）to the party.

3 might go
☐

4 This ice-cream（taste / tastes / is
tasted）good.

4 tastes
☐ taste good＝味がいい。

5 My uncle（will / would / was）often tell
me exciting stories when I was a child.

5 would
☐ 過去における習慣を表す。
「よく～したものだ」。

6 Can you make yourself（understanding
/ to understand / understood）in
English?

6 understood
☐ make oneself understood
＝相手にわからせる。

7 I'm sorry to have kept you（wait / to
wait / waiting）so long.

7 waiting
☐ keep＋人＋waiting＝人を
待たせる。

8 He was waiting for the gate（open / to
open / opening）.

8 to open
☐

198

● （　　）に当てはまる英単語を書け。

9 He has been working in this office （　　） 1982.（彼は1982年からこの事務所で働いている。）

9 since

10 His jacket is twice （　　） expensive （　　） mine.（彼のジャケットは僕のものの２倍も高価だ。）

10 as・as
倍数 as 形容詞 as で「〇倍も〇〇だ」を表す。

11 You should submit the report （　　） （　　）（　　） possible.（君はレポートをできるだけ早く提出すべきだ。）

11 as・soon・as

12 You had （　　） apologize to your father. （君はお父さんに謝ったほうがよい。）

12 better

13 I am tired （　　） hearing the same story repeatedly.（同じ話を何度も聞き飽きた。）

13 of
be tired of ～ing=～に飽きる。

14 Not only Satoshi （　　） （　　） Kenta cheated on the exam.（サトシだけでなく、ケンタも試験でカンニングをした。）

14 but・also

15 I have often heard （　　） shout at children.（彼が子どもたちにどなるのをたびたび聞いた。）

15 him

16 It was wonderful （　　） you won the prize.

16 that
あなたが受賞したのはすばらしいことだ。

17 It is hard （　　） study everyday.

17 to
毎日勉強するのは大変だ。

英語

英語構文▼頻度 B

18 No sooner had she got on the train （　　）she put on her make-up.

18 than
電車に乗るとすぐに、彼女は化粧を始めた。

19 She exercises everyday so （　　） （　　）keep in shape.

19 as・to
彼女は健康のため毎日運動している。
so as to ～＝～するために。

20 John hurried to the station （　　） （　　）find the train had already left.

20 only・to
ジョンは急いで駅に行ったが、電車はすでに発車していた。

21 There （　　）no seat in the bus, I had to keep standing all the way.

21 being
バスの座席がなかったので、ずっと立ったままでいなければならなかった。

22 I am sorry not to （　　）answered your e-mail sooner.

22 have
あなたの電子メールにもっと早くお返事しなくて申し訳ありません。

23 I came to the crossing and did not know （　　）way to turn.

23 which
交差点に来て、どちらに曲がるのかわからなかった。

24 With the interest rate （　　）up, it is difficult to make the monthly loan repayments.

24 going
金利が上がると、月々のローンの返済が困難になる。

25 You must persevere （　　）you can accomplish anything great.

25 before
偉大なことを成し遂げるためには、辛抱強くやり通さなければならない。

重要問題

●正しい英文になるよう（　　）内の単語を並べ替えよ。

解答・解説

26 The principal made（that ／ speech ／ such ／ a ／ long）I got bored.

26 such a long speech that
校長先生の話が長くて、私はうんざりした。

27 This is the house （lived / with / in / I / which ） my family.

□ これは私が家族と住んでいた家です。
I lived in the house with my family.のように言い換えることができる。

●次の文に当てはまる語句を （　　） の中から選べ。

解答・解説

28 He heard his name （call / calling / called） by the leader.

28 called
□ 彼は、リーダーから名前を呼ばれるのを聞いた。

29 The boy wanted to （understand / be understood / understanding ） by his mother.

29 be understood
□ その男の子は、お母さんに理解されたいと思っていた。

30 If I （am / was / were） a child, I could play all day long.

30 were
□ もしわたしが子どもだったら、一日中遊ぶことができるのに。
仮定法過去の原則で、主語が何であっても、be動詞はwereを使う。

31 Takeshi asked Anne （who / that / if） she would be free that afternoon.

31 if
□ タケシはアンに、午後は暇かどうか聞いた。

32 I will have my son （clean / cleaning / to clean） the yard.

32 clean
□ 私は息子に庭の掃除をさせよう。

33 The room （was / being / been ） very humid, I opened the window.

33 being
□ 部屋がとても湿っぽかったので、私は窓を開けた。

34 （To take / Taking / Taken） a walk along the shore, I saw Jim.

34 Taking
□ 海岸沿いを歩いていたら、ジムに会った。

英語
英語構文▼頻度Ⓑ

Part 7 ● 英語

英語ことわざ・慣用句

詳しくは→別冊P.44 重要項目㉕

基本問題

●次の英文のことわざの（　）に当てはまる言葉を英語で書け。

解答・解説

1 There is no accounting for （　）.

2 （　） is the best form of defense.

3 If you run after two hares you will catch （　）. (hares：野ウサギ)

4 A drowning man will catch at a （　）.

5 Never put off till tomorrow what you can do （　）.

6 All work and no （　） makes Jack a dull boy.

7 （　） makes perfect.

8 Strike while the （　） is hot.

9 There's no smoke without （　）.

10 All's well that （　） well.

---

1 tastes
蓼食う虫も好き好き。

2 Attack
攻撃は最大の防御。

3 neither
二兎を追う者は一兎をも得ず。

4 straw
溺れる者は藁をもつかむ。

5 today
今日できることを明日に延ばすな。

6 play
よく学びよく遊べ。

7 Practice
習うより慣れろ。

8 iron
鉄は熱いうちに打て。

9 fire
火のないところに煙は立たない。

10 ends
終わりよければすべてよし。

11 Constant dripping wears away a ( ) .

11 stone
雨垂れ石を穿つ。

12 No news is ( ) news.

12 good
便りのないのはよい便り。

13 Silence is ( ) .

13 gold（en）
沈黙は金。

14 It is no ( ) crying over spilt milk.

14 use
覆水盆に返らず。

15 Hunger is the best ( ) .

15 sauce
空腹にまずいものなし。

16 If you won't work you shan't ( ) .

16 eat
働かざる者食うべからず。

17 It is never too ( ) to mend.

17 late
改めるに遅すぎることはない。

重要問題

●**次の英文のことわざの（　）に当てはまる言葉を英語で書け。**

解答・解説

18 Genius is one percent ( ) and ninety-nine percent perspiration.

18 inspiration
天才とは1パーセントのひらめきと99パーセントの努力である。

19 Habit is a second ( ) .

19 nature
習慣は第二の天性。

20 ( ) is stranger than fiction.

20 Fact
事実は小説より奇なり。

21 Necessity is the mother of ( ) .

21 invention
必要は発明の母。

22 The ( ) is mightier than the sword.

22 pen
ペンは剣よりも強し。

203

Part 7 ● 英語
英文和訳

基本問題

●次の英文を日本語に訳せ。

1 She could not find her boyfriend, who was to meet her at Shibuya station.

1 彼女は渋谷駅で会うことになっていたボーイフレンドを見つけられなかった。

2 You can go to a movie if you like, but as for me I prefer to stay at home and watch TV.

2 あなたは行きたかったら映画に行ってもいいけど、私は家でテレビを見るほうがいい。

3 The child came very near to being run over by a car.

3 その子どもは危うく車にひかれるところだった。

4 He is said to have been a famous soccer player about ten years ago.

4 彼は10年ほど前、有名なサッカー選手だったといわれている。

5 She is busy preparing for a business trip.

5 彼女は出張の準備で忙しい。

6 I cannot afford to keep an imported car.

6 輸入車を保有する経済的余裕はない。

7 I will have you living like a princess.

7 あなたを王女のように暮らさせよう。

8 He must get his work done by the end of this month.

8 彼は今月末までに仕事を終わらせなければならない。

9 Someone patted me on my shoulder. Maybe he took me for some other person.

9 誰かが私の肩をたたいた。たぶんほかの人と間違えたのだろう。

10 I make it a rule to walk to the station everyday lest I should be short of exercise.

10 運動不足にならないように、毎日駅まで歩くことにしている。

11 It was not until she heard him speaking ill of her behind her back that she realized what a fool she had been.

11 彼女は彼が陰口をたたいているのを聞いて、初めて自分がばかだったことに気づいた。

12 There were already some people waiting in line in front of the popular Chinese restaurant.

12 人気の中華レストランの前にはすでにいくらかの人が列を作って並んでいた。

13 If you had come only five minutes earlier, you could have caught the train.

13 わずか5分早く来ていれば電車に乗れたのに。

14 To hear her speak Chinese, you would take her for a Chinese woman.

14 彼女が中国語を話すのを聞いたら、中国人女性と思うだろう。

15 Suppose you had a million dollars, what would you do with it ?

15 もし百万ドルあったとしたら、何に使いますか。

16 Whatever occupation you may have, you will not succeed in it, unless you devote yourself to it.

16 どんな仕事にしても、一心不乱にしなければ成功はしない。

17 Kyoko left home only five minutes ago, so she cannot have gone so far.

17 キョウコはたった5分前に家を出たので、それほど遠くへ行っているはずがない。

18 I hurried to the hall only to find that the ceremony was over.

18 公会堂に急いだが、式典は終わっていた。

19 My mother is the very person nominated for Academy Award.

19 私の母は、アカデミー賞にノミネートされた、当の人物です。

20 Despite being usually very shy, he advertised himself aggressively so as to get the position.

20 ふだんはおとなしいが、その地位をつかむため、彼は積極的に自分を売り込んだ。

21 Not having done that before, he had to consult a manual.

21 以前やったことがなかったので、彼はマニュアルを見なければならなかった。

22 He was promoted to grand champion, becoming the second Mongolian to reach sumo's highest rank.

22 彼は、相撲界の最高位である横綱に昇進した。モンゴル出身力士としては史上２人目である。

23 The prime minister's support rate further deteriorated to a record low 30 percent.

23 首相の支持率は最低記録の30％にまで、さらに落ち込んだ。

24 The dancer was crowned Miss Universe, marking only the second time Japan had won the title.

24 そのダンサーは、ミス・ユニバースの栄冠を得た。そのタイトルを獲得したのは、日本ではまだ２度目のことだ。

重要問題

●次の英文を日本語に訳せ。　　　　　　解答・解説

25 Seeing that Ken is not preparing at all, I don't think he has any mind to take a steady job.

25 ケンがまったく準備していないところを見ると、安定した職業に就く気はないらしい。

26 They knew better than to have a quarrel in their little children's presence.

26 彼らは小さな子どもたちの前でいさかいをするほど愚かではなかった。

27 Inspite of all the workers' efforts, the project ended in failure.

27 従業員全員の努力にもかかわらず、事業は失敗に終わった。

28 Not that I'm not willing to do that task, but I have no time to do it.

28 その仕事をする気がないのではなく、時間がないのです。

29 Ryota surprised his girlfriend when he turned up at her house without letting her know ahead of time.

29 リョウタは何の前触れもなく彼女の家を訪れ、彼女を驚かせた。

30 Please fasten your seatbelt until the sign is turned off.

30 サインが消えるまで、シートベルトを締めておいてください。

31 Whenever I am with Yoko, I always end up arguing with her.

31 ヨウコといると、いつも、最後はけんかになってしまう。

32 Mr. Nakamura is, so to speak, a walking dictionary of our department.

32 ナカムラさんは、私たちの課の、いわば生き字引だ。

33 Retirees are becoming increasingly involved in hands-on volunteer work.

33 実地のボランティア活動に参加する退職者が増えている。

34 The 8,000 graduates of pharmacy schools every year are just enough to fill the jobs available at one major drugstore chain alone.

34 毎年の薬学部卒業生8000人は、やっと1つの主要な薬局チェーンの需要を満たすに過ぎない。

35 The advertising company decided to hire Mr.Tanaka, who is good at getting a message across.

35 その広告会社は、真意を伝えることがうまいタナカ氏を雇うことにした。

36 According to the estimates of the Cabinet Office, all the major industries stand to lose around 0.5% of annual sales this year.

36 内閣府の推計値によれば、主要産業の今年の年間売り上げはおよそ0.5％の減少を示している。

Part 7 ● 英語
和文英訳

基本問題

●次の会話文を英語に訳せ。

解答・解説

1 図書館への行き方を教えていただけませんか？

1 Will you show me the way to the library?

2 そのショッピングモールの中に大きな本屋があります。

2 There is a big bookstore in the shopping-mall.

3 最近、何かおもしろい本を読みましたか？

3 Have you read any interesting books lately?

4 すみませんが、窓を開けてもいいですか？

4 Excuse me, do you mind if I open the window?

5 ここから駅まで3マイルあります。

5 It is 3 miles from here to the station.

6 ナオミは彼に電子メールを書いています。

6 Naomi is writing him an e-mail.

7 お目にかかるのを楽しみにしています。

7 I am looking forward to seeing you.

8 ジョージが今どこにいるか、彼女に話しましたか？

8 Did you tell her where George is now?

9	買い物のリストを作りましょうか？	9	Do you want me to make a shopping list?
10	今夜は外食しましょう。おいしくて安いレストランを知りませんか？	10	Let's eat out tonight. Do you know a reasonable restaurant with good food?
11	ボブは外食をするとき、いつも妻と一緒です。（neverを使って）	11	Bob never eats out without his wife.
12	ロシア料理を食べてみましょう。	12	Let's try some Russian food.
13	残念ですが、今夜の集まりには出席できません。	13	I'm afraid I won't be able to take part in the meeting tonight.
14	4月1日のロンドン行きの便を予約したいのですが。	14	I'd like to make a reservation on a flight to London on April 1.
15	この料理はいい匂いがします。	15	This dish smells good.
16	これよりおいしい食事をしたことがありません。	16	I have never eaten more delicious meal than this.
17	就職の面接試験をこれまでにいくつか受けましたか？	17	Have you had any job interviews yet?
18	大学では何を専攻しましたか？	18	What was your major in college?
19	このホテルが東京では最高だと思います。	19	I think this hotel is the best in Tokyo.

●次の会話文を英語に訳せ。

解答・解説

20 はっきりしていない点があるのですが、質問してもいいですか？

20 May I ask a few more questions about that point? It's a little obscure.

21 もう少し詳しく説明していただけませんか？

21 Would you explain it in more detail?

22 彼女はそれを上司に話したに違いありません。

22 She must have told it to her boss.

23 あなたはこの会社にどのくらい勤めていますか？

23 How long have you been working for this company?

24 ハワイには何回行ったことがありますか？

24 How many times have you been to Hawaii?

25 地図がよくわからないのです。私たちが地図のどこにいるのか教えてもらえませんか？

25 I'm having trouble understanding this map. Could you show us where we are on the map?

26 ほかの約束があったので、それ以上彼を待つことはできませんでした。

26 I couldn't wait him anymore, because I had another appointment.

27 ローンは何回払いにいたしますか？

27 How many payments will it take to pay off this loan?

Part 8
理科・数学

- 物理
- 化学
- 生物
- 地学
- 式の計算～平方根・文字式～
- 因数分解
- 2次方程式～解の公式・解と係数～
- 2次関数～グラフの領域～
- 図形・三角比～正弦・余弦定理～
- 確率～余事象～
- 集合～ベン図～
- 年齢・仕事算
- 損益・通過算
- 論証～真偽と対偶～

Part 8 ● 理科・数学

物理

詳しくは→別冊P.45 重要項目㉖

 基本問題

●次の問いに答えよ。

解答・解説

1 質量3.0kgの物体が20m/sの速さで動くとき、この物体のもつ運動エネルギーを求めよ。

1 600 J
$K=\frac{1}{2}mv^2$（J）
$\left(\begin{array}{l}m：運動する質量\\v：速さ\end{array}\right)$

2 物体を静かに落とすと、10秒間で何m落ちるか。ただし、重力加速度を9.8m/s²とする。

2 490m
$y=\frac{1}{2}gt^2$
（g：重力加速度, t：時間）

3 40オームの抵抗に10Vの電圧を加えるとき流れる電流は何mAか。

3 250mA
オームの法則　$I=\frac{E}{R}$
（I：電流, E：電圧, R：抵抗）

4 位置エネルギーと運動エネルギーの和は一定であることを何の法則というか。

4 力学的エネルギー保存の法則

5 10℃の水15gを40℃にするのに必要な熱量は何calか。

5 450cal
熱量＝質量×比熱×温度変化

6 「惑星は太陽を1焦点とする楕円運動をする」ことを発見した人物は誰か。

6 ケプラー

7 原子を構成する電気的に中性の粒子を何というか。

7 中性子
＋のものが陽子、－のものが電子。

8 電車が急停車すると、体は進行方向につんのめる。これはニュートンの運動の3法則のどの法則によるか。

8 慣性の法則
ほかは、運動の法則（運動方程式）、作用・反作用の法則。

●次の問いに答えよ。

9 コンデンサーの極板間の電位差を V、電気容量を C、蓄えられる電気量を Q とするとき、 $Q = \boxed{}$ と表される。式を完成させよ。

9 CV

10 180mの高さからボールを自由落下させたら、地面に着くのに何秒かかるか。ただし、重力加速度を10m/s^{2}とする。

10 6秒
$180 = \dfrac{1}{2} \times 10 \times t^2$

11 空気中の音の速さは、$331.5 + \boxed{}\, t$（m/s）［気温 t℃］と表せる。$\boxed{}$に数値を書け。

11 0.6

12 図で、ＡＢ間の抵抗は何Ωか。

12 20Ω
$\dfrac{1}{R} = \dfrac{1}{30} + \dfrac{1}{60}$

13 滑車がつり合うためには、Ａの重量は何gにすればよいか。またＢを6cm動かすためにはＡを何cm動かせばいいか。

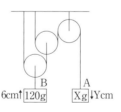

13 30g、24cm
動滑車が2個なので、120÷2÷2＝30g
6×2×2＝24cm

14 図で、導線の上から下に電流が流れるとき、磁針のＮ極はア～エのどの方向を指すか。

14 ウ
右ねじの法則より、磁界の向きはア→ウの方向になる。
右ねじの法則：右ねじの進む方向に電流が流れるとき、発生する磁力線の向きは右ねじの回る方向になる。

理科・数学

物理 ▼ 頻度 Ｃ

Part 8 ● 理科・数学

化学

詳しくは→別冊P.46 重要項目㉗

基本問題

●次の問いに答えよ。

解答・解説

1 ドライアイスが固体から気体になることを何というか。

1 昇華
気体が直接、固体になることも昇華という。

2 酸素O_2の同素体は何か。分子記号も書け。

2 オゾン・O_3

3 炭素$^{13}_{6}C$の原子番号はいくつか。

3 6
原子番号＝陽子数
中性子数＝13−6＝7

4 物質が酸素と結合することを何というか。

4 酸化
酸素を失うことは還元。

5 塩化ナトリウムの化学式を書け。

5 NaCl

6 水素イオン濃度が10^{-9}モル/lの水溶液は何性か。

6 アルカリ性
10^{-7}モル/lのとき中性。

7 充放電が可能な電池を何というか。

7 二次電池(蓄電池)
放電のみを行う電池は一次電池という。

8 一定質量の気体の体積は、絶対温度に比例し、圧力に反比例する。この法則を何というか。

8 ボイル・シャルルの法則

●次の化学式で表される物質を答えよ。

解答・解説

9 NH_3

9 アンモニア

10	C_2H_5OH	10 ☐	エチルアルコール （エタノール）
11	$NaHCO_3$	11 ☐	炭酸水素ナトリウム
12	CH_3	12 ☐	メタン
13	C_6H_6	13 ☐	ベンゼン（ベンゾール）

重要問題

●次の問いに答えよ。

解答・解説

14 水の電気分解で水素が発生するのは何極か。

14 ☐ 陰極
水素イオンは陽イオンH^+なので陰極に引き寄せられる。

15 標準状態（0℃、1気圧）で、窒素1モルの体積は何lか。

15 ☐ 22.4l
気体の種類によらず、ほぼ一定。

●化学式が正しくなるように、（　）に化学式を書け。

解答・解説

16 $2H_2 + O_2 \rightarrow （\qquad）$

16 ☐ $2H_2O$
水素＋酸素→水
係数で原子の数を合わせる。

17 $CaCO_3 + 2HCl \rightarrow CaCl_2 + H_2O + （\qquad）$

17 ☐ CO_2
石灰石＋塩酸
→塩化カルシウム＋水＋二酸化炭素

18 $FeS + H_2SO_4 \rightarrow （\qquad）$

18 ☐ $FeSO_4 + H_2S$
硫化鉄(Ⅱ)＋硫酸
→硫酸鉄(Ⅱ)＋硫化水素

Part 8 ● 理科・数学

生物

詳しくは→別冊P.46 重要項目㉗

基本問題

●**次の問いに答えよ。**

解答・解説

1 生物の世界で「食う」「食われる」の構造的な関係を何というか。

1 食物連鎖

2 細胞内で独自のDNAをもち、呼吸に関係する酵素をもつ糸粒体を何というか。

2 ミトコンドリア

3 植物細胞にあって動物細胞にない構造は何か。

3 細胞壁、葉緑体、発達した液胞
高等植物にないのは「中心体」。

4 光合成のために日光のエネルギーを吸収する主な色素を何というか。

4 葉緑素（クロロフィル）

5 タンパク質は、最終的に何に分解されて小腸で吸収されるか。

5 アミノ酸

6 血液の成分のうち、細菌を殺すはたらきをするものは何か。

6 白血球
赤血球は酸素を運ぶ。血小板は血液の凝固に役立つ。

7 同じ血液型（ABO式）の人にしか輸血できない血液型は何か。

7 ＡＢ型

8 DNAはどんな構造をしているか。また、何種類の塩基からできているか。

8 二重らせん構造、4種類
遺伝情報はＡＴＧＣの4種類の塩基配列により保存されている。

9 五大栄養素とは、炭水化物（糖質）、脂質、タンパク質、ビタミンのほかに何か。

9 ミネラル

10 子のときはえらで呼吸し、親になると肺と皮膚で呼吸する生物は何類か。

10 両生類
カエル、イモリ、サンショウウオなどが属する。

11 自律神経系のうち、心拍数の減少や血圧の降下をもたらすのは、交感神経と副交感神経のどちらか。

11 副交感神経
消化や排尿を促進する作用もある。

重要問題

●次の問いに答えよ。

解答・解説

12 自己と異なる物質を認識して、排除しようとする生体の防衛機構を何というか。

12 免疫

13 メンデルの法則とは、顕性の法則と、分離の法則と、あと1つは何か。

13 独立の法則

14 卵子や精子を形成する過程で、染色体の数が半分になる分裂のしかたを何というか。

14 減数分裂
受精後の細胞分裂は体細胞分裂という。

15 光合成の反応は2段階に分けられるが、光と直接は関係しない段階の反応を何というか。

15 暗反応
光が直接関係する段階は「明反応」という。

16 細胞から排出された有害なアンモニアを、害の少ない尿素に変えるはたらきをもつ内臓は何か。

16 肝臓
あくまで、この内臓のはたらきの一部。腎臓が尿素をこしとって尿になる。

217

Part 8 ● 理科・数学

地学

詳しくは→別冊P.46 重要項目㉗

●次の問いに答えよ。

1 地震によって放出されるエネルギーの単位を何というか。

1 マグニチュード（M）
「震度」は揺れの強さを表す。

2 太陽と月の間に地球が入って、月が欠けて見える現象を何というか。

2 月食

3 大陸移動が、地球を覆う巨大な岩盤の移動によるものだという説を何というか。

3 プレート・テクトニクス

4 四季が生じるのはなぜか。

4 地軸が傾いているから
公転面に対して、23.4°傾いている。

5 真夏によく見られ、雷雨を伴う雲を何というか。

5 積乱雲
俗に入道雲ともよばれる。

6 暖気と寒気がぶつかって、動かなくなった前線を何というか。

6 停滞前線
梅雨前線がこの例。

7 中緯度地方の上空で恒常的に西から東へ吹いている風を何というか。

7 偏西風

8 サンヨウチュウは何紀の示準化石か。

8 古生代カンブリア紀

9 金星や地球のように恒星のまわりを公転している天体を何というか。

9 惑星

10 南米ペルー沖で、何年かに一度海水温が上昇し気象に影響を与える現象を何というか。

10 エルニーニョ現象

11 赤く輝く一等星ベテルギウスをもつ冬の星座は何か。

11 オリオン座
冬の星座だが、夏の夜明け頃にも見ることができる。

12 暖かくて水の澄んだ浅い海であったことを示す地層の示相化石は何か。

12 サンゴ

重要問題

●次の問いに答えよ。

解答・解説

理科・数学
地学 ▼ 頻度 **C**

13 観測地点に最初に到着する地震波を何というか。また、それは縦波か、横波か。

13 Ｐ波、縦波
地震発生時に最初に到達する地震波で、初期微動を起こす。

14 記号 ⊢╌○ の天気、風向、風力を答えよ。

14 天気：曇り、
風向：西北西、
風力：4
風力は羽の短い線の数。

15 北太平洋の亜熱帯高気圧で発生する高温多湿の気団で、夏に関東から西日本にまで張り出してくる気団を何というか。

15 小笠原気団

16 火成岩をつくる鉱物のうち、白色または薄紅色の厚い柱状をしていて割れやすいものは何か。

16 長石
火成岩の主成分：石英、長石、黒ウンモ、カクセン石、輝石、カンラン石

17 地球の自転によって、北半球では、低気圧周辺の風は何回りに回転しているか。

17 左（反時計）
高気圧周辺の風は、反対に、右（時計）回りになる。

Part 8 ● 理科・数学

式の計算 ～平方根・文字式～

詳しくは→別冊P.47 重要項目㉘

基本問題

●次の計算をせよ。

解答・解説

1 $-3^2-(-2)^3\times3$

2 $(-0.1)^2\div(-0.2)^3$

3 $\dfrac{2}{3}-\left(\dfrac{3}{4}-\dfrac{1}{6}\right)$

4 $\left(-\dfrac{2}{3}\right)^2\div\dfrac{1}{6}\times\left(-\dfrac{1}{4}\right)^2$

5 $2\sqrt{3}-\sqrt{18}+\sqrt{8}+\sqrt{27}$

6 $\dfrac{4}{\sqrt{3}}-\dfrac{3}{\sqrt{12}}$

7 $\dfrac{4}{\sqrt{5}-1}$

解答・解説

1 15
与式 $=-9-(-8)\times3$
　　　$=-9+24$

2 -1.25
与式 $=0.01\div(-0.008)$
　　　$=10\div(-8)$

3 $\dfrac{1}{12}$
与式 $=\dfrac{8}{12}-\left(\dfrac{9}{12}-\dfrac{2}{12}\right)$

4 $\dfrac{1}{6}$
与式 $=\dfrac{4}{9}\times6\times\dfrac{1}{16}$

5 $5\sqrt{3}-\sqrt{2}$
与式 $=2\sqrt{3}-3\sqrt{2}+2\sqrt{2}$
　　　$+3\sqrt{3}$
　　　$=(2+3)\sqrt{3}+$
　　　$(-3+2)\sqrt{2}$

6 $\dfrac{5\sqrt{3}}{6}$
まず、分母を有理化する。
与式 $=\dfrac{4\sqrt{3}}{\sqrt{3}\sqrt{3}}-\dfrac{3\sqrt{3}}{\sqrt{12}\sqrt{3}}$
　　　$=\dfrac{4\sqrt{3}}{3}-\dfrac{3\sqrt{3}}{6}$

7 $\sqrt{5}+1$
与式 $=\dfrac{4(\sqrt{5}+1)}{(\sqrt{5}-1)(\sqrt{5}+1)}$

8 $2(x+1)-3(1-x)$

9 $(x+2y)-3(y-2x)$

10 $\dfrac{2x-1}{3}-\dfrac{x-2}{2}$

11 $(a+b)^2-(a-b)^2$

12 $(x+4)^2-(x+1)(2x+1)$

---

8 $5x-1$
与式$=2x+2-3+3x$

9 $7x-y$
与式$=x+2y-3y+6x$

10 $\dfrac{x+4}{6}$
与式$=\dfrac{2(2x-1)-3(x-2)}{3\times2}$

11 $4ab$
与式$=a^2+2ab+b^2$
$\qquad-(a^2-2ab+b^2)$

12 $-x^2+5x+15$
与式$=x^2+8x+16$
$\qquad-(2x^2+3x+1)$

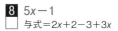

●次の計算をせよ。

13 $x=\sqrt{5}+\sqrt{3}$、$y=\sqrt{5}-\sqrt{3}$のとき、
x^2-y^2+3xyの値を求めよ。

14 $\dfrac{\sqrt{2}}{\sqrt{3}-1}+\dfrac{\sqrt{2}}{\sqrt{3}+1}$

15 $x=\dfrac{1}{2}$、$y=\dfrac{2}{3}$のとき、
$\left(-\dfrac{1}{3}xy\right)^2\div\dfrac{1}{6}x^2y\times\left(-\dfrac{3}{2}xy\right)$の値を求めよ。

---

13 $4\sqrt{15}+6$
$x+y=2\sqrt{5}$、$x-y=2\sqrt{3}$、$xy=5-3=2$で、
与式$=(x+y)(x-y)+3xy$
$\quad=2\sqrt{5}\times2\sqrt{3}+3\times2$

14 $\sqrt{6}$
通分すると、
与式
$=\dfrac{\sqrt{2}(\sqrt{3}+1)+\sqrt{2}(\sqrt{3}-1)}{(\sqrt{3}-1)(\sqrt{3}+1)}$
$=\dfrac{\sqrt{6}+\sqrt{2}+\sqrt{6}-\sqrt{2}}{3-1}$

15 $-\dfrac{2}{9}$
与式$=\dfrac{1}{9}x^2y^2\times\dfrac{6}{x^2y}$
$\qquad\times\left(-\dfrac{3}{2}xy\right)$

この式を簡単に整理してから、x、yの値を代入する。

Part 8 ● 理科・数学
因数分解

詳しくは→別冊P.47 重要項目㉘

◎ 基本問題

● 次の式を因数分解せよ。

解答・解説

1 $12m - 8n$

2 $4ax - 2ay$

3 $3x^2y - 9xy$

4 $9m^2 - 4n^2$

5 $16x^2 + 8x + 1$

6 $9x^2 - 12x + 4$

7 $x^2 - 8x - 20$

8 $x^2 - 11x + 18$

9 $8x^2 - 14x + 3$

10 $x^2 + 3x - 40$

11 $xy + 4x - 2y - 8$

1 $4(3m - 2n)$
与式＝$\underline{4} \cdot 3m - \underline{4} \cdot 2n$

2 $2a(2x - y)$
共通因数$2a$をくくり出す。

3 $3xy(x - 3)$
共通因数$3xy$をくくり出す。

4 $(3m + 2n)(3m - 2n)$
与式＝$(3m)^2 - (2n)^2$

5 $(4x + 1)^2$

6 $(3x - 2)^2$

7 $(x - 10)(x + 2)$
和が-8、積が-20になる2数を見つける。

8 $(x - 2)(x - 9)$
和が-11、積が18になる2数を見つける。

9 $(4x - 1)(2x - 3)$
タスキがけ $4 \diagdown -1 = -2$
$2 \diagup -3 = -12$
$-2 - 12 = -14$

10 $(x + 8)(x - 5)$
和が$+3$、積が-40になる2数を見つける。

11 $(x - 2)(y + 4)$
とりあえずxと-2でくくる。
与式＝$x(y + 4) - 2(y + 4)$

12. $6x^2 + 7xy - 3y^2$

13. $xy - 2x + 3y - 6$

14. $3x^2 + 9x - 30$

15. $12a^2 - 27b^2$

---

12. $(3x-y)(2x+3y)$
タスキがけ
$-2+9=7$

13. $(x+3)(y-2)$
前2項、後2項それぞれを
共通因数でくくってみる。

14. $3(x-2)(x+5)$
まず、共通因数3でくくる。
与式$=3(x^2+3x-10)$

15. $3(2a+3b)(2a-3b)$
共通因数3でくくると、
与式$=3(4a^2-9b^2)$

● **次の式を因数分解せよ。**

16. $2ax - ay - 2by + 4bx$

17. $(x+1)^2 - 4(x+1) + 3$

18. $(x-3)^2 - 3(x-3) - 10$

19. $(p-1)^2 - 4q^2$

20. $9(m+2)^2 - (n-1)^2$

解答・解説

16. $(2x-y)(a+2b)$
前後2項ずつに分ける。
与式$=a(2x-y)+$
$2b(2x-y)$

17. $x(x-2)$
$x+1=A$とおくと、
A^2-4A+3
$=(A-1)(A-3)$

18. $(x-8)(x-1)$
$x-3=A$とおくと、
$A^2-3A-10$
$=(A-5)(A+2)$

19. $(p+2q-1)(p-2q-1)$
$p-1=A$とおくと、
$A^2-(2q)^2$
$=(A+2q)(A-2q)$

20. $(3m+n+5)(3m-n+7)$
$m+2=A$、$n-1=B$とお
くと、$(3A)^2-B^2$

Part 8 ● 理科・数学

2次方程式 ~解の公式・解と係数~

詳しくは→別冊P.47 重要項目㉘

基本問題

●**次の方程式を解け。**

解答・解説

1 $9x^2 - 4 = 0$

1 $x = \pm\dfrac{2}{3}$
$9x^2 = 4$

2 $x^2 - 3x - 10 = 0$

2 $x = -2、5$
因数分解すると、
$(x-5)(x+2) = 0$

3 $x^2 - 10x + 25 = 0$

3 $x = 5$
$(x-5)^2 = 0$

4 $x^2 - 10x + 21 = 0$

4 $x = 3、7$
$(x-3)(x-7) = 0$

5 $x^2 + 3x + 1 = 0$

5 $x = \dfrac{-3 \pm \sqrt{5}}{2}$
$x = \dfrac{-3 \pm \sqrt{3^2 - 4 \times 1 \times 1}}{2 \times 1}$

6 $x^2 - 2x - 5 = 0$

6 $x = 1 \pm \sqrt{6}$
$x = \dfrac{2 \pm 2\sqrt{6}}{2}$ を約分。

7 $x^2 - 4x + 1 = 0$

7 $x = 2 \pm \sqrt{3}$

8 $2x^2 - x - 5 = 0$

8 $x = \dfrac{1 \pm \sqrt{41}}{4}$

9 $3x^2 - 2x - 2 = 0$

9 $x = \dfrac{1 \pm \sqrt{7}}{3}$
$x = \dfrac{2 \pm 2\sqrt{7}}{6}$ を約分。

10 $4x^2 - x - 1 = 0$

10 $x = \dfrac{1 \pm \sqrt{17}}{8}$

11 $x^2 - x - 110 = 0$

11 $x = -10、11$
$(x-11)(x+10) = 0$

●**次の問いに答えよ。**

12 $x^2-ax-4=0$ の1つの解が1のとき、a の値と他の解を求めよ。

12 $a=-3$、$x=-4$
与式に $x=1$ を代入する。

13 $ax^2-2x-12=0$ の1つの解が3のとき、a の値と他の解を求めよ。

13 $a=2$、$x=-2$
与式に $x=3$ を代入する。

重要問題

●**$x^2-2x-4=0$ の2つの解を α、β とするとき、次の問いに答えよ。**

解答・解説

14 $\alpha+\beta$ の値はいくつか。

14 2
$ax^2+bx+c=0$ の2つの解を α、β とするとき、
$\alpha+\beta=-\dfrac{b}{a}$

15 $\alpha\beta$ の値はいくつか。

15 -4
$\alpha\beta=\dfrac{c}{a}$

16 $\alpha^2-3\alpha\beta+\beta^2$ の値はいくつか。

16 24
与式 $=(\alpha+\beta)^2-5\alpha\beta$

●**$3x^2-x-1=0$ の2つの解を α、β とするとき、次の問いに答えよ。**

解答・解説

17 $\alpha+\beta$、$\alpha\beta$ の値はいくつか。

17 $\dfrac{1}{3}$、$-\dfrac{1}{3}$
$ax^2+bx+c=0$ の2つの解を α、β とするとき、
$\alpha+\beta=-\dfrac{b}{a}$、$\alpha\beta=\dfrac{c}{a}$

18 $\alpha^2+5\alpha\beta+\beta^2$ の値はいくつか。

18 $-\dfrac{8}{9}$
与式 $=(\alpha+\beta)^2+3\alpha\beta$

理科・数学

2次方程式～解の公式・解と係数～ ▼頻度 **B**

225

Part 8 ● 理科・数学

2次関数〜グラフの領域〜

詳しくは→別冊P.47 重要項目㉘

基本問題

●次のグラフの式を求めよ。

解答・解説

1 点（2，1）を頂点とし、点（4，5）を通る放物線。

1 $y=x^2-4x+5$
$(p、q)$ を頂点とする放物線は、
$y=a(x-p)^2+q$

2 3点（1，−2）、（−1，8）、（3，−4）を通る放物線。

2 $y=x^2-5x+2$
$y=ax^2+bx+c$に座標を代入し、連立方程式を解く。

3 yが最大値をとる点が（−1，3）で、点（2，−15）を通る放物線。

3 $y=-2x^2-4x+1$
$y=-2(x+1)^2+3$

4 原点を頂点とし、点（6，18）を通る放物線。

4 $y=\dfrac{1}{2}x^2$

5 放物線$y=-3x^2$をx軸方向に−3、y軸方向に−1平行移動した放物線。

5 $y=-3x^2-18x-28$
$y=-3(x+3)^2-1$

6 放物線$y=x^2-2x$をx軸方向に2、y軸方向に3平行移動した放物線。

6 $y=x^2-6x+11$
$y=(x-2)^2-2(x-2)+3$

●放物線$y=x^2-6x+13$のグラフについて、次の問いに答えよ。

解答・解説

7 頂点の座標を求めよ。

7 （3，4）
平方完成して、
$y=(x-3)^2+4$

8 y軸との交点を求めよ。

8 （0，13）
y軸との交点⇒$x=0$

9 $2 \leqq x \leqq 6$ のときの最大値と最小値を求めよ。

10 $y = -3x + 11$ との交点を求めよ。

重要問題

● 次の問いに答えよ。

解答・解説

11 図1の斜線部の領域を不等式で書け。（グラフ上も含む）

11 $\begin{cases} y \geqq x^2 + 4x - 2 \\ y \leqq 0 \end{cases}$

12 図2の斜線部の領域を不等式で書け。（グラフ上も含む）

12 $\begin{cases} y \geqq x^2 \\ y \leqq -2x + 1 \end{cases}$

＊ $y = \sim$ で、
グラフより上の領域は
　　$y \geqq \sim$
グラフより下の領域は
　　$y \leqq \sim$
（＝がグラフ上を表す）

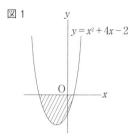

図1

$y = x^2 + 4x - 2$

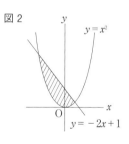

図2

$y = x^2$

$y = -2x + 1$

● 次の不等式で表される領域を、図3のア～スからすべて選べ。

解答・解説

13 $\begin{cases} y \leqq x^2 - 4 \\ y \leqq 2x - 1 \end{cases}$

13 オ、シ、ス
2つのグラフより下の領域。

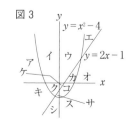

図3

$y = x^2 - 4$

$y = 2x - 1$

ア、イ、ウ、エ、オ、カ、キ、ク、ケ、コ、サ、シ、ス

14 $\begin{cases} y \leqq x^2 - 4 \\ y \geqq 2x - 1 \end{cases}$

14 ア、エ、キ

Part 8 ● 理科・数学

図形・三角比〜正弦・余弦定理〜

詳しくは→別冊P.47 重要項目㉘

基本問題

●次の図の∠xの大きさを求めよ。

解答・解説

1

ℓ ———————

x

85°

40°

m ———————

(ℓ // m)

1 135°
　85°−40°＝45°
　∠x＝180°−45°

2

A
D
O
B 55°
C
x
30°
E

2 95°
　∠ADC＝180°−55°
　　　　＝125°
　∠x＋30°＝125°

●次の斜線部の面積を求めよ。

解答・解説

3

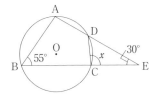

6cm

B　6cm　C

3 $12\pi-9\sqrt{3}$(cm²)
　斜線部の面積＝扇形BAC
　＋扇形CAB−△ABC
　1辺$a$cmの正三角形の面積
　は
　　$\dfrac{\sqrt{3}}{4}a^2$（cm²）

4

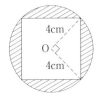

4cm
O
4cm

4 $16\pi-32$(cm²)
　4×4×π−8×8÷2
　正方形（ひし形）の面積
　＝対角線×対角線÷2

●次の計算をせよ。

5　$\sin 45° + \cos 90° + \sin 135°$

6　$\sin 60° + \cos 150° + \tan 60°$

5　$\sqrt{2}$
　　$\sin 135° = \sin 45°$
　　与式 $= \dfrac{\sqrt{2}}{2} + 0 + \dfrac{\sqrt{2}}{2}$

6　$\sqrt{3}$
　　$\cos 150° = -\sin 60°$

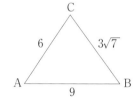
要問題

●図の△ＡＢＣについて、次の問いに答えよ。

解答・解説

正弦定理と余弦定理

・正弦定理
$$\frac{a}{\sin A} = \frac{b}{\sin B} = \frac{c}{\sin C} = 2R$$
・余弦定理
$$a^2 = b^2 + c^2 - 2bc \cos A$$

7　∠Aの大きさを求めよ。

8　△ＡＢＣの外接円の半径を求めよ。

7　$60°$
　　余弦定理を使って、
　　$(3\sqrt{7})^2$
　　$= 6^2 + 9^2 - 2 \cdot 6 \cdot 9 \cdot$
　　　$\cos A$

8　$\sqrt{21}$
　　正弦定理を使って、
　　$\dfrac{3\sqrt{7}}{\sin 60°} = 2R$
　　$R = \dfrac{3\sqrt{7}}{\dfrac{\sqrt{3}}{2} \times 2}$

理科・数学

図形・三角比〜正弦・余弦定理〜　▼頻度Ⓒ

Part 8 ● 理科・数学

確率 ~余事象~

詳しくは→別冊P.47 重要項目㉓

◎ 基本問題

● 次の問いに答えよ。

解答・解説

1 $_nC_2=21$を満たす n はいくつか。

1 7
$n(n-1)\div2=21$

2 6人を1列に並べるとき、何通りの並べ方があるか。

2 720通り
$6!=6\times5\times4\times3\times2\times1$

3 円周上の8個の点から3点を選んで三角形をつくるとき、三角形は全部で何個できるか。

3 56個
$_8C_3=\dfrac{8\times7\times6}{3\times2\times1}=56$
Cは組合せを意味するcombinationの頭文字。

4 男子5人、女子6人のなかから、男子、女子をそれぞれ2人ずつ選ぶ選び方は何通りあるか。

4 150通り
$_5C_2\times_6C_2$

5 さいころを3回振って、3、偶数、5の順に目が出る確率を求めよ。

5 $\dfrac{1}{72}$
$\dfrac{1}{6}\times\dfrac{3}{6}\times\dfrac{1}{6}$

6 A、B、Cの3人がじゃんけんをするとき、AとBの2人が勝つ確率を求めよ。

6 $\dfrac{1}{9}$

7 さいころを2回振って、出る目の数の和が6になる確率を求めよ。

7 $\dfrac{5}{36}$

8 さいころを2回振って、出る目の数の和が3以上になる確率を求めよ。

8 $\dfrac{35}{36}$
$1-$(和が3より小さい確率)
＊余事象の考え方

9 4枚のコインを投げるとき、少なくとも1枚は表が出る確率を求めよ。

9 $\dfrac{15}{16}$

1－（4枚とも裏が出る確率）

10 50校がサッカーのトーナメント戦を行う。引き分けはないとして、全部で何試合あるか。

10 49試合

チーム数－1（試合）

11 7人が円形のテーブルに座るとき、座り方は何通りあるか。

11 720通り

n個の円順列$(n-1)$！
$(7-1)$！

重要問題

●次の問いに答えよ。

解答・解説

12 A～Eの5人が横1列に並ぶとき、BとCが隣り合う確率を求めよ。

12 $\dfrac{2}{5}$

隣り合うのは、4！×2（通り）
5人の並び方は5！（通り）

13 1、2、3、4、5の数字が書いてあるカードがある。3枚のカードを1枚ずつ取り出して順に並べ、3桁の整数をつくるとき、200以上である確率を求めよ。

13 $\dfrac{4}{5}$

できる整数は${}_5P_3$個。
1－（200より小さい確率）
$=1-\dfrac{{}_4P_2}{{}_5P_3}$

14 3個のさいころを同時に投げるとき、少なくとも1個は奇数の目が出る確率を求めよ。

14 $\dfrac{7}{8}$

1－（全部偶数の目が出る確率）

15 当たりが3本、はずれが4本の7本のくじがある。ここから3本引くとき、3本とも当たりの確率を求めよ。

15 $\dfrac{1}{35}$

$\dfrac{{}_3C_3}{{}_7C_3}=\dfrac{1}{\dfrac{7\cdot6\cdot5}{3\cdot2\cdot1}}$

16 赤玉6個と白玉4個が入っている袋から3個の玉を同時に取り出すとき、赤玉が1個、白玉が2個である確率を求めよ。

16 $\dfrac{3}{10}$

$\dfrac{{}_6C_1\cdot{}_4C_2}{{}_{10}C_3}$

理科・数学

確率～余事象～ ▼ 頻度Ⓐ

Part 8 ● 理科・数学

集合 ~ベン図~

基本問題

●次の問いに答えよ。

1 A = {2，4，6，8}、B = {5，6，7，8，9}のとき、A∩Bを求めよ。

1 {6，8}
A∩BはAとBの共通部分。

2 1から200までの整数で、6または9の倍数になるものはいくつあるか。

2 44個
200÷6=33…2
200÷9=22…2
200÷18=11…2
33+22−11=44

3 1～100までの自然数のうち、4の倍数でも7の倍数でもないものは何個あるか。

3 64個
100÷4=25
100÷7=14…2
100÷28=3…16
100−(25+14−3)=64

4 40人のクラスで、メガネをする人が14人、コンタクトとメガネを併用する人が7人、どちらもしない人が21人である。コンタクトを使う人は何人か。

4 12人
コンタクトを使う人をx人とする。
14+x−7=40−21

5 50人の生徒に、イヌとネコのどちらが好きか調べたところ、イヌが好きな人32人、ネコが好きな人20人、イヌもネコも好きでない人8人であった。イヌもネコも好きな人は何人いるか。

5 10人
イヌもネコも好きな人をa人とすると、
32+20−a=50−8

6 100人の生徒に、通学時、電車とバスのどちらを利用するか質問をしたところ、電車53人、バス66人、両方利用する人31人だった。どちらも利用しない人は何人か。

6 12人
どちらも利用しない人を
a人とすると、
$53+66-31=100-a$

7 324の正の約数の個数と、正の約数の総和を求めよ。

7 約数の個数15個、約数の総和847
$324=2^2×3^4$より、
約数の個数
$(2+1)×(4+1)$
約数の総和
$(2^0+2^1+2^2)$
$×(3^0+3^1+3^2+3^3+3^4)$

重要問題

●次の問いに答えよ。

解答・解説

8 3桁の正の整数のうち、5でも9でも割り切れない整数は何個あるか。

8 640個
3桁の整数は100〜999の900個。
5 の 倍 数 …199−19=180個
9 の 倍 数 …111−11=100個
45の倍数…22−2=20個

9 全体集合U＝{a, b, c, d, e, f}、集合A＝{a, c, e}、集合B＝{b, c, f}のとき、A∪$\overline{B}$を求めよ。

9 {a, c, d, e}
$\overline{B}$＝{a, d, e}
「∪」は和集合

10 あるクラス45人の生徒の習い事について調べた。ピアノ、または習字を習っている人が34人である。このうち、ピアノが22人、習字が16人、また、ピアノも習字もスケートも習っていない人は5人であった。スケートだけを習っている人は何人か。

10 6人
スケートだけを習っている人をx人とする。
$34+x=45-5$

233

Part 8 ● 理科・数学
年齢・仕事算

◎ 基本問題

● 次の問いに答えよ。

解答・解説

1 現在母の年齢は40歳で、息子の年齢の5倍である。母の年齢が息子の年齢の9倍だったのは何年前か。

1 4年前
x年前に9倍だったとする。
$40-x=9(8-x)$

2 現在、母の年齢は子の年齢の4倍で、4年前は、母の年齢は子の年齢の7倍であった。現在の母と子の年齢を求めよ。

2 母32歳、子8歳
現在、子がx歳とする。
$4x-4=7(x-4)$

3 ある仕事をAだけですると15日かかり、Bだけですると30日かかる。この仕事をA、B2人ですると、何日かかるか。

3 10日
仕事全体を1とする。
Aは1日に全体の$\frac{1}{15}$、Bは$\frac{1}{30}$。2人で1日に
$\frac{1}{15}+\frac{1}{30}=\frac{1}{10}$

4 水槽に管Aだけで水を入れたら20分でいっぱいになった。管Bだけで水を入れると30分でいっぱいになる。管Aだけで8分水を入れた後、管Bだけで水を何分入れるといっぱいになるか。

4 18分
水槽全体の水量を1とする。
$1-\frac{1}{20}\times8=\frac{3}{5}$
$\frac{3}{5}\div\frac{1}{30}=18$(分)

5 ある仕事をA1人で行うと24時間かかり、AとB2人で行うと16時間かかる。この仕事をB1人で16時間した後、A1人で行うとすると、Aは何時間かかるか。

5 16時間
$\frac{1}{16}-\frac{1}{24}=\frac{1}{48}$
$1-\frac{1}{48}\times16=\frac{2}{3}$
$\frac{2}{3}\div\frac{1}{24}=16$(時間)

6 ある仕事をＡ１人で行うと20日かかり、Ａ、Ｂ２人で行うと15日かかる。この仕事をＡ、Ｂ２人で10日した後、残りをＢ１人ですると、あと何日かかるか。

6 20日
仕事全体を１とする。

$$\frac{1}{15} - \frac{1}{20} = \frac{1}{60}$$

$$\frac{1}{3} \div \frac{1}{60} = 20（日）$$

7 現在の父の年齢は子の年齢の３倍より６歳多く、２年前、父の年齢はちょうど子の年齢の４倍であった。現在の父と子の年齢を求めよ。

7 父42歳、子12歳
現在の子の年齢をx歳とする。
現在の父：$3x+6$（歳）
　$3x+6-2=4(x-2)$

![重要問題]

●**次の問いに答えよ。**

解答・解説

8 ある仕事は、機械Ａ３台では12時間で、ＡとＢの機械１台ずつでは24時間で完成できる。この仕事をＡ３台で$\frac{1}{3}$済ませてから、Ａ１台をＢ１台に交換した。全部Ａ３台で行うときより、何時間遅れたか。

8 $\frac{8}{5}$時間

Ａ１台：$\frac{1}{12} \div 3 = \frac{1}{36}$

$A + A + B = A + (A + B)$

より、$\frac{1}{36} + \frac{1}{24} = \frac{5}{72}$

$\frac{2}{3} \div \frac{5}{72} = \frac{48}{5}$（時間）

$\frac{48}{5} - 12 \times \frac{2}{3} = \frac{8}{5}$（時間）

9 現在、父と母の年齢の和は長女の年齢の６倍より６歳少なく、６年前は父と母の年齢の和は長女の年齢の８倍であった。父が母より６歳年上とするとき、現在の母の年齢を求めよ。

9 39歳
現在、長女をx歳とすると、父母の年齢の和は$6x-6$（歳）
$6x-6-6\times2=8(x-6)$
　$x=15$、$6x-6=84$
父母の年齢は和84、差6。
和差算により、現在の母は、
$(84-6) \div 2 = 39$（歳）

理科・数学

年齢・仕事算▼頻度**Ｂ**

Part 8 ● 理科・数学
損益・通過算

◎ **基**本問題

●**次の問いに答えよ。**

解答・解説

1 ある商品を、原価の3割の利益を見込んで1個3900円の定価をつけた。この商品の原価はいくらか。

1 3000円
原価=定価÷(1+見込む利益の割合)より、
原価=3900÷(1+0.3)

2 仕入れ値の35%の利益を見込んで定価をつけたら、定価が5940円になった。この商品の仕入れ値はいくらか。

2 4400円
仕入れ値をx円とすると、
$x×(1+0.35)=5940$

3 原価の3割の利益を見込んで定価をつけたが、売れなかったので、定価の2割引きで売ったところ、400円の利益があった。この商品の原価はいくらか。

3 10000円
原価をx円とすると、売値は、
$x×(1+0.3)×(1-0.2)$
$=1.04x$(円)
利益 $0.04x=400$

4 長さ140m、時速60kmの列車が、長さ260mのトンネルに入り始めてから、トンネルを出終わるまでに何秒かかるか。

4 24秒
(列車の長さ＋トンネルの長さ)÷列車の速さ(秒速)
=時間
時速を秒速に変換して計算する。
$60÷3.6≒16.7$(m/秒)

5 長さ90mの列車が420mのトンネルを通過するのに、34秒かかった。このとき、列車の時速(km/時)を求めよ。

5 54km/時
(列車の長さ＋トンネルの長さ)÷列車の速さ(秒速)
=34秒

6　長さ80m、速さ1500m/分の列車が、ある鉄橋を渡り始めてから渡り終えるまでに14秒かかった。鉄橋の長さを求めよ。

7　ある商品を定価の15%引きで売ったら、2%の利益があった。仕入れ値の何%の利益を見込んで定価をつけたか。

重要問題

●次の問いに答えよ。

解答・解説

8　列車Aは長さ120m、時速74km、列車Bは長さ150mである。列車A、Bが出合ってから完全に離れるまで6秒かかった。列車Bの時速（km/時）を求めよ。

9　ある商品を何個か仕入れた。仕入れ値の2割増しの定価をつけたら、3/4は定価で売れ、残りの1/4は定価の240円引きにしたら全部売れた。全体で仕入れ値比1割の利益があったとき、この商品1個の仕入れ値はいくらか。

10　総額5000円で同じ商品を何個か仕入れた。仕入れ値の20%の利益を見込んで1個30円の定価をつけて売ったところ、商品の何%かが売れ残ったので、定価の1割引きで売ったら完売し、最終的には仕入れ値比17.6%の利益になった。定価で売れた商品は何個か。

理科・数学

損益・通過算▼頻度 Ⓑ

Part 8 ● 理科・数学

論証 ～真偽と対偶～

基本問題

●次の問いに答えよ。

解答・解説

1 命題といえないものはどれか。ア～エから1つ選べ。

ア　4は奇数である。
イ　1000は大きい。
ウ　$x = 1$のとき$x^2 = 1$である。
エ　6の倍数は3の倍数である。

1 イ
真偽を判断できる式や文が命題。真である必要はない。

2 「pならばqである」の対偶はどれか。ア～ウから1つ選べ。

ア　qならばpである。
イ　pでなければqでない。
ウ　qでなければpでない。

2 ウ
命題「pならばq」に対し、
逆：qならばp
裏：pでなければqでない
対偶：qでなければpでない。（$\bar{q}$ならば$\bar{p}$）
＊「pでない」は「$\bar{p}$」と表す。

3 命題「高いところが好きな人は、好奇心が旺盛である」の対偶命題はどれか。ア～エから1つ選べ。

ア　高いところが好きでない人は、好奇心が旺盛ではない。
イ　好奇心が旺盛な人は、高いところが好きである。
ウ　好奇心が旺盛な人は、何でも知りたがる。
エ　好奇心が旺盛でない人は、高いところが好きでない。

3 エ
p：「高いところが好きな人」
q：「好奇心が旺盛な人」
とすると、
ア：$\bar{p} \rightarrow \bar{q}$（裏）
イ：$q \rightarrow p$（逆）
ウ：元の命題と関係ない。
エ：$\bar{q} \rightarrow \bar{p}$（対偶）

●**次の問いに答えよ。**

4 A～Cのことがわかっているとき、これら
から確実にいえることを、ア～オから1つ
選べ。

A：国語が好きな人は、英語が好きである。
B：歌が好きな人は、英語が好きである。
C：散歩が好きな人は、国語が好きである。

ア 国語が好きな人は、歌が好きである。
イ 散歩が好きな人は、歌が好きである。
ウ 散歩が好きな人は、英語が好きである。
エ 歌が好きな人は、国語が好きである。
オ 英語が好きな人は、散歩が好きである。

4 ウ
構造：p 散歩が好き
　　　　　(C)↓
　q 国語が好き　r 歌が好き
　　(A)↓　　　　　(B)↓
　　　s　英語が好き

ア・イ・エ　関係がない。
ウ　$p \rightarrow q \rightarrow s$
（三段論法）が成立。
オ　$s \rightarrow p$（逆）は成り立
たない。

5 A～Cのことがわかっているとき、これら
から確実にいえることを、ア～オから1つ
選べ。

A：おもしろい人は、若者に好かれる。
B：頭のいい人は、おもしろい人である。
C：おもしろい人は、年長者から信頼され
る。

ア 若者に好かれる人は、年長者から信頼さ
れる。
イ 頭のよくない人は、若者に好かれない。
ウ 年長者から信頼されない人は、おもしろ
くない人である。
エ 若者に好かれない人は、年長者から信頼
されない。
オ 年長者から信頼される人は、おもしろい
人である。

5 ウ
構造：p 頭のいい人
　　　　　(B)↓
　　　q おもしろい人
　(A)↓　　　　　　↓(C)
r 若者に　　s 年長者から
　好かれる　　信頼される

ア　rとsは関係がない。
イ　$p \rightarrow r$は成り立つが、
$\bar{p} \rightarrow \bar{r}$（裏）は成り立たな
い。
ウ　$q \rightarrow s$は成り立つので、
$\bar{s} \rightarrow \bar{q}$（対偶）も成り立つ。
エ　rとsは関係がない。
オ　$q \rightarrow s$は成り立つが、
$s \rightarrow q$（逆）は成り立たな
い。

239

●本文デザイン　佐藤和子
●編集協力　ワードクロス

本書に関する正誤等の最新情報は、下記のURLをご覧ください。
https://www.seibidoshuppan.co.jp/support/

上記URLに掲載されていない箇所で正誤についてお気づきの場合は、書名・発行日・質問事項・ページ数・氏名・郵便番号・住所・ファクシミリ番号を明記のうえ、**郵送またはファクシミリで成美堂出版**までお問い合わせください。
　※電話でのお問い合わせはお受けできません。
　※本書の正誤に関するご質問以外にはお答えできません。また、受験指導等は行っておりません。
　※ご質問の到着確認後、10日前後に回答を普通郵便またはファクシミリで発送いたします。
　※ご質問の受付期間は、2025年4月末までとさせていただきます。ご了承ください。

最新最強の一般常識　一問一答 '26年版
2024年5月20日発行

編　著　成美堂出版編集部

発行者　深見公子

発行所　成美堂出版
　　　　〒162-8445　東京都新宿区新小川町1-7
　　　　電話(03)5206-8151　FAX(03)5206-8159

印　刷　大盛印刷株式会社

©SEIBIDO SHUPPAN 2024 PRINTED IN JAPAN
ISBN978-4-415-23840-1
落丁・乱丁などの不良本はお取り替えします
定価は表紙に表示してあります

別冊

時事キーワード ✚ 重要項目

最新最強の

一般常識
一問一答

'26
年版

成美堂出版

矢印の方向に引くと別冊が取り外せます。

「時事キーワード＋重要項目」目次

図解 このマークがついている項目は、図表・イラストを使い、解説しています。

本書の記載情報は、原則として2024年2月末現在のものです。

政治 | 現政権の動向、働き方改革、外交問題など、様々な動きをつかんでおこう。

岸田政権の動向と主要施策 重要度 ★★★

● 岸田文雄氏は2021年11月に第101代内閣総理大臣に就任、第2次内閣を発足。22年7月の参院選中に**安倍晋三元首相銃撃事件**が発生。被告の母親が旧統一教会信者で多額の**献金**により家庭崩壊を招いていた背景が判明し、教団と自民党議員の接点も明るみに。**安倍氏の国葬**が閣議決定で実施されたことも相まって内閣支持率は急低下、8月に内閣改造。旧統一教会に対しては、11月に文部科学省が宗教法人法に基づく**質問権**を初行使、12月に被害者救済のための新法が成立、23年10月には**解散命令請求**、24年3月には新法に基づく**指定**宗教法人に**指定**。

● 岸田首相が掲げる経済政策「**新しい資本主義**」では当初、成長と分配の好循環を志向。実行計画では投資や改革に重点が置かれ、脱炭素社会に向けた**グリーントランスフォーメーション**（GX）、地方創生におけるデジタル化の促進、**スタートアップ**（新興企業）の大幅な創出などを柱にする。構造的な**賃上げ**や少子化対策の重視も掲げている。

● 中国の海洋進出、北朝鮮のミサイル発射実験やロシアのウクライナ侵攻などを受け、**防衛費**を23年度から27年度の5年間で総額**43兆円**程度とし、ミサイル防衛・自衛を目的とした**反撃能力**の保有も決定。

● 23年5月、G7サミット議長国として**広島**で開催。**招待国**会合にウクライナのゼレンスキー大統領が参加し話題を集めた。9月には内閣改造を行ったが、自民党派閥の**政治資金**をめぐる問題（→P.2「政治資金パーティー問題」）が発覚、党幹部や閣僚の交代が相次ぐことになった。

▼主な閣僚（2023年12月現在）

職名	氏名
内閣総理大臣	岸田文雄
総務大臣	松本剛明
法務大臣	小泉龍司
外務大臣	上川陽子
財務大臣	鈴木俊一
文部科学大臣	盛山正仁
厚生労働大臣	武見敬三
農林水産大臣	坂本哲志
経済産業大臣	齋藤健
国土交通大臣	斉藤鉄夫
環境大臣	伊藤信太郎
防衛大臣	木原稔
内閣官房長官	林芳正
デジタル大臣	河野太郎
復興大臣	土屋品子
国家公安委員会委員長	松村祥史
こども政策担当大臣	加藤鮎子
経済再生担当大臣	新藤義孝
経済安全保障担当大臣	高市早苗
地方創生担当大臣	自見はなこ

マイナンバー制度

重要度 ★★★

●住民票をもつすべての人に**12桁の個人番号**を割り振り、**社会保障・税・災害対策**の3分野で効率的な情報の管理と個人の識別を一体的に行う制度。マイナンバーは個人番号通知書で通知され、申請に基づき顔写真付きの**マイナンバーカード**が交付される。

●21年9月、行政事務のデジタル化を担う**デジタル庁**が発足、当制度の所管庁に。10月からはマイナンバーカードの**健康保険証**としての本格運用がスタート。制度ロードマップによれば、24年12月に**健康保険証廃止**、年度中に**運転免許証**との一体化などが図られる。

2024年問題対策

重要度 ★★

●2024年問題とは、**働き方改革**の一環で24年4月からスタートする、時間外労働の上限規制に端を発する諸問題をいう。特に、物流・運送業界において、従来の**人手**不足に加えドライバーの時間外労働時間が960時間に制限されることで、物流が**停滞**することが懸念されている。

●政府は23年10月に物流の**効率化**や**商慣行**の見直しを柱とする緊急対策をまとめた。**14万人**とも見込まれるドライバー不足解消を目指すが、多重下請け構造の物流業界では、仮に運賃を上げてもすぐに**賃上げ**には結びつかず、効果が上がるかは定かでない。

政治資金パーティー問題

重要度 ★★★

●政権党である自由民主党の複数**派閥**で、政治資金パーティーの収入を政治資金収支報告書に記載せず巨額の裏金となっていたことが発覚、**政治資金規正法違反**の疑いで現職議員が逮捕される事態に。

●所属議員に当選回数などに応じたパーティー券販売の**ノルマ**を設け、ノルマ超過分は議員に**還流**させ（**キックバック**）、派閥・議員側双方の政治資金収支報告書に記載しない会計処理が慣例化していたとされる。

●不正は党幹部や事務総長経験者にも及んでおり、裏金化した金額は、**安倍**派で約6億円、**二階**派で1億円超、**岸田**派でも収支報告書への過少記載があったとされる。

日韓問題

重要度 ★★★

- 2015年、日本と韓国における慰安婦問題について、両国の政府が**日韓合意**を発表し、問題の最終的・不可逆的な解決に向けた道筋が立っていた。しかし17年に当時の韓国大統領が、合意の受け入れを困難とする意志を表明。19年には元慰安婦支援財団も解散した。

- 18年、韓国最高裁は日本企業に対し、太平洋戦争中に動員した元**徴用工**への損害賠償を命じた。日本政府は**日韓請求権**協定に基づき解決済みとの立場を示したが、韓国側は協議を拒否。両国は関係改善を果たせないまま、20年12月には元**徴用工**訴訟をめぐる日本企業の韓国内資産を売却する「**現金化**」が可能な状態に。21年1月にはソウル中央地裁が元慰安婦訴訟に関する日本政府への損害賠償判決を確定させた。

- 22年に大統領に就任した**尹錫 悦**（ユンソンニョル）氏は日韓関係の改善を提起。元**徴用工**問題について韓国政府は、傘下の日帝強制動員被害者支援財団が賠償を肩代わりし、韓国企業などからの寄附を財源とする解決策を発表。23年3月には尹氏が訪日して**日韓首脳会談**も実現。ただ、日本企業に対する訴訟はなお70件ほど継続中で**原告**側勝訴の判決が多く出ている。

普天間基地の辺野古移設

重要度 ★★★

- 沖縄県宜野湾市（ぎのわん）の米軍普天間基地は、過去に全面返還が実現せず、名護市辺野古（へのこ）のキャンプ・シュワブ沿岸部への移設案が再浮上。2013年に当時の沖縄県知事が、**辺野古**沿岸部の埋め立てを承認した。

- 15年に後任の知事が埋め立て承認を取り消し、政府と争う姿勢を見せたが、16年12月に最高裁が違法と判決。17年4月に埋め立て作業の第1段階となる**護岸工事**が始まった。18年9月の県知事選では、前知事の後継者となる**玉城**（たまき）**デニー**氏が勝利。一方で政府は工事を再開し、12月には沿岸部への土砂投入が実行に移された。

- 防衛省は20年4月、軟弱地盤の改良のため工事の設計変更承認を県に申請したが、県はこれを不承認。防衛省が対抗措置として審査請求したことで、**国土交通大臣**が県の不承認を取り消す是正指示を下した。県側はこの指示の取り消しを求めて最高裁まで争ったが敗訴、変更申請を承認する義務を負った。県はこれに従わず**代執行**訴訟となり、福岡高裁判決では**県側敗訴**、上告した。国は23年12月、初の**代執行**を実施。

巨大IT企業への課税と規制 　重要度 ★★

● グーグルや**アップル**、アマゾンなどの巨大IT企業に対する課税国際ルールの検討が続いてきたが、2021年10月に経済協力開発機構（OECD）で、収益の10％を超える利潤の25％を各国売上高に応じて配分することで合意。法人税の最低税率を世界共通で**15％**にすることも決定。国際条約締結を経て、25年の発効が目指されている。

● 日本では独自の規制強化として、21年2月に「特定**デジタルプラットフォーム**の透明性及び公正性の向上に関する法律」が施行。事業者としてヤフーや楽天グループも対象となり、契約条件の開示などが義務づけられた。22年5月には「取引**デジタルプラットフォーム**を利用する消費者の利益の保護に関する法律」が施行。事業者のサイト内に危険性のある商品があり出品者が特定できない場合、内閣総理大臣が事業者に出品削除を要請できることなどが定められている。政府はさらに、スマートフォンの基本ソフト（OS）企業による**アプリ**の配信・**決済**システム独占を規制するための新法を準備中で、24年にも国会提出となる。

デジタル化の進展 　重要度 ★★★

● IoT（Internet of Things）とは「**モノのインターネット**」のこと。身の回りのあらゆるモノがインターネットにつながった状態を指し、人工知能（AI）と組み合わせて産業分野での効率化が期待される。コロナ禍も背景に「情報通信技術の進化による社会の変革」を意味する**デジタルトランスフォーメーション**（DX）が急速に浸透してきた。

● 暗号資産（仮想通貨）や電子マネーを含む**デジタル通貨**を、国家単位で開発する構想が進められている。**CBDC**の略称でよばれる中央銀行デジタル通貨は、中南米のバハマなどで先行導入されており、21年から**日本銀行**も実証実験を開始。日本政府も**キャッシュレス**決済の促進を重視し、賃金のデジタル払いを23年4月に制度化（労働者が同意した場合に可能。**資金移動業者**指定、**労使協定**などを経て運用開始）。

貿易圏の行方　重要度★★★

●2010年に交渉が始まった**環太平洋パートナーシップ（TPP）**協定は貿易や投資の自由化・円滑化を促進することが目的。アメリカの離脱後はTPP11として交渉再開、18年12月に**環太平洋パートナーシップに関する包括的及び先進的な協定（CPTTP）**として6カ国で、23年7月までにすべての原署名国で発効。同月、イギリスが新規加入。

●12年に交渉が始まった**地域的な包括的経済連携（RCEP）**協定は、累計で世界全体の人口・貿易総額・国内総生産（GDP）の約3割を占める広域貿易圏。**東南アジア諸国連合（ASEAN）**の10カ国と、自由貿易協定（FTA）を結ぶ日本など5カ国が参加し、22年1月に日本ほか10カ国で、23年6月までにミャンマーを除く各国で発効。

●一方で22年5月にはアメリカの主導により、対中国を念頭に置いた経済圏構想・**インド太平洋経済枠組み（IPEF）**が発足している。

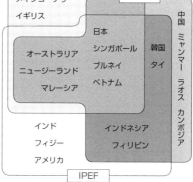

▼CPTTPとRCEPとIPEFの周辺状況

日本銀行の金融政策　重要度★★★

●1882年設立の**中央**銀行。日本銀行法に基づき、**発券**銀行として日本銀行券を発行・管理している。また、物価の安定のため、**国債**の売買等による**公開市場操作**を通じ資金の量や金利を調節する。

●2013年、総裁に黒田東彦（はるひこ）氏が就任。デフレ脱却を目指し同年から**量的・質的金融緩和**、16年から国内の金融政策で初となる**マイナス金利0.1%**を実施。短期の**マイナス金利**を維持しつつ、長期金利を0%程度に誘導する**長短金利操作**も導入。22年12月には長期金利の許容変動幅を上下**0.5%**程度に拡大。23年4月には経済学者の植田和男氏が総裁に就任（学識者は戦後初）。長期金利0.5%超を容認。**マイナス金利**政策は、賃金と物価の好循環を踏まえ24年3月に**解除**。

ロシアによるウクライナ侵攻 重要度★★★

●2022年2月、ロシアの**プーチン**大統領はウクライナの親ロシア勢力による自称共和国を承認。平和維持を名目に軍事侵攻を開始した。ウクライナは**ゼレンスキー**大統領の下で徹底抗戦。欧米各国は対ロシア経済制裁を発動、ウクライナへは**武器**供与を含む支援を展開。ロシアは秋に東部4州（ルガンスク・ドネツク・ザポロジエ・ヘルソン）の併合を宣言したが、ウクライナ軍は23年春までに奪われた領土の半分を奪還。
●戦争の長期化で、ウクライナ支援を行ってきた欧米に顕著な支援疲れがみえる。対してロシアは軍需生産を急拡大、24年に大攻勢をかける構えをみせている。一方で23年12月にはウクライナの**EU（欧州連合）**加盟交渉入りが決まり、EUはロシアとの決別を選択したといえる。

陰りが見える中国 重要度★★

●2013年に国家主席に就任した**習近平**氏（シージンピン）は、任期上限を撤廃し23年3月から3期目に入った。高度な自治を認めてきた**香港**に対し、激しい民主派弾圧で徹底管理。自国の領土と見なす**台湾**への圧力も強めている。
●強気の外交姿勢を崩さない中国だが、**経済力**に陰りが見え始めた。内需が伸び悩み在庫過剰で輸出品の値下がりを招き、品目の7割が下落。また、23年12月には**イタリア**が「一帯一路」からの離脱を通知した。

北朝鮮の核・ミサイル能力 重要度★★★

●北朝鮮の**金正恩**氏（キムジョンウン）は、2021年1月の朝鮮労働党大会で父・**金正日**氏（キムジョンイル）が死去して以来の**総書記**に就任し、核戦力の強化を表明した。
●12年から23年8月までに**核実験**を4回、弾道ミサイル等の発射を170発実施。23年12月には、新型ICBM（大陸間弾道ミサイル）「**火星18型**」の発射訓練を初めて行い、従来の液体燃料式より迅速に発射できる**固体燃料式**のICBMについても実戦配備の段階にあると誇示した。

ガザ戦闘とその火種

重要度 ★★★

●2023年10月、イスラム組織**ハマス**
が実効支配するパレスチナ自治区ガザで、
ハマスと**イスラエル**軍による衝突が起き、
民間人を多く巻き込んでの戦闘となった。
4カ月でガザの住宅の7割が損壊、死者
数は5ヵ月で3万人を超えた。戦闘は長
引き、周辺国を巻き込んで中東全域の危機となっている。

●問題のそもそもの火種は、100年以上前の**英国**の外交にあるとされる。
アラブ人に対しては「フセイン・マクマホン協定」によりアラブ独立と
パレスチナ居住を約束。**ユダヤ**人に対しては「バルフォア宣言」により
パレスチナに移住を認め建国に協力すると約束。第2次世界大戦でナチ
スドイツの迫害を受けた**ユダヤ**人は1948年悲願のイスラエル建国を
果たしたが、それはパレスチナ人には受け入れがたいことだった。

米政権の行方

重要度 ★★★

●2024年は史上最大の選挙イヤーとなった。1月に**台湾総統選**、2
月にインドネシア大統領選、3月に**ロシア**大統領選、4～5月にインド
総選挙、11月にアメリカ大統領選、25年1月までに**英国総選挙**が行
われる。最大の関心を集めるのは米大統領戦だろう。バイデン大統領が
再選を目指すと表明する一方でトランプ前大統領の出馬も見込まれるか
らだ。

●当然ながら両者の政策・公約は正反対。不法移民について、バイデン
氏は流入抑止へ壁の建設再開を、トランプ氏は強制送還を主張。**イスラ
ム圏**からの入国規制を解除するとするバイデン氏に対し、**イスラム**教徒
の多い国からの渡航禁止復活を主張するトランプ氏。中国との通商関係
維持に対して中国の**最恵国待遇**撤廃。地球温暖化対策の国際的枠組み**パ
リ協定**への復帰に対して再脱退。EVの販売拡大へ税制優遇に対してEV
移行に向けた制度撤廃、など。

●トランプ氏出馬に関しては、氏が関与した複数の事件に対する米連邦
最高裁の判断が影響しそうだが、ロシア－ウクライナ戦争の長期化、中
東危機などはバイデン氏への逆風となっている。

年金制度改革

 重要度 ★★

- 日本の公的年金制度は、現役世代が納めた年金保険料をそのまま高齢者に支給する賦課方式。少子高齢化に伴って支え手の労働者数が減少し高齢者が増加するなか、制度を長期間にわたって保てるようにしたのが、2004年の年金法改正により導入された**マクロ経済スライド**である。年金額の改定は、賃金・物価上昇率から**スライド調整率**（被保険者の変動率＋平均余命の伸び率）を差し引いて実施される。
- 年金制度改革の一環として短時間労働者への**厚生年金**保険の適用を、22年10月から従業員101人以上の企業に拡大。24年10月からはさらに51人以上の企業が対象になる。一方、**国民年金**の保険料納付期間を5年間延長する案が検討されており、早ければ26年頃に実現。

原発安全審査と再稼働

 重要度 ★★★

- 東京電力福島第一原子力発電所の事故を踏まえ、地震・津波に備える厳しい基準が定められた。安全審査は**原子力規制委員会**が行う。
- 2015年8月、九州電力**川内**（せんだい）原子力発電所1号機が全国で初めて**新規制基準**に基づき再稼働。20年11月には**テロ**対策を目的とする特

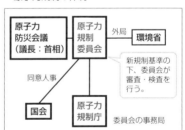

▼原子力規制の体制

定重大事故等対処施設（特重施設）の運用も全国で最初に開始。
- 23年10月の段階で、関西電力**高浜**原発1〜4号機、**大飯**原発3、4号機、**美浜**原発3号機、四国電力**伊方**原発3号機、九州電力**玄海**原発3、4号機、**川内**原発1、2号機の計12基が稼働中。
- ロシアのウクライナ侵攻を端緒とするエネルギー供給危機に対応するため、また脱炭素社会の実現に向けて、政府は廃炉となる原発の敷地内での**次世代革新炉**への建て替えや、運転期間の延長などを進める。

1票の格差

- 国会議員1人あたりの有権者数を、選挙区間で比較した場合に生じる**格差**。日本国憲法第**14条**（法の下の平等）に違反するとされている。
- 格差是正のための衆議院選挙制度改革として**アダムズ方式**による選挙区の区割り改定と定数配分見直しを、2020年の国勢調査をもとに適用。22年12月に改正公職選挙法が施行され、次期選挙で衆議院の小選挙区定数は**10増10減**が決定した。**東京都で5増、神奈川県で2増、千葉県・埼玉県・愛知県で各1増。宮城・福島・新潟・滋賀・和歌山・岡山・広島・山口・愛媛・長崎の各県で1減。比例代表は3増3減で、東京都2増、南関東1増、東北・北陸信越・中国で各1減。
- 1票の格差が最大3.03倍だった2022年7月の参院選について、2つの弁護士グループが選挙無効を求めた計16件の訴訟では、最高裁は2023年10月に**合憲**と判断した。

国連気候変動枠組条約

- 1992年に採択された、地球温暖化防止に向けた国際的な取り決めのこと。94年に発効。これまでに締約国は200カ国・地域。
- 95年からは、国連気候変動枠組条約締約国会議（COP）を開催している。97年のCOP3では**京都議定書**が採択。2015年12月にはパリで21回目の会議（COP21）が行われ、20年以降の地球温暖化対策の枠組を定めた**パリ協定**が採択された（発効は16年11月）。
- 日本は**50年**までに温室効果ガスの排出を実質ゼロにすることを宣言。30年度までに13年度比で**46%**削減する目標も掲げている。
- 21年の**COP26**ではグラスゴー気候合意を採択、気温上昇を産業革命前から**1.5度**以内に抑える世界共通の目標が明記された。温室効果ガス削減対策が講じられていない石炭火力発電は「段階的削減（フェーズダウン）」、化石燃料への補助金は「段階的廃止（フェーズアウト）」とする方針と、温室効果ガスの削減実績（排出権）を国家間で融通する**市場メカニズム**の実施指針も示された。
- 22年の**COP27**では途上国支援としての**基金**の設立で合意、23年の**COP28**では、およそ10年間で**化石燃料**からの脱却を加速、**再生可能**エネルギーを30年までに現状の3倍に拡大する方向性を示した。

① 戦後の首相と主な業績

首相	在任期間	主な業績	出来事
吉田茂	1946～47	選挙を経ていない、非衆議院議員最後の首相	日本国憲法制定
片山哲	1947～48	**社会党**を中心とする三党連立、日本国憲法下で国会の指名を受け組閣を行った最初の内閣	関東・東北大水害
芦田均	1948～48	三党連立内閣（民主党、**社会党**、**国協党**）の継続	教育委員会法公布
吉田茂	1948～54	「吉田ワンマン体制」を確立。側近として、大蔵省の池田勇人、運輸省（元鉄道省）の佐藤栄作ら「吉田学校」とよばれた集団が活躍	サンフランシスコ平和条約と日米安全保障条約の批准
鳩山一郎	1954～56	日ソ国交回復、**55年体制**の確立	日ソ共同宣言の批准・国際連合加盟
石橋湛山	1956～57	内閣発足直後に病に倒れ、わずか2カ月で辞職	「昭和基地」開設
岸信介	1957～60	**新日米安全保障条約**の批准	60年安保騒動
池田勇人	1960～64	**国民所得倍増**計画、「貧乏人は麦を食え」「私は嘘は申しません」発言など	東京オリンピック
佐藤栄作	1964～72	日韓基本条約の批准、小笠原諸島・沖縄返還、**非核**三原則	高度経済成長期
田中角栄	1972～74	日本列島改造論、**日中国交正常化**	第1次オイルショック
三木武夫	1974～76	現職総理として初めて終戦記念日に**靖国神社**参拝	ロッキード事件
福田赳夫	1976～78	**日中平和友好**条約の批准	ダッカ日航機ハイジャック事件
大平正芳	1978～80	環太平洋連帯構想・総合安全保障構想などの提言	第2次オイルショック
鈴木善幸	1980～82	**比例代表制**の導入決定	新宿西口バス放火事件
中曽根康弘	1982～87	日本専売公社・**日本国有鉄道**・日本電信電話公社の民営化、「風見鶏」といわれる	男女雇用機会均等法公布、プラザ合意
竹下登	1987～89	ふるさと創生1億円、**消費税**導入	昭和天皇死去
宇野宗佑	1989～89	参院選で**自民党**惨敗、与野党逆転	女性スキャンダル
海部俊樹	1989～91	自衛隊ペルシャ湾派遣	湾岸戦争
宮沢喜一	1991～93	**PKO協力法**成立、自衛隊カンボジア派遣	バブルの崩壊
細川護熙	1993～94	8政党・会派の連立政権、**55年体制**の崩壊、小選挙区比例代表並立制の導入決定	新党ブーム
羽田孜	1994～94	**社会党**の連立政権離脱、少数与党内閣	松本サリン事件
村山富市	1994～96	自社さ連立内閣発足	阪神淡路大震災
橋本龍太郎	1996～98	6大改革、消費税5％へ引き上げ	不良債権問題
小渕恵三	1998～2000	憲法調査会設置、国旗・国歌法、通信傍受法成立	東海村JCO臨界事故
森喜朗	2000～01	IT革命	えひめ丸事件
小泉純一郎	2001～06	「構造改革なくして景気回復なし」、**郵政**民営化	北朝鮮より拉致被害者一部帰国
安倍晋三	2006～07	「美しい国日本」、**教育基本法**改正、**防衛庁**の省昇格	食品偽装事件
福田康夫	2007～08	与野党逆転の「ねじれ国会」	後期高齢者医療制度発足
麻生太郎	2008～09	ソマリア沖に自衛隊を派遣	ノーベル賞4人同時受賞
鳩山由紀夫	2009～10	非自民政権誕生	JAL経営破綻
菅直人	2010～11	復興基本法・再生可能エネルギー特別措置法成立	東日本大震災
野田佳彦	2011～12	TPP交渉参加表明	社会保障と税の一体改革
安倍晋三	2012～20	消費税8・10％へ引き上げ、安全保障関連法成立	天皇の退位と即位
菅義偉	2020～21	**デジタル庁**の発足	東京オリンピック
岸田文雄	2021～	「新しい資本主義」の提唱、**反撃**能力の保有決定	ロシアのウクライナ侵攻

2 覚えておきたい政治用語

日本国憲法の三大原則	国民主権・基本的人権の尊重・**平和主義**
憲法第9条	戦争の放棄・**交戦権**の否認・戦力の不保持
憲法改正	各議院の総議員の**3分の2**以上の賛成で発議、国民投票で**過半数**の賛成を得ることで改正
国民の三大義務	勤労の義務・納税の義務・子どもに**教育**を受けさせる義務
基本的人権	**参政権**・平等権・社会権・請求権・自由権
国会	国権の**最高機関**で唯一の立法機関
二院制	衆議院・**参議院**
委員会制度	常任委員会：付託された法律案などの案件を審査
	特別委員会：特に必要があると認められた案件を審査
衆議院の優越	例えば、予算、条約、**内閣総理大臣**の指名においては、衆参の意思が異なり両院協議会でも意見が一致しないとき、**参院**が規定期間内に議決しないときは、**衆院**の議決が国会の議決となる
通常国会	1月に召集、会期150日間、予算審議を行う
臨時国会	内閣または衆参いずれかの議院の総議員の**4分の1**の要求で召集
特別国会	衆議院解散総選挙後30日以内に召集
定足数	議決に必要な最少出席者を指す。各院総議員の**3分の1**
内閣	行政権の主体。**最高裁判所長官**の指名・その他裁判官の任命、**条約**の締結・外交処理、予算作成・政令制定、恩赦の決定、**天皇**の国事行為への助言と承認などを行う
裁判所の種類	最高裁判所と下級裁判所（高等裁判所・**地方裁判所**・家庭裁判所・**簡易裁判所**）
司法権	最高裁判所と**下級裁判所**に属する
違憲立法審査権	裁判所は**法律**・命令・**規則**・処分が憲法に違反していないか審査できる
国民審査制度	**最高裁判所の裁判官15人**を罷免するか**国民**が審査する制度
職権の独立	裁判官は、国会・**内閣**・他の裁判官の影響を受けずに裁判することが保障されている
地方自治の原則	**団体自治**：政治や行政をその地域に任せる考え方
	住民自治：その地域の住民が自らの意思と責任で政治を処理する考え方
比例代表制	政党名に投票し、得票数に応じて候補者名簿の**議席**を配分する
大選挙区制	選挙区ごとの議員定数2名以上。参議院選挙の一部で採用されている
小選挙区制	選挙区ごとの議員定数1名。衆議院選挙の一部で採用されている

覚えておきたい経済用語

国民総所得（GNI）	総生産額－中間生産物
国内総生産（GDP）	GNI－海外からの純所得
国内純生産（NDP）	GDP－固定資本減耗（減価償却費）
国民所得（NI）	GNI－固定資本減耗－純間接税（生産・輸入品に課される税－補助金）
経済成長率	**GDP**の年間増加率（名目経済成長率）
実質経済成長率	名目経済成長率－**物価**上昇率（実質GDPに基づいた経済成長率のこと。名目経済成長率の対義語）
国富	国内の全**有形資産**（土地や建物など）に**対外純資産**を加えた総額
ストック	ある時点での一国の**財貨**の蓄え
フロー	ある一定期間に国民が生産・取引した付加価値。**国民所得**や国内総生産で表される
経済主体	**政府·企業·家計**
生産の三要素	**土地·労働·資本**
インフレーション	物価が**上昇**し、貨幣価値が下落
デフレーション	物価が下落し、貨幣価値が**上昇**
景気変動の波	**キチンの波**：約**40カ月**の周期をもつ**景気循環**
	ジュグラーの波：約**10年**の周期をもつ**景気循環**。設備投資が起因する
	クズネッツの波：約**20年**の周期をもつ**景気循環**。建築物の需要が起因する
	コンドラチェフの波：約**50年**の周期をもつ**景気循環**。技術革新が起因する
スタグフレーション	景気が**後退**しつつあるときに**インフレ**が加速する状態
三面等価の原則	**生産**国民所得＝**分配**国民所得＝支出国民所得（国民所得を**生産面、分配面**、支出面からみても同じ値になるという原則）
価格の自動調節機能	価格が需要と**供給**の量を一致させること
独占の形態	カルテル：**企業間**で価格や生産数量、販売地域などを協定すること
	トラスト：**複数の同業会社**を合併·買収することによって市場を一社で支配すること
	コンツェルン：**親会社**が独立した企業の株式をもち支配する企業形態
コングロマリット	異業種を集め多角経営を行う**複合企業体**のこと
日銀の三大金融政策	**金利政策·公開市場操作**·支払準備率操作
基準割引率および基準貸付利率	日本銀行から**市中銀行**へ貸し出す際の基準金利(旧**固定歩合**)
公開市場操作	日本銀行が一般公開市場で**通貨量**を調整すること（金融政策）
国債	国が必要資金を調達するときに、借入証書として発行する**債券**
財政の働き	資源の配分·**所得**の再分配·**景気**の安定化

Point

日本の2023年の名目GDPは、ドイツに抜かれ4位（1位米国、2位中国）。日本の円安とドイツの高インフレの影響もあるが、日本の成長力の低下が背景として大きい。00年からの名目GDPの伸び（自国通貨建て）でも、中国12.6倍、米国2.6倍、ドイツ1.9倍に対して1.1倍にとどまる。

経済循環と国民所得

経済循環のしくみ

政府・**企業**・**家計**の３つの経済主体が、財貨やサービスの流通を通じて密接に結びつきながら生産活動と消費活動を繰り返していくことを、経済循環という。

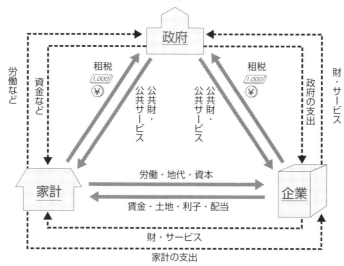

国民所得などの計算 （フロー統計／１年ごとに計算）

〔総生産額〕		
〔国民総所得〕 （GNI）	総生産額－中間生産物*1	中間生産物
〔国内総生産〕 （GDP）	GNI－海外からの純所得	海外からの純所得
〔国内純生産〕 （NDP）	GDP－固定資本減耗*2 （減価償却費）	固定資本減耗 （減価償却費）
〔国民所得〕 （NI）	GNI－固定資本減耗－純間接税 （減価償却費）	純間接税　固定資本減耗 （減価償却費）

*1 商品（製品）の原材料
*2 建物・機械など生産設備の使用による減耗分

都道府県の基本データ

都道府県庁所在地（特徴）

<北海道>

☑北海道▶**札幌市**（面積１位）

<東北地方>

☑青森県▶**青森市**（りんご）

☑岩手県▶**盛岡市**（中尊寺）

☑宮城県▶**仙台市**（牛タン）

☑秋田県▶**秋田市**（なまはげ）

☑山形県▶**山形市**（蔵王温泉）

☑福島県▶**福島市**（もも）

<関東地方>

☑茨城県▶**水戸市**（メロン）

☑栃木県▶**宇都宮市**（日光東照宮）

☑群馬県▶**前橋市**（富岡製糸場）

☑埼玉県▶**さいたま市**（小江戸・川越）

☑千葉県▶**千葉市**（醬油、梨）

☑東京都▶**新宿区**（首都、小笠原諸島）

☑神奈川県▶**横浜市**（鎌倉、箱根）

<中部地方>

☑新潟県▶**新潟市**（長さ１位信濃川）

☑富山県▶**富山市**（黒部ダム、雷鳥）

☑石川県▶**金沢市**（加賀友禅、九谷焼）

☑福井県▶**福井市**（鯖江のメガネ枠）

☑山梨県▶**甲府市**（富士五湖）

☑長野県▶**長野市**（北アルプス）

☑岐阜県▶**岐阜市**（白川郷の合掌造り）

☑静岡県▶**静岡市**（茶、ピアノ生産）

☑愛知県▶**名古屋市**（名古屋城）

☑三重県▶**津市**（伊勢神宮、松阪牛）

<近畿地方>

☑滋賀県▶**大津市**（琵琶湖）

☑京都府▶**京都市**（西陣織、清水寺）

☑大阪府▶**大阪市**（人口３位）

☑兵庫県▶**神戸市**（姫路城）

☑奈良県▶**奈良市**（平城京、吉野杉）

☑和歌山県▶**和歌山市**（高野山）

<中国地方>

☑鳥取県▶**鳥取市**（砂丘、三朝温泉）

☑島根県▶**松江市**（出雲大社）

☑岡山県▶**岡山市**（白桃、マスカット）

☑山口県▶**山口市**（秋芳洞、ふぐ）

☑広島県▶**広島市**（牡蠣、原爆ドーム）

<四国地方>

☑徳島県▶**徳島市**（阿波踊り）

☑香川県▶**高松市**（讃岐うどん）

☑愛媛県▶**松山市**（道後温泉）

☑高知県▶**高知市**（四万十川）

<九州地方>

☑福岡県▶**福岡市**（明太子）

☑佐賀県▶**佐賀市**（吉野ヶ里遺跡）

☑長崎県▶**長崎市**（大浦天主堂）

☑熊本県▶**熊本市**（阿蘇山、三角西港）

☑大分県▶**大分市**（湯布院、かぼす）

☑宮崎県▶**宮崎市**（高千穂峡）

☑鹿児島県▶**鹿児島市**（黒豚、桜島）

<沖縄県>

☑沖縄県▶**那覇市**（琉球文化）

重・要・項・目

6 社会保障制度

社会保険の種類

社会保険
- **医療保険**——保険料を支払うことで、傷病時に一部の自己負担で医療を受けることができる制度。
- **年金保険**——20歳から継続して保険料を支払うことで、老齢になったときに年金が給付される制度。
- **雇用保険**——失業した場合の現金給付と、失業予防や職業訓練などが行われる制度。
- **労災保険**——業務災害、通勤災害による労働者の負傷・疾病などに対して保険給付を行う制度。
- **介護保険**——保険料を支払い、要介護状態になったときに介護サービスを受ける制度。

年金制度の枠組み

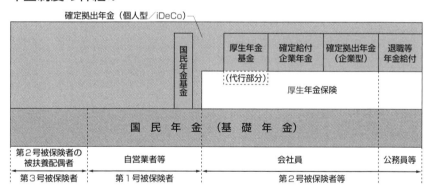

公的年金の種類

公的年金
- **老齢年金**——**老齢**基礎年金の場合、納付期間と免除期間の合計が**10年以上**ある、原則として**65歳以上**の人に支給される。
- **障害年金***——**障害**基礎年金の場合、国民年金の加入期間中に初診日のある病気や怪我で、障害の状態にある間に支給される。
- **遺族年金***——**遺族**基礎年金の場合、国民年金加入者が死亡したときに、その人に生計を維持されていた子(18歳未満。障害者は20歳未満)のいる配偶者または子に支給される。

＊受給条件には、一定の期間に未納がないことなどがある。

重・要・項・目
7 環境

●環境問題に対する国際的取り組みの流れ

1971年	**ラムサール**条約（水鳥の生息地である湿地を守るための条約）
1972年	**国連人間環境**会議（ストックホルム会議）
1973年	**ワシントン**条約（絶滅のおそれがある野生動植物の国際取引を制限する条約）
1985年	**ウィーン**条約（オゾン層保護のための国際的な対策の枠組を定めた条約）
1987年	**モントリオール**議定書（オゾン層を破壊する物質に関する議定書）
1989年	**バーゼル**条約（一定の廃棄物の国境を越える移動などについて規定した条約）
1991年	環境保護に関する南極条約議定書
1992年	**地球**サミット（環境と開発に関する国連会議）
1994年	**砂漠化**対処条約（UNCCD）
1997年	**京都議定書**（国連気候変動枠組条約締約国会議（COP3））
1998年	**オーフス**条約（環境に関する、情報へのアクセス、意思決定における市民参加、司法へのアクセス条約）
2000年	**カルタヘナ**議定書（生物の多様性に関する条約）
2002年	**ヨハネスブルク・サミット**（持続可能な開発に関する世界首脳会議）
2015年	**パリ**協定（COP21）

●京都議定書で決まったこと

温室効果ガスの削減率（2008年〜12年で実行。削減率は1990年比）

・欧州連合（EU）**8**％、米国**7**％、日本**6**％など

・先進国がほかの国と共同で削減する3つのしくみを導入（**京都メカニズム**）

・**森林**の吸収も削減とみなされる

各国の CO_2 排出量割合
（2021、IEA調べに基づく）

中国 31.7%
アメリカ 13.6%
その他の国 32.7%
韓国 1.7%
インドネシア 1.7%
ドイツ 1.9%
イラン 1.9%
日本 3.0%
ロシア 5.0%
インド 6.8%

●パリ協定とは

2020年以降の地球温暖化対策の枠組を定める。15年12月にフランス・パリで開催された、COP21で採択。16年11月に発効した→時事キーワードP.9「国連気候変動枠組条約」

重・要・項・目

8 国連

国際連合／国連

(United Nations)

世界の**平和**と経済・社会の発展のために協力することを目的とし、国際連合憲章の下に設立された国際機構。本部は**ニューヨーク**に置かれている。現在は193カ国が加盟。

国連総会
すべての加盟国が参加する国連の議会。各国が1票を有し、国連に関わるすべての問題を討議する。

事務局
国連の行政機関。事務総長が統括し、各国の利害を離れ中立な立場から運営する。

国際司法裁判所
国連の司法機関。本部はオランダのハーグに置かれ、裁判官15人で構成される。

信託統治理事会
特定地域の信託統治を監督。1994年、任務がほぼ完了したため活動を停止。

安全保障理事会
国際平和を守るために設置。平和的手段による紛争解決を要請。常任理事国に拒否権あり。

経済社会理事会
貿易・経済開発などの経済問題、人口・差別問題などの社会問題を担当する。

＊非常任理事国は10カ国で、毎年半数の5カ国が改選される。

常任理事国 （5カ国）	非常任理事国（任期2年）	
	2024年末まで	2025年末まで
アメリカ	日本	アルジェリア
イギリス	スイス	ガイアナ
フランス	マルタ	韓国
ロシア	エクアドル	シエラレオネ
中国	モザンビーク	スロベニア

主な専門機関・関連機関
国際通貨基金（IMF）
国際復興開発銀行（IBRD）
国連教育科学文化機関（UNESCO）
国連食糧農業機関（FAO）
国際労働機関（ILO）
世界保健機関（WHO）
世界知的所有権機関（WIPO）
万国郵便連合（UPU）
世界気象機関（WMO）
国際開発協会（IDA）

重要項目

7 環境／8 国連

17

EUのしくみと加盟国

EU（欧州連合）のしくみ

1958年発足のEEC（欧州経済共同体）、1967年成立のEC（欧州共同体）が前身。
1993年、マーストリヒト条約発効によって発足。2009年、新たな基本条約として
リスボン条約が発効。現在は27カ国が加盟。共通通貨ユーロは20カ国が導入。

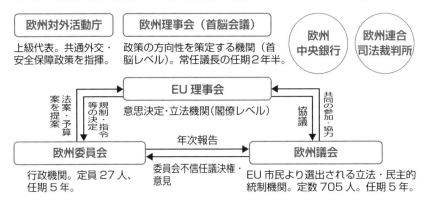

欧州対外活動庁	欧州理事会（首脳会議）
上級代表。共通外交・安全保障政策を指揮。	政策の方向性を策定する機関（首脳レベル）。常任議長の任期2年半。

欧州中央銀行　　欧州連合司法裁判所

EU理事会
意思決定・立法機関（閣僚レベル）

法案・予算案を提案　　規制・指令等の決定　　協議　　共同の参加・協力

欧州委員会
行政機関。定員27人、任期5年。

年次報告　　委員会不信任議決権・意見

欧州議会
EU市民より選出される立法・民主的統制機関。定数705人。任期5年。

加盟国

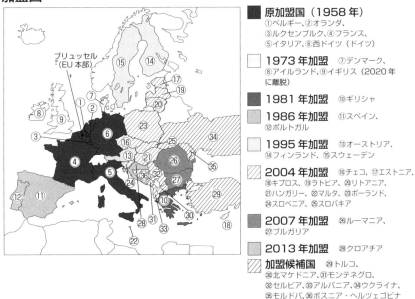

ブリュッセル（EU本部）

原加盟国（1958年）
①ベルギー、②オランダ、③ルクセンブルク、④フランス、⑤イタリア、⑥西ドイツ（ドイツ）

1973年加盟　⑦デンマーク、⑧アイルランド、⑨イギリス（2020年に離脱）

1981年加盟　⑩ギリシャ

1986年加盟　⑪スペイン、⑫ポルトガル

1995年加盟　⑬オーストリア、⑭フィンランド、⑮スウェーデン

2004年加盟　⑯チェコ、⑰エストニア、⑱キプロス、⑲ラトビア、⑳リトアニア、㉑ハンガリー、㉒マルタ、㉓ポーランド、㉔スロベニア、㉕スロバキア

2007年加盟　㉖ルーマニア、㉗ブルガリア

2013年加盟　㉘クロアチア

加盟候補国　㉙トルコ、㉚北マケドニア、㉛モンテネグロ、㉜セルビア、㉝アルバニア、㉞ウクライナ、㉟モルドバ、㊱ボスニア・ヘルツェゴビナ

NATOのしくみと加盟国

NATO（北大西洋条約機構）のしくみ

1949年、ワシントンで調印された軍事的機構。「集団防衛」「危機管理」「協調的安全保障」を中核的任務に掲げる。現在は32カ国が加盟。

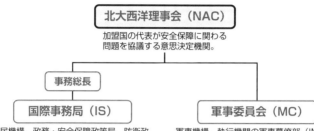

北大西洋理事会（NAC）
加盟国の代表が安全保障に関わる問題を協議する意思決定機関。

事務総長

国際事務局（IS）
文民機構。政務・安全保障政策局、防衛政策・計画局などがある。事務総長は、NACの議長を兼ねる。

軍事委員会（MC）
軍事機構。執行機関の軍事幕僚部（IMS）、作戦連合軍（ACO）、変革連合軍（ACT）などがある。

加盟国

●原加盟国（1949年）

ベルギー、イギリス、フランス、オランダ、ルクセンブルク、ポルトガル、デンマーク、ノルウェー、アイスランド、アメリカ、カナダ、イタリア

●その後の加盟国

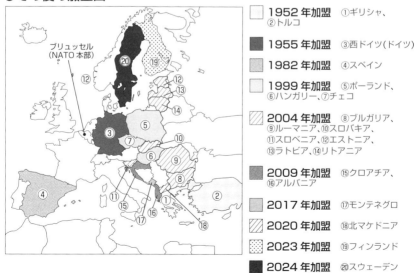

1952年加盟	①ギリシャ、②トルコ
1955年加盟	③西ドイツ（ドイツ）
1982年加盟	④スペイン
1999年加盟	⑤ポーランド、⑥ハンガリー、⑦チェコ
2004年加盟	⑧ブルガリア、⑨ルーマニア、⑩スロバキア、⑪スロベニア、⑫エストニア、⑬ラトビア、⑭リトアニア
2009年加盟	⑮クロアチア、⑯アルバニア
2017年加盟	⑰モンテネグロ
2020年加盟	⑱北マケドニア
2023年加盟	⑲フィンランド
2024年加盟	⑳スウェーデン

ブリュッセル（NATO本部）

11 主な国の首都

●ヨーロッパ

①グレートブリテン及び北アイルランド
　連合王国（イギリス）▶ロンドン

②フランス共和国▶パリ

③イタリア共和国▶ローマ

④オーストリア共和国▶ウィーン

⑤オランダ王国▶アムステルダム

⑥ギリシャ共和国▶アテネ

⑦スイス連邦▶ベルン

⑧スウェーデン王国▶ストックホルム

⑨スペイン王国▶マドリード

⑩ドイツ連邦共和国▶ベルリン

⑪ノルウェー王国▶オスロ

⑫フィンランド共和国▶ヘルシンキ

⑬ベルギー王国▶ブリュッセル

⑭ポーランド共和国▶ワルシャワ

⑮ポルトガル共和国▶リスボン

⑯ウクライナ▶キーウ（キエフ）

⑰ベラルーシ共和国▶ミンスク

⑱ロシア連邦▶モスクワ

●オセアニア・北中南米

⑲オーストラリア連邦▶**キャンベラ**
⑳ニュージーランド▶**ウェリントン**
㉑アメリカ合衆国▶**ワシントンD.C.**
㉒カナダ▶**オタワ**
㉓メキシコ合衆国▶**メキシコシティ**
㉔キューバ共和国▶**ハバナ**
㉕チリ共和国▶**サンティアゴ**
㉖ブラジル連邦共和国▶**ブラジリア**
㉗ペルー共和国▶**リマ**

●アジア

㉘日本国▶**東京**
㉙中華人民共和国▶**北京（ペキン）**
㉚大韓民国▶**ソウル**
㉛朝鮮民主主義人民共和国（北朝鮮）▶**平壌（ピョンヤン）**
㉜モンゴル国▶**ウランバートル**
㉝インドネシア共和国▶**ジャカルタ**
㉞マレーシア▶**クアラルンプール**
㉟フィリピン共和国▶**マニラ**
㊱タイ王国▶**バンコク**
㊲シンガポール共和国▶**なし(都市国家)**
㊳ベトナム社会主義共和国▶**ハノイ**
㊴ミャンマー連邦共和国▶**ネーピードー**
㊵ウズベキスタン共和国▶**タシケント**
㊶カザフスタン共和国▶**アスタナ**
㊷パキスタン・イスラム共和国▶**イスラマバード**
㊸インド共和国▶**ニューデリー（デリー）**

●中東

㊹アフガニスタン・イスラム共和国▶**カブール**
㊺イスラエル国▶**エルサレム（国際社会の多くから未承認）**
㊻シリア・アラブ共和国▶**ダマスカス**
㊼サウジアラビア王国▶**リヤド**
㊽イラク共和国▶**バグダッド**
㊾イラン・イスラム共和国▶**テヘラン**
㊿トルコ共和国▶**アンカラ**

●アフリカ

(51)エチオピア連邦民主共和国▶**アディスアベバ**
(52)セネガル共和国▶**ダカール**
(53)ナイジェリア連邦共和国▶**アブジャ**
(54)モロッコ王国▶**ラバト**
(55)エジプト・アラブ共和国▶**カイロ**
(56)南スーダン共和国▶**ジュバ**

12 国際・アルファベット略語

外交・政治

- APEC ▶ アジア太平洋経済協力
- ASEAN ▶ 東南アジア諸国連合
- ASEM ▶ アジア欧州会合
- AU ▶ アフリカ連合
- BIS ▶ 国際決済銀行
- EAS ▶ 東アジア首脳会議
- EPA ▶ 経済連携協定
- EU ▶ 欧州連合
- FTA ▶ 自由貿易協定
- IPEF ▶ インド太平洋経済枠組み
- NATO ▶ 北大西洋条約機構
- NGO ▶ 非政府組織
- NIES ▶ 新興工業経済地域
- NPO ▶ 民間非営利団体
- NPT ▶ 核拡散防止条約
- OAS ▶ 米州機構
- ODA ▶ 政府開発援助
- OECD ▶ 経済協力開発機構
- OPEC ▶ 石油輸出国機構
- OSCE ▶ 欧州安全保障協力機構
- RCEP ▶ 地域的な包括的経済連携
- START ▶ 戦略兵器削減条約
- USMCA ▶ 米国・メキシコ・カナダ協定

国際機関

- FAO ▶ 国連食糧農業機関
- IAEA ▶ 国際原子力機関
- IBRD ▶ 国際復興開発銀行
- ICC ▶ 国際刑事裁判所
- ICPO ▶ 国際刑事警察機構
- IEA ▶ 国際エネルギー機関
- ILO ▶ 国際労働機関
- IMF ▶ 国際通貨基金
- PKF ▶ 国連平和維持軍
- PKO ▶ 国連平和維持活動
- UNCTAD ▶ 国連貿易開発会議
- UNESCO ▶ 国連教育科学文化機関
- UNHCR ▶ 国連難民高等弁務官事務所
- UNICEF ▶ 国連児童基金
- UNIFEM ▶ 国連女性開発基金
- WFP ▶ 国連世界食糧計画
- WHO ▶ 世界保健機関
- WIPO ▶ 世界知的所有権機関
- WTO ▶ 世界貿易機関

経済・経営

- CEO ▶ 最高経営責任者
- CFO ▶ 最高財務責任者
- COO ▶ 最高執行責任者
- CSR ▶ 企業の社会的責任
- ECB ▶ 欧州中央銀行
- FRB ▶ (米国)連邦準備制度理事会
- GDP ▶ 国内総生産
- M&A ▶ 企業合併・買収
- NASDAQ ▶ アメリカ店頭株式市場
- NISA ▶ 少額投資非課税制度
- TOB ▶ 株式公開買い付け
- TOPIX ▶ 東京証券取引所株価指数

Point

メディアにもよく登場するものだ。押さえておこう！

13 スポーツ

FIFAワールドカップの歴史と予定

回	年	開催国	優勝国(回数)
1	1930	**ウルグアイ**	ウルグアイ(初)
2	1934	**イタリア**	イタリア(初)
3	1938	**フランス**	イタリア(2)
4	1950	**ブラジル**	ウルグアイ(2)
5	1954	**スイス**	西ドイツ(初)
6	1958	**スウェーデン**	ブラジル(初)
7	1962	**チリ**	ブラジル(2)
8	1966	**イングランド**	イングランド(初)
9	1970	**メキシコ**	ブラジル(3)
10	1974	**西ドイツ**	西ドイツ(2)
11	1978	**アルゼンチン**	アルゼンチン(初)
12	1982	**スペイン**	イタリア(3)
13	1986	**メキシコ**	アルゼンチン(2)

回	年	開催国	優勝国(回数)
14	1990	**イタリア**	西ドイツ(3)
15	1994	**アメリカ**	ブラジル(4)
16	1998	**フランス**	フランス(初)
17	2002	**日韓共催**	ブラジル(5)
18	2006	**ドイツ**	イタリア(4)
19	2010	**南アフリカ**	スペイン(初)
20	2014	**ブラジル**	ドイツ(4)
21	2018	**ロシア**	フランス(2)
22	2022	**カタール**	アルゼンチン(3)
23	2026	**アメリカ・カナダ・メキシコ共催**	――

オリンピックの歴史と予定

●夏季オリンピックの開催地

回	年	開催地(国)
1	1896	**アテネ(ギリシャ)**
18	1964	**東京(日本)**
27	2000	**シドニー(オーストラリア)**
28	2004	**アテネ(ギリシャ)**
29	2008	**北京(中国)**
30	2012	**ロンドン(イギリス)**
31	2016	**リオデジャネイロ(ブラジル)**
32	2021	**東京(日本)**
33	2024	**パリ(フランス)**
34	2028	**ロサンゼルス(アメリカ)**
35	2032	**ブリスベン(オーストラリア)**

●冬季オリンピックの開催地

回	年	開催地(国)
1	1924	**シャモニー(フランス)**
11	1972	**札幌(日本)**
17	1994	**リレハンメル(ノルウェー)**
18	1998	**長野(日本)**
19	2002	**ソルトレークシティ(アメリカ)**
20	2006	**トリノ(イタリア)**
21	2010	**バンクーバー(カナダ)**
22	2014	**ソチ(ロシア)**
23	2018	**平昌(韓国)**
24	2022	**北京(中国)**
25	2026	**ミラノ・コルティナダンペッツォ(イタリア)**

point

パラリンピックは夏季大会が1960年にローマ(イタリア)で、冬季大会が1976年にエンシェルツヴィーク(スウェーデン)で第1回を開催。

西洋美術・音楽史

重・要・項・目 **14**

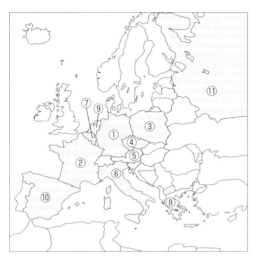

出身国
① ドイツ
② フランス
③ ポーランド
④ チェコ
⑤ オーストリア
⑥ イタリア
⑦ ベルギー
⑧ ギリシャ
⑨ オランダ
⑩ スペイン
⑪ ロシア

美術史

●ルネサンス（15〜16世紀）

⑥**レオナルド・ダ・ヴィンチ**（1452〜1519）
『モナ・リザ』『最後の晩餐』

⑥**ボッティチェッリ**
（1444または1445〜1510）
『ヴィーナスの誕生』『東方三博士の礼拝』

⑥**ミケランジェロ**（1475〜1564）
『最後の審判』

⑥**ラファエロ**（1483〜1520）
『聖母子と幼児聖ヨハネ（美しき女庭師）』

●16〜17世紀

⑧**エル・グレコ**（1541〜1614）
『オルガス伯の埋葬』

⑦**ルーベンス**（1577〜1640）
『マリー・ド・メディシスの生涯』

⑨**レンブラント**（1606〜1669）
『夜警』『自画像』

⑨**フェルメール**（1632〜1675）
『デルフトの眺望』『窓辺で手紙を読む女』

●19〜20世紀

②**ドラクロア**（1798〜1863）
『民衆を導く自由の女神』

②**ミレー**（1814〜1875）
『種蒔く人』『落穂拾い』『晩鐘』

②**マネ**（1832〜1883）
『草上の昼食』『オランピア』

②**ドガ**（1834〜1917）
『エトワール』『髪をくしけずる女』

②**モネ**（1840〜1926）
『睡蓮』『印象—日の出』

②**ロダン**（1840〜1917）

彫刻『考える人』『カレーの市民』

②**ルノワール**（1841〜1919）

『浴女たち』『舟遊びの人々の昼食』

②**セザンヌ**（1839〜1906）

『大水浴』『サント・ビクトワール山』

②**ゴーギャン**（1848〜1903）

『黄色いキリスト』

⑨**ゴッホ**（1853〜1890）

『ひまわり』『アルルの寝室』

⑩**パブロ・ピカソ**（1881〜1973）

『ゲルニカ』『アヴィニョンの娘たち』

音楽史

●**バロック音楽（17〜18世紀）**

⑥**ヴィヴァルディ**（1678〜1741）

『四季』

①**ヘンデル**（1685〜1759）

『水上の音楽』『メサイア』

①**バッハ**（1685〜1750）

『ブランデンブルク協奏曲』『マタイ受難曲』

●**古典派（18〜19世紀）**

⑤**ハイドン**（1732〜1809）

『天地創造』『四季』

⑤**モーツァルト**（1756〜1791）

『フィガロの結婚』『魔笛』

①**ベートーヴェン**（1770〜1827）

『交響曲第5番・運命』『交響曲第9番』

●**ロマン派（19世紀）**

⑥**ロッシーニ**（1792〜1868）

『セビリアの理髪師』『ウィリアム・テル』

⑤**シューベルト**（1797〜1828）

『美しき水車小屋の娘』『冬の旅』

③**ショパン**（1810〜1849）

『別れの曲』『幻想ポロネーズ』

①**ワーグナー**（1813〜1883）

『タンホイザー』『ローエングリン』

⑥**ヴェルディ**（1813〜1901）

オペラ『リゴレット』『椿姫』『アイーダ』

①**ブラームス**（1833〜1897）

『交響曲第1番〜第4番』

●**近・現代（19世紀後半〜）**

⑪**ムソルグスキー**（1839〜1881）

『はげ山の一夜』『展覧会の絵』

④**ドボルザーク**（1841〜1904）

『交響曲第9番・新世界より』

⑪**チャイコフスキー**（1840〜1893）

『白鳥の湖』『くるみ割り人形』

⑥**プッチーニ**（1858〜1924）

『ラ・ボエーム』『蝶々夫人』

②**ドビュッシー**（1862〜1918）

『海』『夜想曲』

⑤**マーラー**（1860〜1911）

『交響曲第1番・巨人』『大地の歌』

15 日本史年表

[大和]
- 604年　厩戸王（聖徳太子）、**十七条の憲法**制定
- 630年　**遣唐使**開始
- 645年　乙巳の変、**大化の改新**（〜646）
- 701年　**大宝律令**（律令政治の基礎）

[奈良]
- 710年　**平城京**遷都（唐の長安を模す）
- 743年　**墾田永年**私財法

[平安]
- 794年　**平安京**遷都（桓武天皇）
- 1017年　**藤原道長**が太政大臣に
- 1167年　**平清盛**が太政大臣に

[鎌倉]
- 1192年　源頼朝が**征夷大将軍**に
- 1232年　北条泰時、**御成敗式目**制定
- 1274年　**文永の役**（第1回蒙古襲来）
- 1281年　**弘安の役**（第2回蒙古襲来）
- 1333年　鎌倉幕府滅亡
　　　　　後醍醐天皇、**建武の新政**開始

[南北朝・室町・戦国]
- 1338年　**足利尊氏**が征夷大将軍に
　　　　　（京都の室町に幕府を開く）
- 1392年　**南北朝**統一、北朝が南朝吸収
- 1467年　**応仁・文明の乱**（〜1477）

[安土桃山]
- 1573年　**織田信長**が将軍追放
　　　　　室町幕府滅亡
- 1582年　**本能寺**の変
- 1590年　**豊臣秀吉**が日本統一
- 1600年　**関ヶ原の戦い**

[江戸]
- 1603年　徳川家康が**征夷大将軍**に
　　　　　（**江戸幕府**を開く）
- 1615年　**武家諸法度**（2代秀忠）
- 1685年　**生類憐れみの令**（5代綱吉）
- 1716年　**享保**の改革（8代吉宗）
- 1787年　**寛政**の改革（老中松平定信）
- 1841年　**天保**の改革（老中水野忠邦）
- 1853年　**ペリー**浦賀に来航
- 1854年　日米和親条約
- 1858年　日米修好通商条約

- 1867年　**大政奉還**（15代慶喜）

[明治]
- 1868年　**五箇条の御誓文**、明治維新
- 1871年　廃藩置県
- 1877年　西南戦争、西郷隆盛挙兵
- 1889年　大日本帝国憲法発布
- 1894年　**日清戦争**始まる（〜1895）
- 1902年　**日英同盟**締結
- 1904年　**日露戦争**始まる（〜1905）
- 1910年　**韓国併合**

[大正]
- 1914年　第1次世界大戦始まる
- 1915年　対中国21カ条の要求

[昭和]
- 1931年　**満州事変**が始まる
- 1932年　五・一五事件、**犬養**首相暗殺
- 1936年　二・二六事件、反乱軍首都占拠
- 1937年　盧溝橋事件、日中戦争始まる
- 1939年　ドイツ軍**ポーランド**侵攻
　　　　　第2次世界大戦始まる
- 1940年　**日独伊**三国軍事同盟締結
- 1941年　**真珠湾**攻撃、太平洋戦争開始
- 1945年　ポツダム宣言受諾、**第2次世界大戦**終結
- 1946年　日本国憲法発布
- 1950年　**朝鮮戦争**始まる、特需景気
- 1951年　サンフランシスコ平和条約調印、翌年発効で独立を回復
- 1956年　日ソ国交回復。**国連加盟**
- 1965年　**日韓**基本条約調印
- 1972年　**沖縄返還**
- 1978年　**日中**平和友好条約調印

[平成・令和]
- 1992年　PKOでカンボジアに自衛隊派遣
- 2011年　東日本大震災
- 2015年　**安全保障**関連法成立
- 2019年　天皇の退位（4月30日）と即位（5月1日）
- 2021年　東京オリンピック開催
- 2022年　**安倍元首相**銃撃事件
- 2023年　夏の平均気温過去最高の**猛暑**

16 世界史年表

☑ [4～11世紀]
☑ 395年　**ローマ**帝国東西に分裂
☑ 962年　**神聖ローマ**帝国成立
☑ 1096年　第1回**十字軍**
☑ [13世紀]
☑ 1215年　**マグナカルタ**（大憲章）成立
☑ 1299年　オスマン帝国成立
☑ [15～17世紀]
☑ 1492年　**コロンブス**、アメリカ大陸発見
☑ 1600年　イギリス、**東インド**会社設立
☑ 1618年　三十年戦争始まる
☑ 1642年　**清教徒**革命（英）
☑ 1688年　**名誉**革命（英）
☑ 1689年　権利の章典（英）
☑ [18～19世紀]
☑ 1760年　産業革命始まる
☑ 1775年　**アメリカ**独立戦争（～1783）
☑ 1776年　**アメリカ**独立宣言
☑ 1789年　**フランス**革命
☑ 1823年　モンロー宣言（米）
☑ 1840年　**アヘン戦争**（～1842）
☑ 1842年　南京条約
☑ 1851年　**太平天国の乱**（～1864）
☑ 1853年　クリミア戦争（～1856）
☑ 1860年　北京条約
☑ 1861年　**南北戦争**（米　～1865）
☑ 1863年　米、**奴隷解放**宣言
☑ 1870年　普仏戦争（～1871）
☑ 1882年　三国同盟（**独**、墺、**伊**）
☑ 1885年　**天津**条約
☑ 1891年　露仏同盟
☑ 1894年　**日清**戦争
☑ 1900年　義和団事件
☑ [20世紀]
☑ 1902年　日英同盟
☑ 1907年　三国協商（仏、**英**、露）
☑ 1911年　**辛亥**革命
☑ 1914年　**第1次世界大戦**勃発
☑ 1917年　三月革命、十一月革命（露）
☑ 1919年　五・四運動、ワイマール憲法
　　　　　制定、**ヴェルサイユ条約**調印
☑ 1920年　**国際連盟**成立

☑ 1921年　中国**共産党**発足
☑ 1922年　ソビエト社会主義共和国連邦成立
☑ 1929年　世界**大恐慌**始まる
☑ 1931年　満州事変
☑ 1933年　ニューディール政策開始（米）
☑ 1937年　**日中**戦争
☑ 1938年　ドイツが**オーストリア**併合、
　　　　　ミュンヘン会談
☑ 1939年　**独ソ**不可侵条約、第2次世界
　　　　　大戦始まる（～1945）
☑ 1940年　**日独伊**三国軍事同盟締結
☑ 1941年　太平洋戦争
☑ 1945年　**ヤルタ**会談、ポツダム宣言、
　　　　　国際連合設立
☑ 1949年　**中華人民共和国**成立
☑ 1950年　朝鮮戦争（～1953）
☑ 1956年　**ハンガリー**動乱
☑ 1960年　ベトナム戦争（～1975）
☑ 1962年　**キューバ**危機
☑ 1966年　中国、文化大革命（～1976）
☑ 1971年　**中国**、国連加盟
☑ 1979年　米中国交樹立、イラン革命
☑ 1986年　**チェルノブイリ**原発事故（ソ）
☑ 1989年　**マルタ**会談で冷戦終結宣言
☑ 1990年　**東西ドイツ**統一
☑ 1991年　湾岸戦争、**ソ連**崩壊
☑ 1997年　**香港**返還（中）
☑ [21世紀]
☑ 2001年　米同時多発テロ事件
　　　　　米、対**アフガニスタン**開戦
☑ 2002年　**東ティモール**独立
☑ 2003年　イラク戦争
☑ 2009年　リスボン条約の発効
☑ 2011年　エジプトのムバラク政権崩壊
☑ 2014年　ロシアによる**クリミア**併合
☑ 2018年　朝鮮半島の**南北**首脳会談、史
　　　　　上初の**米朝**首脳会談
☑ 2020年　**イギリス**のEU離脱
　　　　　新型コロナウイルスのパンデ
　　　　　ミック発生
☑ 2022年　ロシアによる**ウクライナ**侵攻
☑ 2023年　トルコ・シリア**大地震**

●大和・奈良・平安時代

☑古事記	太安万侶(編)
☑日本書紀	舎人親王ら(編)
☑万葉集	大伴家持ら(編)
☑古今和歌集	紀貫之・紀友則(編)
☑竹取物語	作者未詳
☑土佐日記	紀貫之
☑伊勢物語	作者未詳
☑蜻蛉日記	藤原道綱母
☑枕草子	清少納言
☑源氏物語	紫式部
☑更級日記	菅原孝標女
☑大鏡	作者未詳
☑今昔物語集	作者未詳

●鎌倉・室町時代

☑方丈記	鴨長明
☑宇治拾遺物語	作者未詳
☑十六夜日記	阿仏尼
☑徒然草	吉田兼好
☑風姿花伝	世阿弥

●江戸時代

☑好色一代男	井原西鶴
☑世間胸算用	井原西鶴
☑おくのほそ道	松尾芭蕉
☑曾根崎心中	近松門左衛門
☑心中天網島	近松門左衛門
☑雨月物語	上田秋成
☑東海道中膝栗毛	十返舎一九
☑南総里見八犬伝	曲亭馬琴
☑新花摘	与謝蕪村
☑おらが春	小林一茶
☑東海道四谷怪談	鶴屋南北

●明治

☑小説神髄	坪内逍遙
☑浮雲	二葉亭四迷
☑安愚楽鍋	仮名垣魯文
☑五重塔	幸田露伴
☑金色夜叉	尾崎紅葉
☑不如帰	徳冨蘆花
☑たけくらべ	樋口一葉
☑高野聖	泉鏡花
☑みだれ髪	与謝野晶子
☑武蔵野	国木田独歩
☑破戒	島崎藤村
☑蒲団	田山花袋
☑吾輩は猫である	夏目漱石
☑舞姫	森鷗外
☑一握の砂	石川啄木
☑ふらんす物語	永井荷風

●大正

☑こころ	夏目漱石
☑赤光	斎藤茂吉
☑月に吠える	萩原朔太郎
☑痴人の愛	谷崎潤一郎
☑友情	武者小路実篤
☑暗夜行路	志賀直哉
☑或る女	有島武郎
☑鼻	芥川龍之介
☑羅生門	芥川龍之介
☑檸檬	梶井基次郎
☑高瀬舟	森鷗外
☑恩讐の彼方に	菊池寛

●昭和

☑伊豆の踊子	川端康成

☑雪国	川端康成
☑智恵子抄	高村光太郎
☑細雪	谷崎潤一郎
☑宮本武蔵	吉川英治
☑風立ちぬ	堀辰雄
☑山月記	中島敦
☑蟹工船	小林多喜二
☑太陽のない街	徳永直

●戦後〜現代

☑斜陽	太宰治
☑人間失格	太宰治
☑堕落論	坂口安吾
☑黒い雨	井伏鱒二
☑壁	安部公房
☑砂の女	安部公房
☑太陽の季節	石原慎太郎
☑仮面の告白	三島由紀夫

☑金閣寺	三島由紀夫
☑レイテ戦記	大岡昇平
☑敦煌	井上靖
☑死の棘	島尾敏雄
☑点と線	松本清張
☑沈黙	遠藤周作
☑竜馬がゆく	司馬遼太郎
☑坂の上の雲	司馬遼太郎
☑枯木灘	中上健次
☑限りなく透明に近いブルー	村上龍
☑火宅の人	檀一雄
☑同時代ゲーム	大江健三郎
☑泥の河	宮本輝
☑風の歌を聴け	村上春樹
☑キッチン	吉本ばなな
☑TUGUMI	吉本ばなな
☑理由	宮部みゆき

●最近の芥川賞・直木賞受賞作品

回（年）	芥川賞	直木賞
第164回(20年度)	宇佐見りん『推し、燃ゆ』	西條奈加『心淋し川』
第165回(21年度)	石沢麻依『貝に続く場所にて』	佐藤究『テスカトリポカ』
	李琴峰『彼岸花が咲く島』	澤田瞳子『星落ちて、なお』
第166回(21年度)	砂川文次『ブラックボックス』	今村翔吾『塞王の楯』
		米澤穂信『黒牢城』
第167回(22年度)	高瀬隼子『おいしいごはんが食べられますように』	窪美澄『夜に星を放つ』
第168回(22年度)	井戸川射子『この世の喜びよ』	小川哲『地図と拳』
	佐藤厚志『荒地の家族』	千早茜『しろがねの葉』
第169回(23年度)	市川沙央『ハンチバック』	垣根涼介『極楽征夷大将軍』
		永井紗耶子『木挽町のあだ討ち』
第170回(23年度)	九段理江『東京都同情塔』	河﨑秋子『ともぐい』
		万城目学『八月の御所グラウンド』

重·要·項·目 18 世界文学

年　代	作　者	作　品	国・地域
B.C.			
☑1500-1000年頃	作者未詳	『ギルガメシュ叙事詩』	古代オリエント
☑800年頃	**ホメロス**	『イリアス』『オデュッセイア』	ギリシャ
☑6世紀頃	**アイソーポス**	『イソップ寓話集』	ギリシャ
☑458年	**アイスキュロス**	『オレステイア』	ギリシャ
☑431年頃	**エウリピデス**	『メディア』	ギリシャ
☑429年頃	**ソフォクレス**	『オイディプス王』	ギリシャ
☑91年頃	**司馬遷**	『史記』	中国
A.C.			
☑285年	**陳寿**	『三国志』	中国
☑1307-21年	**ダンテ**	『神曲』	イタリア
☑1348年	**ボッカッチョ**	『デカメロン』	イタリア
☑1387-1400年頃	**チョーサー**	『カンタベリー物語』	イギリス
☑15世紀頃	作者未詳	『千夜一夜物語』	アラビア
☑1592-1606年	**シェイクスピア**	『夏の夜の夢』『ロミオとジュリエット』『ハムレット』『マクベス』	イギリス
☑1605年	**セルバンテス**	『ドン・キホーテ』	スペイン
☑1719年	**デフォー**	『ロビンソン・クルーソー』	イギリス
☑1726年	**スウィフト**	『ガリバー旅行記』	イギリス
☑1774年	**ゲーテ**	『若きウェルテルの悩み』	ドイツ
☑1835-36年	**バルザック**	『ゴリオ爺さん』『谷間の百合』	フランス
☑1839-43年	**ポー**	『アッシャー家の崩壊』『黒猫』	アメリカ
☑1843年	**ディケンズ**	『クリスマス・キャロル』	イギリス
☑1847年	**エミリー・ブロンテ**	『嵐が丘』	イギリス
☑1854年	**ソロー**	『ウォールデン　森の生活』	アメリカ
☑1857年	**フローベール**	『ボヴァリー夫人』	フランス
☑1862年	**ユゴー**	『レ・ミゼラブル』	フランス
	ツルゲーネフ	『父と子』	ロシア
☑1865-69年	**トルストイ**	『戦争と平和』	ロシア
☑1866-80年	**ドストエフスキー**	『罪と罰』『カラマーゾフの兄弟』	ロシア
☑1879年	**イプセン**	『人形の家』	ノルウェー

☑1880年	ゾラ	『ナナ』	フランス
☑1883年	モーパッサン	『女の一生』	フランス
☑1902年	ゴーリキー	『どん底』	ロシア
☑1903年	チェーホフ	『桜の園』	ロシア
☑1904-12年	ロマン・ロラン	『ジャン・クリストフ』	フランス
☑1905年	オー・ヘンリー	『最後の一葉』	アメリカ
☑1906年	ヘッセ	『車輪の下』	ドイツ
☑1913年	D・H・ロレンス	『息子と恋人』	イギリス
☑1913-27年	プルースト	『失われた時を求めて』	フランス
☑1915年	カフカ	『変身』	チェコ
☑1915-19年	サマセット・モーム	『人間の絆』『月と六ペンス』	イギリス
☑1921-22年	魯迅	『阿Q正伝』	中国
☑1922年	ジェイムズ・ジョイス	『ユリシーズ』	アイルランド
☑1923年	レイモン・ラディゲ	『肉体の悪魔』	フランス
☑1925年	フィッツジェラルド	『グレート・ギャツビー』	アメリカ
	ヴァージニア・ウルフ	『ダロウェイ夫人』	イギリス
☑1928年	D・H・ロレンス	『チャタレイ夫人の恋人』	イギリス
☑1929年	フォークナー	『響きと怒り』	アメリカ
☑1934年	ヘンリー・ミラー	『北回帰線』	アメリカ
☑1936年	マーガレット・ミッチェル	『風と共に去りぬ』	アメリカ
☑1938年	サルトル	『嘔吐』	フランス
☑1939年	ジェイムズ・ジョイス	『フィネガンズ・ウェイク』	アイルランド
	ジョン・スタインベック	『怒りの葡萄』	アメリカ
☑1940年	ヘミングウェイ	『誰がために鐘は鳴る』	アメリカ
☑1942年	カミュ	『異邦人』『シーシュポスの神話』	フランス
☑1951年	サリンジャー	『ライ麦畑でつかまえて』	アメリカ
☑1958-66年	トルーマン・カポーティ	『ティファニーで朝食を』『冷血』	アメリカ
☑1960年	ジョン・アップダイク	『走れウサギ』	アメリカ
☑1967年	ガルシア・マルケス	『百年の孤独』	コロンビア
☑1978年	ジョン・アーヴィング	『ガープの世界』	アメリカ
☑1984年	マルグリット・デュラス	『愛人』	フランス
☑1989年	カズオ・イシグロ	『日の名残り』	イギリス

書き間違いやすい漢字

重・要・項・目 19

あ				**さ** 〔続き〕		
☑あいことば	**合い**言葉	×相		☑くっしん(運動)	屈**伸**	×身
☑あおにさい	青二**才**	×歳		☑けいそつ	軽**率**	×卒
☑いちどう(に会す)	一**堂**	×同		☑げきやく	劇**薬**	×激
☑いはつをつぐ	**衣鉢**を継ぐ	×遺		☑けぎらい	**毛**嫌い	×気
☑いみしんちょう	意味深**長**	×重		☑(能力の)けつじょ	欠**如**	×除
☑いわかん	**違**和感	×異		☑げねつざい	**解**熱剤	×下
☑うきめ	**憂**き目	×浮		☑けんやく	**倹**約	×検
☑おおいに	**大**いに	×多		☑こうがんむち	厚顔無**恥**	×知
☑おかしらつき	**尾頭**付き	×御頭		☑こうぎ	講**義**	×議
☑おくする	**臆**する	×憶		☑こうちゃくじょうたい	**膠**着状態	×硬
☑おしきせ	**お仕**着せ	×押し		☑こうとうしもん	口**頭**試問	×答
☑おんのじ	**御**の字	×恩		☑こうをそうする	**功**を奏する	×効
か				☑こりつ	**孤**立	×弧
☑かいしんのさく	**会**心の作	×快		☑ごりむちゅう	五里**霧**中	×夢
☑がかい	瓦**解**	×壊		**さ**		
☑かくう	**架**空	×仮		☑さいこうちょう	最高**潮**	×調
☑かじや	鍛**冶**屋	×治		☑さんみいったい	三**位**一体	×身
☑かつをいれる	**活**を入れる	×喝		☑しつぎおうとう	質**疑**応答	×議
☑(音楽)かんしょう	**鑑**賞	×観		☑しゃこうじれい	社交辞**令**	×礼
☑かんちがい	**勘**違い	×感		☑しゃれ	**洒**落	×酒
☑かんにん	**堪**忍	×勘		☑(作物の)しゅうかく	収**穫**	×獲
☑きいたふう	**利**いた風	×聞		☑しゅこう(をこらす)	趣**向**	×好
☑きおうしょう	既**往**症	×応		☑しょうかい	**紹**介	×招
☑きがい	気**概**	×慨		☑しょうたい	**招**待	×紹
☑きかがく	幾**何**学	×可		☑しょぎょうむじょう	諸行無**常**	×情
☑(消化)きかん	器**官**	×管		☑じょこう	**徐**行	×除
☑ききいっぱつ	危機一**髪**	×発		☑しょせいじゅつ	処**世**術	×生
☑ぎせい	犠**牲**	×生		☑しんぎ	真**偽**	×疑
☑きまじめ	**生**真面目	×気		☑しんきいってん	心**機**一転	×新
☑ぎょうせき	業**績**	×積		☑じんじいどう	人事**異**動	×移
☑きょうみしんしん	興味**津々**	×深々		☑じんせきみとう	人跡未**踏**	×到
				☑しんやくせいしょ	新**約**聖書	×訳

☑せいこん(が尽きる)	精**根**	×魂
☑せいは	**制**覇	×征
☑ぜったいぜつめい	絶**体**絶命	×対
☑せっぱく	**切**迫	×接
☑ぜんごさく	**善**後策	×前
☑せんざいいちぐう	千載一**遇**	×在
☑そくせいさいばい	**促**成栽培	×即
☑そせん	**祖**先	×租

た

☑たかねのはな	高**嶺**の花	×値
☑たんてき	**端**的	×短
☑たんとうちょくにゅう	**単**刀直入	×短
☑ちき	知**己**	×巳
☑ちめいしょう	致命**傷**	×症
☑ちょうこうぜつ	長広**舌**	×口
☑とうじょうけん	**搭**乗券	×登
☑とおざける	遠**ざ**ける	×避

な

☑(交渉の)なんこう	難**航**	×行

☑にそくさんもん	二**束**三文	×足
☑ぬれてであわ	濡れ手で**粟**	×泡

は

☑ばんじきゅうす	万事**休**す	×窮
☑(喜びも)ひとしお	一**入**	×塩
☑ふせっせい	不**摂**生	×節制
☑ふとうふくつ	不**撓**不屈	×倒
☑ふはい	腐**敗**	×廃
☑ふんしょくけっさん	**粉**飾決算	×紛
☑ほうもん	訪**問**	×門

ま

☑もくひけん	黙**秘**権	×否

や

☑ゆうこう	友**好**	×交
☑ゆうしゅうのび	**有終**の美	×憂愁

ら

☑りしゅう	履**修**	×習
☑れんたいせきにん	連**帯**責任	×体
☑ろうきゅうか	老**朽**化	×旧

●よく出る漢字

☑いかん	遺**憾**	×感
☑かんぺき	完**璧**	×壁
☑きげん	**機**嫌	×気
☑ごかく	互**角**	×格
☑こせき	**戸**籍	×個
☑こゆう	**固**有	×個
☑さしさわり	差し**障**り	×触
☑したうけ	下**請**け	×受
☑しゅくしょう	縮**小**	×少

☑すいこう	推**敲**	×稿
☑せきにんてんか	責任転**嫁**	×化
☑せんもん	専**門**	×問
☑そうさい	相**殺**	×裁
☑そうそう(手紙の結び)	草**々**	×早々
☑とんぼがえり	とんぼ**返**り	×帰り
☑べんたつ	鞭**撻**	×達
☑(肝に)めいじる	**銘**じる	×命
☑もぎしけん	模**擬**試験	×疑

重・要・項・目 20 読み間違いやすい漢字

あ

- ☑生憎 ▶あいにく
- ☑曖昧 ▶あいまい
- ☑灰汁 ▶あく
- ☑斡旋 ▶あっせん
- ☑軋轢 ▶あつれき
- ☑塩梅 ▶あんばい
- ☑許嫁 ▶いいなずけ
- ☑悪戯 ▶いたずら
- ☑一見 ▶いちげん
- ☑逸物 ▶いちもつ
- ☑一端 ▶いっぱし
- ☑衣鉢 ▶いはつ
- ☑因業 ▶いんごう
- ☑団扇 ▶うちわ
- ☑壊死 ▶えし
- ☑似非 ▶えせ
- ☑嗚咽 ▶おえつ
- ☑女将 ▶おかみ
- ☑傍目八目 ▶おかめはちもく
- ☑悪寒 ▶おかん
- ☑虞 ▶おそれ
- ☑十八番 ▶おはこ
- ☑女形 ▶おやま

か

- ☑開眼 ▶かいげん
- ☑邂逅 ▶かいこう
- ☑乖離 ▶かいり
- ☑案山子 ▶かかし
- ☑河岸 ▶かし
- ☑気質 ▶かたぎ・きしつ
- ☑割賦 ▶かっぷ・わっぷ

- ☑刮目 ▶かつもく
- ☑曲尺 ▶かねじゃく
- ☑為替 ▶かわせ
- ☑気障 ▶きざ
- ☑華奢 ▶きゃしゃ
- ☑矜持 ▶きょうじ
- ☑求道 ▶ぐどう・きゅうどう
- ☑供養 ▶くよう
- ☑敬虔 ▶けいけん
- ☑稀有 ▶けう
- ☑健気 ▶けなげ
- ☑狷介 ▶けんかい
- ☑乾坤 ▶けんこん
- ☑還俗 ▶げんぞく
- ☑香華 ▶こうげ
- ☑嚆矢 ▶こうし
- ☑耗弱 ▶こうじゃく
- ☑好事家 ▶こうずか
- ☑膠着 ▶こうちゃく
- ☑拘泥 ▶こうでい
- ☑更迭 ▶こうてつ
- ☑高邁 ▶こうまい
- ☑声色 ▶こわいろ
- ☑蠱惑 ▶こわく
- ☑勤行 ▶ごんぎょう
- ☑権化 ▶ごんげ

さ

- ☑蹉跌 ▶さてつ
- ☑白湯 ▶さゆ
- ☑桎梏 ▶しっこく
- ☑昵懇 ▶じっこん
- ☑老舗 ▶しにせ

- ☑紙魚 ▶しみ
- ☑借款 ▶しゃっかん
- ☑蹂躙 ▶じゅうりん
- ☑遵守 ▶じゅんしゅ
- ☑瀟洒 ▶しょうしゃ
- ☑成就 ▶じょうじゅ
- ☑招聘 ▶しょうへい
- ☑熾烈 ▶しれつ
- ☑塵埃 ▶じんあい
- ☑真摯 ▶しんし
- ☑進捗 ▶しんちょく
- ☑垂涎 ▶すいぜん
- ☑杜撰 ▶ずさん
- ☑正鵠 ▶せいこく
- ☑席巻 ▶せっけん
- ☑折衷 ▶せっちゅう
- ☑穿鑿 ▶せんさく
- ☑漸次 ▶ぜんじ
- ☑相好 ▶そうごう
- ☑荘厳 ▶そうごん
- ☑相殺 ▶そうさい
- ☑贈賄 ▶ぞうわい
- ☑仄聞 ▶そくぶん
- ☑忖度 ▶そんたく

た

- ☑頹廃 ▶たいはい
- ☑出汁 ▶だし
- ☑拿捕 ▶だほ
- ☑団欒 ▶だんらん
- ☑知己 ▶ちき
- ☑手水 ▶ちょうず
- ☑打擲 ▶ちょうちゃく

☑直截	▶ちょくせつ		**は**		☑名刹	▶めいさつ
☑闖入	▶ちんにゅう	☑延縄	▶はえなわ		**や**	
☑追従	▶ついしょう	☑凡例	▶はんれい	☑自棄	▶やけ
☑衝立	▶ついたて	☑抽斗	▶ひきだし	☑香具師	▶やし
☑氷柱	▶つらら	☑畢竟	▶ひっきょう	☑遊説	▶ゆうぜい
☑悪阻	▶つわり	☑必定	▶ひつじょう	☑黄泉	▶よみ
☑韜晦	▶とうかい	☑逼迫	▶ひっぱく	☑齢	▶よわい
☑心太	▶ところてん	☑剽軽	▶ひょうきん		**ら**	
☑訥弁	▶とつべん	☑日和	▶ひより	☑流布	▶るふ
	な	☑敷衍	▶ふえん	☑狼狽	▶ろうばい
☑等閑	▶なおざり	☑雲脂	▶ふけ	☑路肩	▶ろかた
☑長押	▶なげし	☑睥睨	▶へいげい	☑呂律	▶ろれつ
☑生業	▶なりわい		**ま**	☑論駁	▶ろんばく
☑苦汁	▶にがり	☑幕間	▶まくあい		**わ**	
☑直衣	▶のうし	☑未曾有	▶みぞう	☑歪曲	▶わいきょく
☑祝詞	▶のりと	☑棟木	▶むなぎ	☑賄賂	▶わいろ

●ジャンル別、特別な読み方をする漢字

	仏教関係					
☑回向	▶えこう	☑家鴨	▶あひる	☑向日葵	▶ひまわり
☑伽藍	▶がらん	☑蜥蜴	▶とかげ	☑糸瓜	▶へちま
☑庫裏	▶くり	☑蜻蛉	▶とんぼ	☑山葵	▶わさび
☑境内	▶けいだい	☑雲雀	▶ひばり			
☑修験	▶しゅげん	☑河豚	▶ふぐ		**季節や自然**	
☑衆生	▶しゅじょう	☑栗鼠	▶りす	☑陽炎	▶かげろう
☑数珠	▶じゅず			☑風花	▶かざはな・かざばな
☑茶毘	▶だび		**植物**	☑東風	▶こち
☑涅槃	▶ねはん	☑無花果	▶いちじく	☑五月雨	▶さみだれ
		☑百日紅	▶さるすべり	☑時雨	▶しぐれ
	動物	☑羊歯	▶しだ	☑時化	▶しけ
☑海豹	▶あざらし	☑西瓜	▶すいか	☑秋霖	▶しゅうりん
		☑蒲公英	▶たんぽぽ	☑雹	▶ひょう

☑阿諛追従（あゆついしょう）
おもねり、こびへつらうこと
☑一期一会（いちごいちえ）
一生に一度の出会いのこと
☑一陽来復（いちようらいふく）
苦難の後に幸運、よいことが起こること
☑一蓮托生（いちれんたくしょう）
運命を共にすること
☑一視同仁（いっしどうじん）
差別しないで皆をいつくしむこと
☑韋編三絶（いへんさんぜつ）
熱心に読書すること
☑因果応報（いんがおうほう）
善悪に応じ報いがあること
☑海千山千（うみせんやません）
世間の裏表を知る老獪な人
☑紆余曲折（うよきょくせつ）
こみ入った成り行きがあること
☑栄枯盛衰（えいこせいすい）
さかえたり衰えたりすること
☑偕老同穴（かいろうどうけつ）
夫婦が末永く幸せなこと
☑臥薪嘗胆（がしんしょうたん）
復讐を誓って自らに試練を課すこと
☑隔靴掻痒（かっかそうよう）
靴の上からかくようにもどかしいこと
☑我田引水（がでんいんすい）
自分の都合のいいように曲げること
☑侃々諤々（かんかんがくがく）
遠慮なく議論すること
☑玉石混淆（ぎょくせきこんこう）
よいものと悪いものが混じっていること

☑毀誉褒貶（きよほうへん）
ほめたりけなしたりすること
☑金科玉条（きんかぎょくじょう）
守るべき大切な決まり、法律
☑金城湯池（きんじょうとうち）
守りが堅く攻め落とすことの難しい城
☑空中楼閣（くうちゅうろうかく）
実現性のないこと
☑鶏口牛後（けいこうぎゅうご）
大組織の末席より小組織の長がいい
☑狷介孤高（けんかいここう）
自分の意志をもって妥協しないこと
☑権謀術数（けんぼうじゅっすう）
人をあざむくためのはかりごと
☑傲岸不遜（ごうがんふそん）
思い上がり、へりくだらないこと
☑剛毅朴訥（ごうきぼくとつ）
意志が強く飾り気がないこと
☑巧言令色（こうげんれいしょく）
口先だけのうまい話や上辺だけの笑顔
☑豪放磊落（ごうほうらいらく）
おおらかで朗らかなさま
☑自縄自縛（じじょうじばく）
自分のせいで動きがとれなくなること
☑周章狼狽（しゅうしょうろうばい）
うろたえあわてること
☑春風駘蕩（しゅんぷうたいとう）
春風がのどかに吹くようす。平穏なこと
☑情状酌量（じょうじょうしゃくりょう）
事情に配慮して刑罰を軽くすること
☑白川夜船（しらかわよふね・しらかわよぶね）
眠り込んでいて何が起こったかまっ

たく知らないこと

☑**森羅万象**（しんらばんしょう）
この宇宙のすべてのものごと

☑**切磋琢磨**（せっさたくま）
学問に励み、互いに高めること

☑**切歯扼腕**（せっしやくわん）
非常に悔しがるようす

☑**漱石枕流**（そうせきちんりゅう）
自分の非を認めずこじつけをすること。負け惜しみをいうこと

☑**多士済々**（たしせいせい）
すぐれた人物が多くいること

☑**朝令暮改**（ちょうれいぼかい）
命令や方針がたえず変更されること

☑**同床異夢**（どうしょういむ）
共にいながら別の考えをもつこと

☑**南船北馬**（なんせんほくば）
頻繁に方々を旅行すること

☑**博覧強記**（はくらんきょうき）
書物を多く読んでよく覚えていること

☑**破邪顕正**（はじゃけんしょう）
間違った見解を打ち破り、正すこと

☑**付和雷同**（ふわらいどう）
自分の意見を持たず他に追随すること

☑**明鏡止水**（めいきょうしすい）
心に邪念がなく、澄みきっているたとえ

☑**夜郎自大**（やろうじだい）
力量もないのに空威張りすること

●**よく出る四字熟語**

☑**右顧左眄**（うこさべん）
周りのことばかり気にして迷うこと

☑**傍目八目**（おかめはちもく）
傍観者は当事者よりよく見えること

☑**温故知新**（おんこちしん）
古典や伝統を知り今に生かすこと

☑**合従連衡**（がっしょうれんこう）
時に応じて同盟し勢力を伸ばすこと

☑**画竜点睛**（がりょうてんせい）
ものごとの眼目となるところ

☑**換骨奪胎**（かんこつだったい）
古い作品を生かし新しく再生すること

☑**牽強付会**（けんきょうふかい）
都合に合わせ無理にこじつけること

☑**乾坤一擲**（けんこんいってき）
運命を賭けて大勝負をすること

☑**捲土重来**（けんどちょうらい・けんどじゅうらい）
一度敗れたものが勢いを盛り返すこと

☑**呉越同舟**（ごえつどうしゅう）
仲の悪いもの同士が一緒にいること

☑**四面楚歌**（しめんそか）
周りが敵ばかりであること

☑**面目躍如**（めんぼくやくじょ・めんもくやくじょ）
その人らしい活躍で評価が高まること

☑**羊頭狗肉**（ようとうくにく）
見かけだけ立派で内容が伴わないこと

☑**竜頭蛇尾**（りゅうとうだび）
初めはすばらしく後がつまらないこと

ことわざ・慣用句

☑**青は藍より出でて藍より青し**
弟子が師よりすぐれること

☑**悪事千里を走る**
悪い評判はすぐに広まる

☑**羹に懲りて膾を吹く**
失敗に懲りて必要以上に用心する

☑**生き馬の目を抜く**
すばやいこと。また、抜け目がないこと

☑**苛政は虎よりも猛し**
過酷な政治は猛獣より脅威だ

☑**勝って兜の緒を締めよ**
成功したからといって油断しないで
次に備えよ

☑**禍福は糾える縄の如し**
人間の幸不幸は縄のように互い違い
に入れ代わるものだ

☑**木に竹を接ぐ**
不調和なこと。つじつまが合わないこと

☑**窮鼠猫を噛む**
弱い者でも追い詰められると強い者
に反撃することがある

☑**漁夫の利**
当事者同士が利を争っているすきに、
第三者が横取りすること

☑**君子は豹変す**
徳のある人は過ちを改めるのが早い

☑**鶏口となるも牛後となるなかれ**
大きな団体の下働きよりも小さな団
体の長のほうがいいというたとえ

☑**怪我の功名**
やり損なったことが、思いがけずよ
い結果を生むこと

☑**光陰矢の如し**
月日の経つのは矢のように早い

☑**好事魔多し**
よいことには邪魔が入りやすい

☑**後生畏るべし**
年若い者は、将来性があるから侮っ
てはいけない

☑**弘法にも筆の誤り**
名人にも失敗はあるということ

☑**弘法筆を選ばず**
名人はどんな道具を使ってもうまい
ということ

☑**紺屋の白袴**
専門家は自分のことになるとおろそ
かになりがちだということ

☑**釈迦に説法**
そのことを知り尽くしている人に教
えようとする愚かさ

☑**上手の手から水が漏る**
どんな名人でも失敗することはある

☑**水魚の交わり**
離れることのできない親密な関係

☑**過ぎたるは猶及ばざるが如し**
度を越すものは、足りないのと同様
にだめだということ

☑**栴檀は双葉より芳し**
大成する人物は子どもの頃から才気を放つ

☑**船頭多くして船山に登る**
指図する者が多くて、ものごとがう
まくいかないことのたとえ

☑**袖振り合うも他生の縁**
ささいな出会いも前世からの宿縁だ

ということ

☑**蓼食う虫も好き好き**

苦い蓼の葉を好む虫もいるように、変わった好みの人もいるものだということ

☑**玉磨かざれば器を成さず**

すぐれた才能があっても、修練しなければ大成しない

☑**鉄は熱いうちに打て**

人を鍛えるのも、事業などを進行させるのも、早いうちに行えということ

☑**出る杭は打たれる**

才能などで人より抜きんでる者は何かと足を引っ張られる

☑**天網恢々疎にして漏らさず**

天の網の目は粗いように見えるが、悪人を見落とすことはない

☑**泣いて馬謖を斬る**

全体の秩序のため、私情を捨てて腹心の部下を処罰すること

☑**人間万事塞翁が馬**

人生は何が幸福につながり、何が不幸につながるのか予測できないものであるということ

☑**濡れ手で粟**

苦労せずに大きな利益を上げること

☑**覆水盆に返らず**

してしまったことは取り返しがつかないということ

●**よく出ることわざ・慣用句**

☑**虻蜂取らず**

両方ねらってどちらもだめになること

☑**雨垂れ石を穿つ**

長期の積み重ねが大きな力になる

☑**魚心あれば水心**

一方に好意があれば他方も好意をもつものだということ

☑**隗より始めよ**

壮大な計画も身近なことから着手せよ

☑**火中の栗を拾う**

人にそそのかされて危険を伴う行為をする

☑**瓜田に履を納れず**

人に疑われるようなことをするな

☑**鼎の軽重を問う**

権力者の実力を疑い、地位を奪おうとすること

☑**自家薬籠中の物**

十分身につけている知識や技術。また、思いのままになる人物

☑**蛇の道は蛇**

同業者のすることは、仲間にはすぐわかるというたとえ

☑**他山の石**

他人のつまらぬ言動でも修業の材料になるということ

☑**人間到る所青山あり**（人間は"じんかん"とも読む）

どこへ行っても骨を埋める場所はあるので、広い世の中へ出よということ

abuse	虐待、乱用	confrontation	対立
accuse	告発する	conspiracy	陰謀
administer	管理する、治める、投与する	corruption	汚職、贈収賄
		cryptoassets	暗号資産
affected area	被災地	current account	当座預金、経常収支
amnesty	恩赦		
approval rating	支持率	cutting edge	最先端
assault	襲撃、暴行	deep fake	ディープフェイク
asylum	亡命	dementia	認知症
audit	監査	devastate	打撃を与える
Basic Act on Education	教育基本法	diplomatic relations	外交関係
		disparate society	格差社会
(be) sentenced to death	死刑を宣告される	electoral system	選挙制度
		emission	排気、排出
bid	入札する、努力する	extra budget	補正予算
		flat rate	一律
bill	議案、法案	foreign exchange	外国為替
blast off	飛び立つ	fraud	詐欺
box office	興行売り上げ	fundamentalist	原理主義者
brief	(手短に)報告する	gene manipulation	遺伝子操作
carbon dioxide emission	二酸化炭素の放出	genetically modified	遺伝子組み換えの
celebrity	有名人	government-initiated collusive bidding	官製談合
charge	満たす、突撃する、告発する		
citizen judge system	裁判員制度	ground zero	爆心地
		hay fever	花粉症
civil war	内戦	humanitarian corridor	人道回廊
collateral damage	巻き添え被害	imminent	差し迫った
compromise	妥協する、危うくする	incumbent	現職の
		interactive	相互に作用する
		landslide	大勝利
condemn	非難する	low birthrate and	少子高齢化

longevity	
mergers and acquisitions (M&A)	合併・買収
military exercise	軍事演習
military operation	軍事作戦
moral responsibility	道義的責任
naturalization	帰化
nuclear incident	原発事故
ombudsman	行政監視委員
pandemic	世界的大流行
piracy	著作権侵害
pollution	公害、汚染
public debate	公開討論
pump-priming	財政投融資
racial discrimination	人種差別
referendum	国民投票
refugee	難民
regime change	政権交代
replacement facility	代替施設
revision of the	憲法改正

Constitution	
sanction	制裁（措置）
social security	社会保障
state of unconstitutionality	違憲状態
surge in oil prices	原油価格急騰
surplus electricity	余剰電力
tariff	関税
task force	特別編成チーム
temporary truce agreement	一時休戦合意
territorial issue	領土問題
third force	第三極
trade deficit	貿易赤字
transplant	（植物・臓器の）移植
trauma	外傷、精神的ショック
vaccination	ワクチン接種
world heritage	世界遺産

●よく出る時事英語

alternative	二者択一の、代替の
anonymous	匿名の
birthrate	出生率
cease-fire	停戦
collapse	崩壊
controversy	論争
direct dialogue	直接対話
disclosure	開示
dismiss	解雇する

global warming	地球温暖化
greenhouse gas	温室効果ガス
maneuver	作戦行動をとる
post-traumatic stress disorder	心的外傷後ストレス障害(PTSD)
recession	景気後退
reform	改革
restructure	構造改革をする
right of collective self-defense	集団的自衛権

24 英熟語

☑abstain from	～をやめる	☑collide with	～と衝突する
☑aim at	～に向ける	☑come down with	（病気に）なる
☑along the way	途中で	☑come to a halt	停止する
☑as to	～に関して	☑compared to	～と比較すると
☑at the latest	遅くとも	☑cut back	～を減らす
☑at the moment	今	☑deal with	～を扱う
☑be accused of	～で告訴される	☑draw up	（文書を）作成する
☑be associated with	～と関係して	☑drop off	減る
☑be bothered with	～で悩まされる	☑enroll in	～に入学する
☑be concerned about	～を心配している	☑fall apart	崩壊する
☑be due to	～する予定だ	☑fall behind	～に後れをとる
☑be eligible for	～の資格がある	☑feel free to	自由に～してよい
☑be grateful for	～に感謝している	☑flood into	～に殺到する
☑be obliged to	～せざるを得ない	☑focus on	～に集中する
☑be opposed to	～に反対である	☑for the benefit of	～のために
☑be prone to	～の傾向がある	☑get through	～を通り抜ける
☑be satisfied with	～に満足する	☑give away	～を与える
☑be sick of	～に嫌気がさしている	☑give out	～を配る
☑be sound asleep	ぐっすり眠っている	☑go bankrupt	破産する
☑be through with	～を終える	☑hang up	電話を切る
☑be tired of	～がいやになる	☑have a call	電話がかかってくる
☑be urged to	～するようしきりに勧められる	☑have a flat tire	パンクする
☑bump into	～にばったり出会う	☑hook up	～をつなぐ
☑by all means	もちろん	☑in appearance	外見は
☑clear up	～を解決する	☑in a row	一列に
		☑in case	～に備えて
		☑in effect	実施されて
		☑in full	全部
		☑in operation	実施中の（で）

☑in spite of	～にもかかわらず	☑pass up	～を逃す
☑in the field of	～の分野で	☑pile up	山積する
☑look through	ひととおり調べる	☑place an order	注文する
		☑put aside	わきへ置く
☑make a profit	利益を上げる	☑put back	元に戻す
☑make a reservation	予約する	☑put on weight	体重が増える
☑make up for	～を埋め合わせる	☑quiet down	静かにさせる
		☑rule out	～を除外する
☑meet the dead line	締め切りに間に合う	☑rush to	～に殺到する
		☑sign up for	～に申し込む
☑move in	引っ越してくる	☑sop up	～を吸い取る
☑move out	引っ越していく	☑sort out	～を分類する
☑on hand	手元に	☑spring up	突然起こる
☑out of date	時代後れの	☑stay in touch	連絡を絶やさない
☑participate in	～に参加する	☑take advantage of	～を利用する

●よく出る英熟語

☑account for	～を説明する	☑in charge of	～の担当の
☑add up to	合計～となる	☑in favor of	～に賛成して
☑apply to	～に適用する	☑let down	～を気落ちさせる
☑as a whole	全体として		
☑be engaged in	～に携わる	☑look over	～に目を通す
☑bound for	～行きの	☑on behalf of	～のために
☑by chance	偶然に	☑prior to	～より前に
☑call it a day	終わりにする	☑run out of	～を切らす
☑due to	～が原因で	☑take down	～を書き取る
☑figure out	～を理解する	☑take over	～を引き継ぐ
☑get rid of	～を取り除く	☑work out	うまくいく

英語ことわざ・慣用句

☑A drowning man will catch at a straw.	溺れる者は藁をもつかむ
☑All's well that ends well.	終わりよければすべてよし
☑All roads lead to Rome.	すべての道はローマに通ず
☑All work and no play makes Jack a dull boy.	よく学びよく遊べ
☑Attack is the best form of defense.	攻撃は最大の防御
☑Bad money drives out good.	悪貨は良貨を駆逐する
☑Bad news travels fast.	悪事千里を走る
☑Blood is thicker than water.	血は水よりも濃し
☑Constant dripping wears away a stone.	雨垂れ石を穿つ
☑Fact is stranger than fiction.	事実は小説より奇なり
☑Genius is one percent inspiration and ninety-nine percent perspiration.	天才とは1パーセントのひらめきと99パーセントの努力である
☑Habit is a second nature.	習慣は第二の天性
☑Heaven helps those who help themselves.	天は自ら助くる者を助く
☑History repeats itself.	歴史は繰り返す
☑Hunger is the best sauce.	空腹にまずいものなし
☑If you run after two hares you will catch neither.（hares：野ウサギ）	二兎を追う者は一兎をも得ず
☑If you won't work you shan't eat.	働かざる者食うべからず
☑It is never too late to mend.	改めるに遅すぎることはない
☑It is no use crying over spilt milk.	覆水盆に返らず
☑Necessity is the mother of invention.	必要は発明の母
☑Never put off till tomorrow what you can do today.	今日できることを明日に延ばすな
☑No news is good news.	便りのないのはよい便り
☑Practice makes perfect.	習うより慣れろ
☑Rome was not built in a day.	ローマは1日にして成らず
☑Silence is gold(en).	沈黙は金
☑Strike while the iron is hot.	鉄は熱いうちに打て
☑The pen is mightier than the sword.	ペンは剣よりも強し
☑There is no accounting for tastes.	蓼食う虫も好き好き
☑There's no smoke without fire.	火のないところに煙は立たない

26 物理の重要公式・法則

●速度

☑ 速度$v(\mathrm{m/s}) = \dfrac{距離\ x(\mathrm{m})}{時間\ t(\mathrm{s})}$

●ニュートンの運動の3法則

①慣性の法則

②運動の法則

運動方程式$\vec{F} = m\vec{a}$　　→ベクトル

③作用・反作用の法則

●自由落下

初速度0、t秒後の速度v、高さhで、

☑ $v = gt$、$h = \dfrac{1}{2}gt^2$ （g：重力加速度）

●鉛直投げ上げ

初速度$v_0(\mathrm{m/s})$、t秒後の速度v、高さh、

☑ $v = v_0 - gt$、$h = v_0 t - \dfrac{1}{2}gt^2$

●定滑車

☑ 引く力$F = W$

☑ 引く距離q

　=上げる距離p

●動滑車

☑ 引く力$F = \dfrac{1}{2}W$

☑ 引く距離q

　=上げる距離$p \times 2$

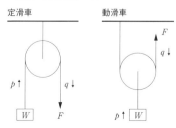

●エネルギー

☑ 運動エネルギー　$K = \dfrac{1}{2}mv^2$

☑ 位置エネルギー　$U = mgh$

☑ 力学的エネルギー保存の法則

　位置エネルギー+運動エネルギー=一定

●圧力

☑ 圧力$(\mathrm{Pa}) = \dfrac{面を垂直に押す力(\mathrm{N})}{面の面積(\mathrm{m}^2)}$

●熱量

☑ 熱量(cal)=質量×比熱×温度変化

●合成抵抗

☑ 直列$\cdots R = R_1 + R_2 + \cdots + R_n$

☑ 並列$\cdots \dfrac{1}{R} = \dfrac{1}{R_1} + \dfrac{1}{R_2} + \cdots + \dfrac{1}{R_n}$

●オームの法則

☑ $V = IR$

☑ $W = VI = I^2 R = \dfrac{V^2}{R}$

☑ 電気量$Q = I \times t$

●光の速度

☑ 真空中で　$v_c = 3.0 \times 10^8 (\mathrm{m/s})$

☑ 絶対屈折率nの物質中　$v = \dfrac{v_c}{n}$

●音の速度

☑ 気温t℃の空気中で、

　$v = 331.5 + 0.6t (\mathrm{m/s})$

Point

速度、定滑車や動滑車などの計算問題は公式を押さえておこう

27 化学/生物/地学の重要語句

●原子の構造

- $_b^a X$ で、a は質量数、b は原子番号。
- **同位体**：原子番号が同じで、質量数が異なる原子同士。^{13}C と ^{14}C 等。
- **同素体**：原子が同じだが、結晶構造が異なるもの。黒鉛とダイヤモンド等。

●物質の三態と状態変化

●主な化学式

- CO_2 二酸化炭素
- HCl 塩化水素（水溶液は塩酸）
- H_2O 水
- HNO_3 硝酸
- H_2SO_4 硫酸
- NH_3 アンモニア
- $NaCl$ 塩化ナトリウム

●主な化学反応式

- $2H_2 + O_2 \rightarrow 2H_2O$
- $CaCO_3 + 2HCl \rightarrow CaCl_2 + H_2O + CO_2$
- $FeS + H_2SO_4 \rightarrow FeSO_4 + H_2S$
- $Zn + 2HCl \rightarrow ZnCl_2 + H_2$
- $HCl + NaOH \rightarrow NaCl + H_2O$

●水溶液の酸性／アルカリ性

水素イオン濃度が 10^{-p} (mol/l) のとき、
- $p = 7$ で、**中性**
- $p < 7$ で、**酸性**
- $p > 7$ で、**アルカリ性**

●動物細胞と植物細胞

- **共通する組織**：核、細胞膜、**ミトコンドリア**、ゴルジ体
- **動物**細胞に存在する組織：中心体
- 植物細胞に特有な組織：細胞壁、葉緑体、発達した液胞

●遺伝のしくみ（メンデルの法則）

- **顕性**の法則・分離の法則・**独立**の法則

●血液の成分

- **赤血球**：赤色のヘモグロビンを含む。酸素運搬。
- **白血球**：細菌や異物を排除。
- **血小板**：血液を凝固させ止血。
- **血しょう**：栄養分・老廃物を運搬。

●地震

- **P波**：最初にとどく地震波。縦波。
- **S波**：遅れてとどく地震波。横波。
- **震度**：地震の揺れの強さ。0から7。
- **マグニチュード**：地震のエネルギーの規模。単位M。

●宇宙

- **恒星**：位置を変えず、自分で輝く星。
- **惑星**：**恒星**の周りを公転する星。
- **衛星**：**惑星**の周りを公転する星。

●日本の天気

- **温暖前線**：通過前、長時間穏やかな雨。
- **寒冷前線**：通過時、雷を伴うにわか雨。
- **南高北低**：**夏**の気圧配置。南の洋上が高気圧、北の大陸が**低気圧**。
- **西高東低**：冬の気圧配置。シベリアに**高気圧**、オホーツク海に低気圧。

28 数学の重要公式・定理

●平方根の計算（$a>0$、$b>0$）

☑ $\sqrt{a} \times \sqrt{b} = \sqrt{ab}$、$\dfrac{\sqrt{a}}{\sqrt{b}} = \sqrt{\dfrac{a}{b}}$

☑ $m\sqrt{a} + n\sqrt{a} = (m+n)\sqrt{a}$

☑ $a\sqrt{b} = \sqrt{a^2 b}$

☑ $\dfrac{a}{\sqrt{b}} = \dfrac{a\sqrt{b}}{b}$ （分母の有理化）

●因数分解

☑ $a^2 \pm 2ab + b^2 = (a \pm b)^2$（複号同順）

☑ $x^2 - a^2 = (x+a)(x-a)$

☑ $x^2 + (a+b)x + ab = (x+a)(x+b)$

☑ $acx^2 + (ad+bc)x + bd$
  $= (ax+b)(cx+d)$

☑ $a^3 \pm 3a^2 b + 3ab^2 \pm b^3 = (a \pm b)^3$（複号同順）

☑ $a^2 + b^2 + c^2 + 2ab + 2bc + 2ca$
  $= (a+b+c)^2$

●解の公式

$ax^2 + bx + c = 0 (a \neq 0)$の解の求め方

☑ $x = \dfrac{-b \pm \sqrt{b^2 - 4ac}}{2a}$

●2次関数のグラフ（$y = ax^2 + bx + c$）

☑ $y = a(x-p)^2 + q$と平方完成すると、
  ①$y = ax^2$をx方向にp、y方向にqだけ平行移動したグラフ。
  ②頂点は、
  $(p, q) = \left(-\dfrac{b}{2a},\ -\dfrac{b^2 - 4ac}{4a} \right)$

●グラフの領域

$y = ax^2$のグラフより、

☑ 上の領域…$y \geqq ax^2$

☑ 下の領域…$y \leqq ax^2$
  （＝はグラフも含むとき）

図1　図2

●三角比（図1）

☑ $\sin\theta = \dfrac{a}{c}$　　　☑ $\cos\theta = \dfrac{b}{c}$

☑ $\tan\theta = \dfrac{a}{b}$　　　☑ $\tan\theta = \dfrac{\sin\theta}{\cos\theta}$

☑ $\sin^2\theta + \cos^2\theta = 1$

●正弦定理（図2）

☑ $\dfrac{a}{\sin A} = \dfrac{b}{\sin B} = \dfrac{c}{\sin C} = 2R$

  （R：△ABCの外接円の半径）

●余弦定理（図2）

☑ $a^2 = b^2 + c^2 - 2bc\cos A$

●順列

n個の異なるものからr個取り出し、
1列に並べるときの並べ方。

☑ $_n P_r = \dfrac{n!}{(n-r)!}$

●組合せ

n個の異なるものからr個取り出す
ときの取り出し方。

☑ $_n C_r = \dfrac{n!}{r!(n-r)!}$

●確率（事象Aが起こる確率）

☑ $P(A) = \dfrac{r}{n}$ $\left(\begin{array}{l} r：事象Aが起こる場合の数 \\ n：起こりうるすべての場合の数 \end{array}\right)$

●余事象の確率

☑ 事象Aが起こらない（余事象$\bar{A}$の）確率
  ＝1－事象Aが起こる確率

筆記試験には、個々の企業が独自に用意するもののほかに、業者が用意し販売しているものがある。その代表がリクルートマネジメントソリューションズの「SPI3」で、言語、非言語の能力検査と性格検査を合わせたものだ。最も多くの企業が採用テストとして使用している。

また、日本エス・エイチ・エル（SHL）が販売している「CAB」（キャブ）・「GAB」（ギャブ）といった適性検査も広く使われるようになり、「SPI3」の対策をしていれば、すべての適性検査に対応できるわけではなくなっている。

「CAB」は、SEやプログラマーなどに必要な能力を測る適性検査で、コンピュータ業界だけでなく、他の業界でも使用されている。「GAB」は、総合型の適性検査で、証券、金融、商社、サービスなど、幅広い業界で使用されている。「SPI3」とはまったく別のテストであることから、個別に対策が必要だ。

大手企業・人気企業ではテストセンターやWebテストの実施が多い。テストセンターとは、専用会場のパソコンで受ける「SPI3」のこと（テストセンターで受けるCAB、GAB、TG-WEBなどもある）。2022年10月には「SPI3」に、自宅などで受検可能なオンライン会場が新設された。

Webテストもまた自宅や専用会場などのパソコンで受けられるテストで、「SPI3」や「CAB」「GAB」以外にも様々な種類がある。Webテストで最も多く使用されているのは、SHLの「玉手箱」というテストだ。

したがって、就職活動を行うにあたっては、「SPI3」、「CAB」「GAB」、さらには「Webテスト」の対策をしっかり行うことが大切だ。